本专著获得
河南省优势特色学科建设项目
河南省高校社科重大攻关项目（2013－ZG－008）出版基金资助

外商直接投资、经济社会转型与环境污染

◎李子豪　著

中国财经出版传媒集团
中国财政经济出版社

图书在版编目（CIP）数据

外商直接投资、经济社会转型与环境污染/李子豪著．—北京：中国财政经济出版社，2017.6

ISBN 978－7－5095－7423－2

Ⅰ．①外…　Ⅱ．①李…　Ⅲ．①外商直接投资－影响－中国经济－经济发展－研究②外商直接投资－影响－环境污染－研究－中国　Ⅳ．①F832.6②F124③X508.2

中国版本图书馆CIP数据核字（2017）第085163号

责任编辑：卢元孝　　　　责任校对：刘　靖

封面设计：孙俪铭

中国财政经济出版社 出版

URL：http：//www.cfeph.cn

E－mail：cfeph@cfeph.cn

社址：北京市海淀区阜成路甲28号　邮政编码：100142

营销中心电话：88190406　书店电话：64033436　84041336

北京京华虎彩印刷有限公司印刷　各地新华书店经销

710×1000毫米　16开　16.75印张　225 000字

2017年6月第1版　2017年6月北京第1次印刷

定价：48.00元

ISBN 978－7－5095－7423－2

（图书出现印装问题，本社负责调换）

本社质量投诉电话：010－88190744

打击盗版举报热线：010－88190414　QQ：447268889

序

改革开放以来，伴随中国对外开放水平的提升，中国实际利用外资水平不断提高。1984 年中国实际利用外资额仅为 12. 58 亿美元，2016 年则达到 1260 亿美元，连续 25 年成为吸收 FDI 最多的发展中国家；并且，连续六年突破 1000 亿美元，不断创造历史新高。但随着人口红利衰减、“中等收入陷阱”风险累积、国际政治经济格局深刻调整等一系列内因与外因的作用，中国经济发展正进入“新常态”，经济社会转型中的各种矛盾也不断凸显。2014 年，国际组织“透明国际”公布了 2014 年清廉指数，中国仅得 36 分，在 175 个被统计的国家和地区中名列第 100 名，同巴西、秘鲁和墨西哥等拉美国家相当。在经济社会转型中，中国面临的反腐败压力依然巨大。而据北京大学中国社会科学调查中心发布的《中国民生发展报告 2014》披露，中国的财产不平等程度在迅速升高，2012 年中国家庭净财产的基尼系数达到 0. 73，顶端 1% 的家庭占有全国 1/3 以上的财产，底端 25% 的家庭拥有的财产总量仅在 1% 左右。在经济社会转型中，收入差距扩大问题日益突出。据中国社会科学院及社会科学文献出版社联合发布的《社会蓝皮书：2014 年中国社会形势分析与预测》研究表明，2025 年，中国 60 岁以上人口将到超过 3 亿；而 2050 年将会有 4. 38 亿中国人年龄达到或超过 60 岁，其中 1. 08 亿人超过 80 岁。人口老龄化进程加速，也是中国经济社会转型中的突出问题。

在中国对外开放水平不断提升、经济社会转型矛盾日益凸显的过程中，自然环境破坏问题也日益严重。近年来，各地日益加剧的严重雾霾天气、不断曝光的工业废水偷排事件、遍布全国的“血铅超标”和“癌症村”问题等环境污染事件无不表明，“中国环境承载能力已经达到或接近上限”。据耶鲁大学和哥伦比亚大学发布的世界环境绩效指数显示，2006 年中国得分 56.2，在 133 个国家中排 94 位；2014 年得分降至 43.0，在 178 个国家中排名 118 位。当前，环境污染问题已经成为中国经济社会可持续发展的重大挑战。然而，基于地区外资利用变化、经济社会转型诸多突出矛盾等视角对中国环境污染问题进行系统研究的文献却并不多见。因此，在此背景之下，本书选择中国的外商直接投资、经济社会转型和环境污染进行系统研究，具有极强的现实和理论意义。

在本书研究中，作者选择外商直接投资和中国经济社会转型中面临的三大问题——腐败、收入差距、人口老龄化作为研究对象，分别考察了外商直接投资和经济社会转型对中国环境污染的影响。作者分为两大部分对相关问题进行了系统研究。第一方面，外商直接投资对环境污染影响方面。作者分别从外商直接投资对环境污染的门槛效应、外商直接投资对碳排放的影响、外商直接投资通过腐败门槛对环境污染的影响和外商直接投资对环境规制的影响等四个章节展开相关研究。第二方面，经济社会转型对环境污染影响方面。作者分别从腐败对环境污染的影响、收入差距对环境污染的影响和人口老龄化对碳排放的影响等三个章节展开研究。本书的后七章每章均自成体系，较为系统地研究了相关问题，并提出了相应的对策建议。

在本书写作过程中，作者构建了系统深入的理论模型分析框架，搜集整理了翔实中国外资利用、经济社会转型和环境污染数据、综合运用了多种科学前沿的计量估计方法和统计分析方法，研究结论合理严谨，政策建议富有针对性和现实意义。本书出版将为该领域研究拓展新的空间，对“十三五”时期中国提高外开放水平、加强反腐败斗争、保障和改善民生、加快改善生态环境等重要领域的现实工作和政策制定较强的实践参考。

刘辉煌

2017 年 2 月于岳麓山下

目　录

第一章　导　论

《中华人民共和国国民经济和社会发展第十三个五年规划纲要》（简称《“十三五”规划纲要》）明确指出，“‘十三五’时期，国内外发展环境更加错综复杂：从国际看，国际金融危机冲击和深层次影响在相当长时期依然存在，世界经济在深度调整中曲折复苏、增长乏力，国际投资贸易规则体系加快重构。从国内看，经济发展进入新常态，城乡区域发展不平衡，资源约束趋紧，生态环境恶化趋势尚未得到根本扭转；收入差距较大，人口老龄化加快等问题也日益突出”。同时，《“十三五”规划纲要》将绿色、协调、开放作为未来经济社会发展必须树立和贯彻的新发展理念。因此，本书深入研究外商直接投资与环境污染问题、经济社会转型与环境污染问题，具有重要意义。

第一节　选题的背景与意义

一、现实背景与意义

根据经济合作与发展组织（Organization for Economic Co－operation and Development，OECD）的定义，外商直接投资（Foreign Direct Investment，FDI）是一个国家或地区的居民和实体（直接投资者或母公司）在投资者所在国（地区）之外的另一个国家或地区的企业（境外直接投资企业、分支企业或境外分支机构）建立长期关系、以获得持久利益为目的，并对之进行控制的投资活动。改革开放以来，伴随中国对外开放水平的提升，中国实际利用 FDI 水平不断提升。1984 年中国实际利用外资额仅为 12.58 亿美元，2014 年则达到 1195.6 亿美元，连续 23 年成为吸收 FDI 最多的发展中国家；并且，连续4年突破1000亿美元，不断创造历史新高①。2015年，在当前国际范围内区域主义兴起、投资和服务贸易的自由化成为主要内容以及贸易投资自由化的标准更高等国际背景下，中国实际利用FDI规模再创新高：全国非金融领域新批设立外商投资企业26575家，同比增长11.76%，实际使用外资金额1262.67亿美元，同比增长5.61%，位列世界第三大外资流入地。外资质量持续提升，产业结构进一步优化：2015年，外商投资企业平均投资强度进一步提高，单个新设外商投资企业平均投资总额1530万美元，比2014年（1456万美元）增长5.1%。外资产业结构进一步优化。服务业实际使用外资4770.5亿元人民币（折771.8亿美元），同比增长17.3%，在全国总量中的比重为61.1%②。当前，外商投资企业创造了中国近1/2的对外贸易额、1/4的工业产值、1/7的城镇就业人口和1/5的税收收入，外商直接投资对中国经济社会可持续发展的促进作用明显③。

改革开放30多年来，中国经济持续高速增长，成功步入中等收入国家行列，已成为名副其实的经济大国。但随着人口红利衰减、"中等收入陷阱"风险累积、国际经济格局深刻调整等一系列内因与外因的作用，经济发展正进入"新常态"。经济发展方面，2012年开始，中国GDP增速开始明显回落：2012年、2013年、2014年、2015年GDP增速分别为7.7%、7.7%、7.3%、6.9%，增速不断放缓，中国告别过去30多年平均10%左右的高速增长，经济增长阶段的根本性转换。伴随经济增长进入"新常态"，中国社会转型发展中的一些问题也日益突出。

国家统计局公布的数据显示，2000年中国居民收入基尼（GINI）系数为0.412，2003年为0.479，2008年达到峰值0.491，此后虽有回落但整体仍呈上升态势，且一直处于0.47以上，远高于0.4的收

① 数据源自相应年份的《中国统计年鉴》，经笔者整理得到。

② 数据源自《中国外商投资发展报告（2016）》。

③ 数据源自2016年1月14日中华人民共和国商务部发言人讲话稿。

入失衡国际警戒线；世界银行《2011 年世界发展指标》报告显示，中国2010 年的基尼系数也达到0. 458，与阿根廷、墨西哥、巴西等收入分配严重失衡的国家接近。而据北京大学中国社会科学调查中心发布的《中国民生发展报告 2014》披露，中国的财产不平等程度在迅速升高，2012 年中国家庭净财产的基尼系数达到 0. 73，顶端 1%的家庭占有全国 1/3 以上的财产，底端 25% 的家庭拥有的财产总量仅在 1% 左右。在经济社会转型中，收入差距扩大问题日益突出。

联合国规定，凡 65 岁以上的老年人口占总人口的比例达 7% 以上或 60 岁以上老年人口在总人口中的比重超过 10% 的属老年型国家或地区。2000 年，中国 65 岁及以上老年人口总数已经高达 8811 万，占总人口的比例为 6. 96%，已经进入老龄化社会①。截至 2015 年年底，全国 60 岁及以上老年人口 2. 22 亿人，占总人口的 16. 1%；65 岁及以上人口 1. 44 亿人，占总人口的 10. 5%②。据中国社会科学院及社会科学文献出版社联合发布的《社会蓝皮书：2014 年中国社会形势分析与预测》研究表明，2025 年，中国 60 岁以上人口将到超过 3 亿；而2050 年时，将会有4. 38 亿中国人年龄达到或超过60 岁，其中 1. 08 亿人超过 80 岁。人口快速老龄化，也是中国经济社会转型中的突出问题。

在中国对外开放水平不断提升、经济社会转型矛盾日益凸显的过程中，自然环境破坏问题也日益严重。近年来，各地日益加剧的严重雾霾天气、不断曝光的工业废水偷排事件、遍布全国的“血铅超标”和“癌症村”问题等环境污染事件无不表明，“中国环境承载能力已经达到或接近上限”。据耶鲁大学和哥伦比亚大学发布的世界环境绩效指数（Environment Performance Index，EPI）显示，2006 年中国得分56. 2，在133 个国家中排94 位；2014 年得分降至

---

① 数据源自2000 年中国第五次人口普查公告。

② 数据源自民政部《2015 年社会服务发展统计公报》。

43.0，在178个国家中排名118位。世界卫生组织（WHO）2011年对全球1100个主要城市空气质量的排名显示，中国入选的31个城市最高排名仅为841位，绝大多数城市排名处于940位以后。环境保护部发布的《2013中国环境状况公报》数据显示，2013年，在4778个中国地下水环境质量监测点之中，水质较差和极差的比例合计59.6%，水质优良的比例为10.4%；酸雨区面积约占国土面积的10.6%；在中国近岸海域，劣四类海水点位比例为18.6%，三四类海水点位比例由2012年的14.7%升至15.0%，一二类海水点位比例由69.4%降至66.4%；在74个根据空气质量新标准监测的城市之中，仅海口、舟山和拉萨3个城市空气质量达标，超标城市比例为95.9%。当前，环境污染问题已经成为中国经济社会可持续发展的重大挑战。

外商直接投资利用方面，《“十三五”规划纲要》明确指出，“扩大开放领域，放宽准入限制，积极有效引进境外资金和先进技术，提升利用外资综合质量。放开育幼、建筑设计、会计审计等服务领域外资准入限制，扩大银行、保险、证券、养老等市场准入。鼓励外资更多投向先进制造、高新技术、节能环保、现代服务业等领域和中西部及东北地区，支持设立研发中心”。反腐败工作方面，《“十三五”规划纲要》明确指出，“党风廉政建设和反腐败斗争永远在路上，反腐不能停步、不能放松。坚决整治和纠正侵害群众利益的不正之风和腐败问题，坚持有腐必反、有贪必肃，巩固反腐败成果，构建不敢腐、不能腐、不想腐的有效机制，努力实现干部清正、政府清廉、政治清明，为经济社会发展营造良好政治生态”；缩小收入差距方面，《“十三五”规划纲要》明确指出，“正确处理公平和效率关系，坚持居民收入增长和经济增长同步、劳动报酬提高和劳动生产率提高同步，持续增加城乡居民收入，规范初次分配，加大再分配调节力度，调整优化国民收入分配格局，努力缩小全社会收入差距”；应对人口老龄化方面，《“十三五”规划纲要》明确指出，“开展应对人口老龄化行动，加强顶层设计，构建以人口战略、生育政策、就业制度、养老服务、社保体系、健康保障、人才培养、环境支持、社会参与等为支撑的人口老龄化应对体系”。生态环境治理方面，《“十三五”规划纲要》明确指出，“以提高环境质量为核心，以解决生态环境领域突出问题为重点，加大生态环境保护力度，提高资源利用效率，为人民提供更多优质生态产品，协同推进人民富裕、国家富强、中国美丽”。这就意味着，本书对外商直接投资与环境污染问题、腐败与环境污染、收入差距与环境污染、人口老龄化与环境污染等问题进行系统研究，对“十三五”时期中国提高外开放水平、加强反腐败斗争、保障和改善民生、加快改善生态环境等重要领域的现实工作和政策制定具有重要意义。

二、理论背景与意义

外商直接投资与环境污染的理论研究方面，现有理论研究在以下三大方面仍有待深化：

第一，FDI 对环境污染的门槛效应研究仍有待深入探讨。早期研究者认为，发达国家的 FDI 投资更多的是为了规避本国日益严格的环境管制要求，而选址投资于发展中国家，而这必将导致发展中国家成为发达国家污染密集型行业的“避难所”。“污染避难所”假说的合理性吸引了众多学者对其在发展中国家的存在性进行一系列检验；但大部分实证结果并不支持此种假说。随着研究的深入，部分学者提出相反的观点，由于外资企业的生产效率和技术水平较高，且可以通过技术溢出提高当地企业的环保技术水平，FDI 水平的增加很可能有利于当地的污染水平的降低，即所谓的“污染光环”假说。但同“污染避难所”假说类似，众多基于“污染光环”假说的实证检验也并未得到较为一致的结论。由于众多基于“污染避难所”假说和“污染光环”假说的实证研究均未得到较为一致的结论，部分学者开始思考，FDI 对东道国环境的影响方向可能并不确定，受制于投资地经济、社会发展水平和自然条件，FDI 对当地环境的影响也可能呈现出不同的方向。这就意味着，FDI 对东道国环境的影响可能存在一定的门槛效应，即当投资地的的经济、社会发展处于不同阶段时，FDI 与当地环境的关系也可能存在一定差异。考虑到当前中国严峻的环境污染形势、FDI 持续的高水平的流入态势和日渐扩大的地区经济社会差异，FDI 对中国环境的影响是否存在一定的门槛效应？FDI 的门槛效应主要通过何种作用机制产生？在不同的门槛区间内，FDI 对环境的影响存在何种差异？针对不同的污染物，FDI 对环境的门槛效应是否有所变化？这一系列重要问题的回答，都有待此方面研究的深入展开。

第二，外商直接投资对碳排放的研究存在诸多有待深入探讨的方面。在碳排放的指标上，多数学者出于自身的研究目的而选用了单一的排放量或排放强度指标，而同时选用两种指标并比较的研究较少。在理论机制上，当前研究者比较注重计量模型和处理方法的问题，而理论模型的构建则存在一定欠缺，缺乏较为系统的 FDI 影响东道国碳排放的理论框架。在研究层面上，基于国家层面进行研究较多，地区层面的研究较少；而 FDI 的各种效应多产生于 FDI 企业与当地的经济联系，运用地区层面的数据可以更好地考察两者的关系。在研究对象上，对 FDI 与中国省区碳排放关系的研究比较欠缺。

第三，FDI 对环境规制的影响方面仍有待深入。多数学者直接考察 FDI 对中国环境污染的影响，他们认为，若 FDI 直接增加了中国污染物排放，则可证明中国成为 FDI 的“污染天堂”；另一些学者则关注环境规制对 FDI 流入的影响，他们认为，若规制提升阻碍了 FDI 流入，则可证明 FDI 是为逃避环境规制而转向中国这一“污染天堂”。然而，前者过分关注 FDI 对环境的影响效果，内在影响机制的探讨较少，使 FDI 对环境的影响变成“黑箱”式的结果验证；后者则通常忽视了环境规制的内生性，或者遗漏了诸如地区腐败、研发投入、人力资本之类同时影响FDI、环境规制的重要变量，而使估计结果存在内生偏误。另外，虽然众多研究考察了国内环境规制对污染治理、经济增长、产业升级、技术进步、外资分布、贸易竞争等方面的影响，但环境规制自身的研究仍集中于环境规制概念界定和分类、环境规制绩效、环境规制的制度缺陷等几个方面，少有文献考察FDI对环境规制的影响，定量考察环境规制影响因素的研究仍比较少见。系统考察FDI的环境规制效应，不但是FDI对中国环境影响的深入研究，也是中国环境规制影响因素研究的有益拓展。

经济社会转型与环境污染的理论研究方面在以下三大方面仍有待深化：

第一，腐败与环境污染关系的研究有待进一步突破。腐败问题研究虽有极强的现实性，但腐败行为本身作为一种难以客观衡量的隐性经济行为，长期缺少定量的经济分析。20世纪90年代以来，随着一些定量的腐败评价指标的出现，腐败对环境污染的影响成为众多学者关注的热点。腐败对环境污染影响，早期主要是案例性考察，但案例性研究结论的普遍性仍有待深入研究。对中国而言，当前严重的腐败状况是否加剧了中国的环境污染？此种影响在不同收入水平、不同地区是否存在差异？腐败主要通过何种机制影响中国环境污染？

第二，收入差距与环境污染研究方面的矛盾有待化解。国外众多学者的研究表明，收入差距能对环境政策、环境行为偏好、环境技术扩散等产生重要影响。中国收入差距扩大、环境污染的加剧的态势使国内部分学者对收入差距的环境影响产生了浓厚兴趣，取得一定研究成果。但是，现有研究要么偏重收入差距环境污染理论关系的探讨，要么侧重影响效果的实证检验，多数将收入差距对中国环境污染影响的视作“黑箱式”的结果验证，缺乏收入差距环境影响的系统理论和实证研究框架，收入差距对环境污染影响结论的显著矛盾也无法有效化解。

第三，人口老龄化与碳排放关系的研究有待加深。在人口与碳排放关系方面，早期的研究者比较关注人口数量与碳排放之间的关系，此类研究主要是把人口数量作为影响碳排放水平的重要因素融入相应的模型之中，进而通过因素分解或者计量模型的方式对两者之间的关系进行研究。而随着此方面研究的深入，相关学者开始关注人口的结构因素，诸如年龄结构、性别结构、家庭户型、人口密度和城镇人口率等因素对于碳排放的影响。在研究思路上，现有研究多将人口老龄化作为研究人口规模与碳排放关系的参考因素，一般基于线性假设来考察两者之间的关系；在研究方法上，现有研究多采用因素分解、计量分析或系统仿真等单一手段考察人口因素与碳排放之间的关系，存在一定局限性；在研究对象上，国家层面人口因素与碳排放之间关系的研究比较常见，但基于地区层面数据对中国人口老龄化与碳排放之间关系的研究则无人涉及。

综上所述，分别对外商直接投资与环境污染、经济社会转型与环境污染两方面的理论研究进行系统梳理，发现 FDI 对环境的门槛效应、FDI 对中国碳排放的影响、FDI 对环境规制的影响、腐败对中国环境污染的影响、收入差距对中国环境污染的影响、人口老龄化对中国碳排放的影响等诸多领域都存在一系列问题有待深入探讨，本书选择外商直接投资与环境污染问题、腐败与环境污染、收入差距与环境污染、人口老龄化与碳排放等问题进行系统研究，有助于该领域理论研究的进一步开拓创新。

第二节 本书的研究方法

在本书研究过程中综合运用了计量分析、比较分析、动态分析、实证分析与规范分析相结合等方法。

一是计量分析方法。本书采用了较多的计量分析方法，主要的计量方法有：运用静态门槛面板估计模型，研究了 FDI 对中国 30 个省区市和 220 个地市环境污染的门槛效应；运用面板数据的固定效应模型，估计了 FDI 对中国省区市碳排放的影响；运用两阶段最小二乘估计法和三阶段最小二乘估计法，对中国腐败与环境污染的面板联立方程模型进行了系统估计；运用 LMDI 因素分解法和动态面板估计方法，系统考察了人口老龄化对省区市碳排放的影响。从而使本书的研究结论更具说服力。

二是比较分析方法。本书在考察腐败对中国环境污染的影响中，横向比较了 2008 年腐败对中国 29 个省区市环境污染的影响差异，揭示了腐败对中国环境污染的影响的地区差异；在考察 FDI 对环境污染的腐败门槛效应时，横向对比了 29 个省区市腐败水平和人力资本水平，从而更加客观地考察了腐败对中国各省区市 FDI 环境效应的地区差异；在考察人口老龄化对碳排放影响差异时，同时绘制了东部、中部和西部人口老龄化与碳排放的散点图，东部、中部、西部人口老龄化对碳排放影响 LMDI 因素分解图，更加客观地比较了人口老龄化与不同地区碳排放的关系差异。从而使本书的分析过程更加清晰明了。

三是动态分析法。本书在考察 FDI 对省区市和地市环境污染的门槛效应时，同时绘制了研究期内省区市和地市人均收入、人力资本、环境规制和腐败程度的动态变化图，更加客观地考察了 FDI 对中国环境污染影响的动态变化；在考察腐败对省区市环境污染影响时，绘制了不同收入水平时腐败对省区市环境污染的动态影响图，更加客观明了地考察了腐败对不同收入水平省区市环境影响的变化态势；在考察人口老龄化对碳排放影响时，利用 LMDI 因素分解绘制了人口老龄化及其相关因素对中国碳排放的动态影响图，更加科学直观。从而使本书的研究结论更加客观全面。

四是实证分析与规范分析方法相结合。本书在研究过程中，一方面，运用大量数据和计量模型实证分析了外商直接投资对环境污染的影响、经济社会转型对环境污染的影响；另一方面，运用规范分析方法较为系统地构建了 FDI 对中国地区环境污染的人均收入、人力资本、环境规制和腐败门槛效应作用机制，系统推导了收入差距扩大对环境污染门槛效应的理论模型，并较为全面地提出了外商直接投资、经济社会转型和环境治理等领域政策措施，实现了实证与规范两种方法有机结合、相互补充、相得益彰。从而使本书的研究更具科学性和规范性。

第三节　研究的主要内容和结论

本书的主要研究内容及结论包括以下七个部分：

一、FDI 对环境污染的门槛效应

分别基于 29 个省区市和 220 个地市两个层面，从人均收入、人力资本和环境规制三个视角，此部分较为系统地考察了 FDI 对中国环境污染的门槛效应。

省级层面的研究，利用 1995 ~ 2009 年 29 个省区市的面板数据，以人均工业废水和人均二氧化硫作为污染指标，借助门槛面板回归方法，从人均收入、人力资本和环境规制渠道考察了 FDI 对中国环境的门槛效应。整体来看，FDI 对中国环境存在显著的门槛效应。收入门槛方面，高收入阶段，FDI 将改善环境质量；中等收入阶段，FDI 会加剧当地环境污染；低收入阶段的影响则不甚确定。人力资本门槛方面，当人力资本较高时，FDI 对当地环境具有积极影响；当人力资本较低时则相反。环境规制门槛方面，只有环境规制达到较高水平，FDI 才可能对环境产生显著的积极影响。对收入、人力资本和环境规制水平的分析表明，从静态来看，当前 FDI 对多数省区市的环境仍存

在负面影响；从动态来看，FDI 对中国环境的正面影响正在逐步增强。

地市层面的研究，利用 2003～2009 年全国 220 个地级城市的数据，以人均工业废水和二氧化硫排放作为环境污染衡量指标，借助门槛面板回归的计量方法，分别从收入、人力资本门槛两个角度验证了 FDI 对中国环境影响的门槛效应。对 FDI 门槛效应的检验表明，FDI 对中国环境的影响存在显著的收入门槛效应和人力资本门槛效应；收入门槛的分析表明，在低收入或高收入阶段，FDI 能对中国环境产生较为显著的积极影响，而在中等收入阶段，FDI 则带来了当地环境状况的恶化；人力资本门槛的分析表明，当人力资本处于较低水平时，FDI 对当地环境并无积极影响，甚至存在负面影响，而当人力资本达到较高水平时，FDI 则能对当地环境产生明显的改善作用。对研究期内 220 个城市收入水平和人力资本状况的分析表明，收入门槛角度下 FDI 对中国大多数城市环境存在负面影响，且此种影响有所加强；人力资本门槛角度下 FDI 对多数城市的正面影响更加突出，但此种影响无明显增强的趋势。其他影响因素的研究表明，经济发展与环境污染之间存在显著的倒“U”型曲线关系，第二产业比重的增加一定程度提升了当地环境污染水平，而政府科学支出的增加则明显有利于环境质量的改善。

二、外商直接投资、技术进步与碳排放

此部分利用 30 个省级地区 2000～2008 年的面板数据，分别使用反映碳排放水平的绝对和相对指标，并对各省区市按经济地理因素进行东、中、西分类，实证检验了 FDI 对中国碳排放的影响，得到以下结论：第一，全国的研究表明，当期 FDI 对碳排放无明显的积极影响，滞后一期的 FDI 对各地碳排放具有显著的正面作用；其他因素方面，第二产业比重的提升、产出的增长均显著提高了碳排放水平；出

口和研发投入的增加则较为显著地降低了碳排放水平；资本积累对碳排放的影响则很不显著。第二，分地区的研究表明，FDI 对碳排放的正面影响呈现明显的东、中、西部地区逐级递减的态势；其他因素对东、中、西部地区的影响也存在较大差异。

三、外商直接投资、地区腐败与环境污染

此部分运用手工搜集的 1995 ~2008 年 29 个省区市的腐败案件发案数和世界银行报告提供的 2004 年中国 120 个城市的企业平均“旅行和招待费用”占企业销售收入总额的比例数据表征腐败水平，分别利用门槛面板回归估计和截面交叉项估计的方法，考察了 FDI 对中国环境影响的腐败门槛效应。研究结果表明，FDI 对中国环境的影响存在显著的腐败门槛效应：当腐败水平较低时，FDI 将减少中国的环境污染；而当腐败水平较高时，FDI 将加剧中国的环境污染。另外，腐败本身作为影响环境的重要因素，十分显著地加剧了中国的环境污染。其他因素方面，收入增长与污染排放呈现显著的倒“U”型的曲线关系，工业生产在 GDP 比重中上升将增加了环境污染，而研发投入增长、环境规制提升则一定程度地降低了污染排放。

四、地区差异、外资来源与 FDI 环境规制效应

从地区腐败程度、人力资本和 FDI 来源影响角度，此部分提出 FDI 对中国地区环境规制影响的三个理论假说，并且分别以 1995 ~2010 年中国 29 个省级地区和 2003 ~2013 年 203 个地级城市为研究对象，进行了较为系统的实证检验。结论证实了本章的三个理论假说，即 FDI 对地区环境规制的影响存在显著的腐败门槛效应、人力资本门槛效应，非港澳台地区 FDI 对地区环境规制才有积极影响。同时，

FDI对中国环境规制影响的动态变化表明，地区腐败和人力资本门槛视角，FDI对多数地区的环境规制具有正面影响；但从外资来源视角来看，FDI对地区环境规制的负面影响正在不断加深。此部分研究结论，对于“十三五”时期中国腐败治理、人力资本提升、外资利用、产业升级和研发加强以推动地区环境治理提升等重大问题的破解，具有重要政策启示。

五、腐败对环境污染的影响

此部分从两个层面考察了FDI对环境污染的影响：

基于地区腐败、经济增长和环境污染的研究框架的研究发现：在腐败通过影响环境规制或扭曲环境政策等直接途径加剧中国环境污染的同时，腐败也可以通过阻碍经济增长间接改善或加剧中国的环境污染，但总体来说，腐败加剧了中国环境污染。在不同收入水平下，腐败对环境的影响存在较大差异：在经济发展初期，腐败对环境质量具有积极作用；但随着收入的增长，腐败对环境的负面影响开始显现并不断强化，直至达到相对稳定水平。腐败对环境的影响也存在显著的梯阶差异：腐败对东部地区的环境污染具有显著的负面影响，对中部地区环境的负面影响则相对较小，而对西部地区的影响方向则并不一致。相关研究结论对研究腐败、收入与环境污染之间的关系，实现经济、社会和环境的和谐发展具有重要启示。

基于中国现实经验的腐败对环境污染影响的考察发现，在1989~2008年这一长时间段内，腐败整体加剧了中国29个省区市的环境污染；同时，通过1989~1998年与1999~2008年两个不同时期的比较发现，腐败在后一个阶段对地区腐败的负面影响相对较弱；而且，伴随地区外资进入水平和环境规制水平的提升，腐败对地区环境污染的负面影响会有所减弱。此外，基于120个地级城市的研究也证实了以上研究结论。相关结论对中国实现经济、社会和环境的协调发展具有重要意义。首先，各级政府应当继续加大政治和政府改革力度，健全反腐制度体系，完善各地区的环保法规并提升环保监督力度，充分利用外资在环保意识和环境技术方面的积极影响，这些都是改善中国环境质量的重要途径。其次，地方政府必须加大反腐力度，减少腐败对资源的配置扭曲。最后，地方政府在发展经济同时，要继续大力推行“阳光工资”改革，建立透明和完善的预算监督体系。

六、收入差距对环境污染的影响

此部分研究在实际环境污染分析的理论框架下，通过中间选民环境偏好选择模型的推导，从理论层面揭示了收入差距对环境影响存在收入门槛的可能性。而后，分别利用省级和城市层面的面板门槛估计发现，收入差距对中国环境存在显著的收入门槛效应：当人均收入水平较低时，收入差距扩大有利于污染的改善；而当人均收入较高时，收入差距扩大则加剧了环境污染；对各种收入差距指标比较发现，收入差距对环境的收入门槛效应主要通过城乡、农村收入差距产生。

七、人口老龄化对碳排放的影响

利用 1990 ~ 2008 年全国层面和 1995 ~ 2008 年地区层面的数据，分别采用 LMDI 因素分解法和动态面板计量分析法，此部分对中国人口老龄化与碳排放之间的关系进行了考察。LMDI 因素分析表明，无论是在国家层面，还是在地区层面，老龄化和经济发展都是人均碳排放增加的主要因素；各地区老龄化对碳排放的影响存在一定差异。动态面板的计量分析表明，老龄化与碳排放之间存在显著的倒“U”型曲线关系；分渠道的研究显示，老龄化主要通过生产渠道提升碳排放水平，消费渠道的抑制作用则很不明显；人均收入与碳排放之间也存在明显的倒“U”曲线关系，研发投入、出口的增加有利于碳排放的下降，而第二产业比重的增加则显著提高了碳排放水平。分区域老龄化与碳排放的探讨表明，老龄化与碳排放之间的关系存在显著的地区差异，可能是地区经济差异和跨区域人口流动造成的。

第二章 外商直接投资对环境污染的门槛效应

在跨国投资日渐频繁、环保呼声不断高涨的背景下，外商直接投资（Foreign Direct Investment，FDI）对东道国环境的影响成为众多学者关注的重要问题。在早期文献中，研究者认为，发达国家的FDI投资更多的是为了规避本国日益严格的环境管制要求，而选址投资于发展中国家（沃尔特和阿格勒，1979），而这必将导致发展中国家成为发达国家污染密集型行业的"避难所"。"污染避难所"假说的合理性吸引了众多学者对其在发展中国家的存在性进行一系列检验；但大部分实证结果并不支持此种假说（迪恩，1992；科尔和埃利奥特，2005；乔根森，2006）。随着研究的深入，部分学者提出相反的观点，由于外资企业的生产效率和技术水平较高，且可以通过技术溢出提高当地企业的环保技术水平，FDI水平的增加很可能有利于当地的污染水平的降低，即所谓的"污染光环"假说（博德赛奥和惠勒，1993）。但同"污染避难所"假说类似，众多基于"污染光环"假说的实证检验也并未得到较为一致的结论（凯迪拉克和哈里森，2003；帕金斯和诺伊迈尔，2009；阿尔博诺兹等，2009）。

由于众多基于"污染避难所"和"污染光环"假说的实证研究均未得到较为一致的结论，部分学者开始思考，FDI对东道国环境的影响方向可能并不确定，受制于投资地经济、社会发展水平和自然条件，FDI对当地环境的影响也可能呈现出不同的方向（宋和吴，2008）。包群等（2010）通过构建开放经济下两国两部门的一般均衡模型，论证了当投资国居民的边际环境损失处于不同水平时，FDI对东道国的环境可能存在不同的影响。基于类似思路，部分学者对FDI与不同东道国或投资地环境之间的关系进行了分类检验；研究表明，当东道国或投资地方在收入水平、人口因素、对外开放和地理环境等方面存在较大差异时，FDI对当地环境的影响方向也明显不同（霍夫曼，2005；乔根森，2006；宋和吴，2008）。这就意味着，FDI对东道国环境的影响可能存在一定的门槛效应，即当投资地的经济、社会发展处于不同阶段时，FDI与当地环境的关系也可能存在一定差异。

考虑到当前中国严峻的环境污染形势、FDI 持续的高水平的流入态势和日渐扩大的地区经济社会差异，FDI 对中国环境的影响是否存在一定的门槛效应？FDI 的门槛效应主要通过何种作用机制产生？在不同的门槛区间内，FDI 对环境的影响存在何种差异？针对不同的污染物，FDI 对环境的门槛效应是否有所变化？这一系列重要问题的回答，都有待此方面研究的深入展开。

第一节　省级层面的研究

一、文献回顾与机制探讨

FDI 对环境的影响是否存在门槛效应，此方面的探索性研究极少。本部分通过梳理现有 FDI 与环境文献的研究脉络发现，FDI 的环境门槛效应极有可能因投资地收入、人力资本和环境规制的差异而产生。

首先，收入门槛的影响。在探讨 FDI 与环境非线性关系成因时，宋和吴（Song and Woo，2008）认为，当收入较低时，东道国对 FDI 的环境污染具有较高的承受力；而一旦收入达到较高水平，收入增长将导致环境投资和规制加强，FDI 的环境污染也必然受到抑制。包群等（2010）的理论分析表明，FDI 对东道国环境的影响方向取决于规模效应和收入效应的比较；当收入达到一定水平后，FDI 对环境的积极影响（收入效应）可能大于其负面影响（规模效应）。部分实证研究也表明，当投资地收入水平不同时，FDI 与环境的关系存在较大差异。霍夫曼等（Hoffmann et al.，2005）利用面板因果检验对不同国家 FDI 流入与二氧化碳排放关系的检验表明，在中、低收入国家，FDI 与碳排放互为因果，而此关系在发达国家并不存在。乔根森（Jorgenson，2006）利用53个国家数据考察FDI与废水排放关系时发现，发展中国家FDI流入加重了当地污水排放，而此种影响在发达国家却不明显。陈凌佳等（2007）研究也表明，FDI对中国环境的负面影响存在显著的“东低西高”差异。综合以上分析，当投资地收入较低时，由于环境投资、规制不足或者环境技术较低，FDI可能加剧当地污染；而当收入达到一定门槛，FDI可能改善当地环境质量。

其次，人力资本门槛的影响。现有研究认为，FDI可以通过垂直溢出、水平溢出促进东道国环境技术。水平方面，通过FDI员工向本土企业流动，或者本土企业在FDI示范、竞争效应下的模仿创新，本土同行企业的管理效率能够显著提高，进而带来环境技术的上升（帕金斯和诺伊迈尔，2009；李子豪和刘辉煌，2011）。垂直方面，FDI可通过人员培训、建立生产设施和技术援助等方式促进上游企业环境技术提升，也可通过供给限制或提供高质量投入品来促进下游企业环境技术的提升（陈媛媛和李坤望，2010）。但是，FDI技术溢出发生的重要前提是投资地具有相当的吸收能力，尤其是当地人力资本必须达到一定水平（博伦茨坦等，1998；王志鹏和李子奈，2004；刘厚俊和刘正良，2006）。刘渝琳和温怀德（2007）利用中国省区市数据对FDI、人力资本与环境损失之间关系的研究发现，只有人力资本达到较高水平，才能实现投资地对FDI技术溢出的吸收，并对当地环境产生积极影响。基于以上研究，本书认为，FDI对投资地环境（环境技术溢出）可能存在人力资本门槛效应：只有当投资地人力资本达到一定阈值，FDI的环境技术溢出才能发生，并对当地环境带来积极影响。

最后，环境规制门槛的影响。环境规制门槛效应可能通过以下两种机制发挥作用：一种机制是环境规制可以通过影响环境库兹涅茨曲线（Environmental Kuznets Curve，EKC）而间接影响FDI的环境效应。张成等（2011）、熊艳（2011）的研究表明，环境规制能直接提升中国的全要素生产率和经济发展水平，而收入增长将通过 EKC 曲线的拐点效应来改善环境质量；而张红凤等（2009）的研究则表明，环境规制能有效地降低 EKC 曲线的拐点。这就意味着，只有环境规制对当地收入或 EKC 曲线的影响达到超越收入拐点水平后，FDI 所带来的收入增长才能改善当地的环境质量。另一种机制则是，环境规制可以通过影响治污技术创新而影响 FDI 的环境效应。波特（Porter，1995）指出，合理的环境规制将激发被规制企业的创造性，从而提升其资源利用效率和环境生产技术；张成等（2011）的研究表明，环境规制强度与环境技术创新之间存在“U”型的曲线关系，即只有环境规制强度达到一定水平之后，企业的环境技术创新才能不断增加。这意味着，只有环境规制强度达到一定阈值，FDI 企业才会通过环境技术创新来降低环境污染。根据以上两种渠道的分析，本书认为，FDI 对当地环境的影响存在环境规制门槛；只有当环境规制强度达到一定水平后，FDI 通过收入效应和技术创新对当地环境质量的改善作用才有可能显现。

现有文献虽为 FDI 环境门槛效应提供了较好研究基础，但也存在部分缺憾：首先，在理论机制上，虽有部分文献分析了 FDI 收入门槛效应的可能性，但未有文献从收入、人力资本和环境规制等多角度系统分析 FDI 环境门槛影响的产生机制；其次，在分析方法上，部分门槛效应检验主要利用外生分组回归实现，但是外生分组有较大随意性，且难以估计门槛值，而内生分组的门槛回归则可解决此种问题；最后，在分析思路上，现有研究多是静态考察 FDI 对中国环境的影响，动态分析 FDI 对中国环境影响的文献比较少见。因此，利用 1995 ~2009 年中国 29 个地区的面板数据和门槛回归方法，本部分内容将从收入水平、人力资本和环境规制三种渠道考察了 FDI 对中国环境污染的门槛效应，以期回答三个问题：第一，FDI 对中国的环境是否存在门槛效应？第二，此种门槛效应主要通过何种渠道或机制发生？第三，当门槛效应存在时，FDI 对中国环境影响如何？以期在

FDI 环境效应的研究方面有所进展。

二、实证模型和计量处理

（一）实证模型

借鉴格罗斯曼和克鲁格（Grossman and Krueger，1993）的经典研究，从经济规模、经济结构和环境技术三个方面考察中国的环境污染，构建污染方程如下：

$$E = Y \times S \times T \tag{2-1}$$

其中，E 为污染物排放，Y 表示经济规模，S 为经济结构，T 为环境技术。

陈媛媛和李坤望（2010）的研究表明，研发投入可以显著提升工业行业的治污技术；FDI 对环境技术的促进作用也为多数研究所证实（帕金斯和诺伊迈尔，2009；阿尔博诺兹等，2009）；而波特和林德（Porter and Linde，1995）、张成等（2011）的研究表明，环境规制也会直接影响环境技术水平；环境技术函数可表示如下：

$$T = f(R\&D, fdi, reg) \tag{2-2}$$

其中，$R\&D$ 表示本国研发投入，fdi 表示外资技术溢出，reg 表示环境规制。

将技术函数（2-2）代入式（2-1），得到本书的基本理论框架：

$$E = Y \times S \times T(R\&D, fdi, reg) \tag{2-3}$$

将方程（2-3）两边同时除以人口总量（P）：

$$E/P = (Y/P) \times S \times T(R\&D, fdi, reg) \tag{2-4}$$

将 $EI = E/P$（污染强度）、$(Y/P) = ey$（人均收入）代入式（2-4），

并对两边取自然对数[①]：

$$\ln EI = \ln ey + \ln S + \ln R\&D + \ln fdi + \ln reg \tag{2-5}$$

为验证环境库兹涅茨曲线（Environmental Kuznets Curves，EKC）的存在性[②]，式（2－5）中引入人均收入的二次项：

$$\ln EI_{i,t} = \beta_1 \ln ey_{i,t} + \beta_2(\ln ey_{i,t})^2 + \beta_3 \ln S_{i,t} + \beta_4 \ln R\&D_{i,t} + \beta_5 \ln fdi_{i,t} + \beta_6 \ln reg_{i,t} + \mu_i + \varepsilon_{i,t} \tag{2-6}$$

其中，i 表示省区市，t 表示年份；μ_i 为省区市个体效应，反映各地区特有因素对环境污染的影响，$\varepsilon_{i,t}$ 为随机误差项。

为验证 FDI 的环境门槛效应，借鉴汉森（Hansen，1999）的非动态门槛回归方法，本书将门槛值作为未知变量引入模型，构建 FDI 对环境污染的分段函数，并对门槛值和“门槛效应”进行一系列的估计和检验。研究首先假设存在“单门槛效应”，可在模型（2－6）的基础上构建单门槛估计模型如式（2－7）所示；多门槛模型可由此扩展得到：

$$\ln EI_{i,t} = \beta_1 \ln ey_{i,t} + \beta_2(\ln ey_{i,t})^2 + \beta_3 \ln S_{i,t} + \beta_4 \ln R\&D_{i,t} + \beta_5 \ln reg_{i,t} + \beta_6 \ln fdi_{i,t} I_{i,t}(thr \leq \gamma) + \beta_7 \ln fdi_{i,t} I_{i,t}(thr > \gamma) + \mu_i + \varepsilon_{i,t} \tag{2-7}$$

其中，thr 为门槛变量，本书为人均收入、人力资本或者环境规制；γ 为需要估计的门槛值，表示不同的人均收入、人力资本或者环境规制水平；$I(\cdot)$ 为指示函数。

（二）计量处理

同以往采用交叉项或者外生分组的方法来考察 FDI 对环境的非线性影响相比，此部分研究采用的门槛面板回归具有两个优

---

① 由于结构指标（S）、FDI 指标和环境规制指标均为比例指标，故在本书回归分析中并未其对数处理。

② 环境库兹涅茨曲线是指，随着收入的增长，地方环境质量会出现先恶化后改善的倒“U”型曲线走势。

势：一是不需要给定方程的非线性形式，门槛值及其门槛数量完全由样本内生决定；二是提供了渐进分布理论来建立门槛参数的置信区间，并且可以运用“自抽样”（bootstrap）方法估计门槛值的显著性。

在门槛估计中，需要重点解决两个问题：一是估计门槛值γ和重要考察变量*fdi*的回归参数；二是对门槛估计值进行相应的检验。其中，门槛值γ和重要变量*fdi*是通过最小化假定门槛数下普通最小二乘估计的残差估计值得到。而得到相应的参数估计后，则需要对门槛效应的显著性和门槛估计值的置信区间进行检验。

门槛效应显著性检验的原假设为：$H_0: \beta_1 = \beta_2$，检验统计量为：

$$F_1 = (S_0 - S_1(\hat{\gamma})) / \hat{\sigma}^2 \quad (2-8)$$

其中，S_0、$S_1(\hat{\gamma})$）分别为原假设（无门槛）、门槛估计下的残差平方和，$\hat{\sigma}^2$为门槛估计残差的方差，由于原假设下门槛值不能识别，则F_1统计量是非标准分布的，但可以通过“自抽样”模拟其渐进分布，并构造其P值。

门槛值置信区间估计的原假设为：$H_0: \hat{\gamma} = \gamma_0$，相应的似然比检验统计量为：

$$LR_1(\gamma) = (S_1(\gamma) - S_1(\hat{\gamma})) / \hat{\sigma}^2 \quad (2-9)$$

其中，$S_1(\gamma)$为非约束下的残差平方和，$LR_1(\gamma)$同样为非标准分布，但汉森（Hansen，1999）计算了其拒绝区间，即当显著性水平为α，$LR_1(\gamma) \leqslant C(\alpha) = -2\ln[1 - \sqrt{(1-\alpha)}]$时，不能拒绝原假设；在95%的置信水平下，$C(\alpha) = 7.35$。

为确定模型是否存在两个或两个以上门槛，需在单门槛模型的基础上进行下个门槛显著性和置信区间的检验。若未通过检验，则接受单门槛的模型假设；若通过，则继续进行三门槛检验，以此类推。

三、变量选择和数据说明

（一）变量选择

环境污染的衡量，现有研究多采用污染排放水平表示。具体来看，有污染排放总量（霍夫曼等，2005；梁，2006；宋和吴，2008）、污染浓度（格罗斯曼和克鲁格，1993）、人均污染排放（何，2006；帕金斯和诺伊迈尔，2009；科尔等，2011）、单位产出污染物排放（陈凌佳，2007）和污染综合指标（刘渝琳和温怀德，2007）几类。但总量指标易受各地区经济、社会发展差异的影响，难以客观地反映环境质量；单位产出污染物更多地反映了环境技术的影响；综合指标在构造时易受到权重设定影响而有所偏误；浓度指标通常难以获得持续数据。人均污染排放较好地衡量环境质量，且与前面模型匹配，用它表示污染状况。与多数研究的污染物选择对应，此部分研究用人均工业废水排放（Ew）和人均工业二氧化硫排放（Es）衡量污染水平。

经济结构方面，现有研究主要有两类：一类考察产业结构的影响，常用三大产业产值占 GDP 比重衡量（何，2006；陈凌佳，2007；帕金斯和诺伊迈尔，2009；科尔等，2011）；另一类考察要素结构的影响，多用资本劳动比表示（梁，2006；宋和吴，2008）。由于多数研究选用前者，且后者与 ey 有较强相关性，此部分研究用第二产业占 GDP 的比重（S）表征。

外商投资方面，现有研究主要有三类：一是实际利用外资流量，如霍夫曼等（Hoffmann et al.，2005）、乔根森（Jorgenson，2006）、陈凌佳（2007）、李子豪和刘辉煌（2011）等；二是实际利用外资存量，如刘渝琳和温怀德（2007）、宋和吴（Song and Woo，2008）、帕金斯和诺伊迈尔（Perkins and Neumayer，2009）等；三是外资工业产值占 GDP 的比重，如梁（Liang，2006）、科尔等（Cole et al.，2011）等。第一类仅考虑了当年 FDI 的影响，未考虑 FDI 影响的滞后性；第三类主要考察工业 FDI 的影响，不能全面考察外资经济的影响。因此，此部分研究用第二类指标，具体用各地实际利用外资的存量占 GDP 比重（*fdi*）表示。

人力资本方面，王志鹏和李子奈（2004）、刘厚俊和刘正良（2006）的研究表明，中等教育以上的人力资本才能有效吸收 FDI 技术溢出。借鉴他们的做法，并考虑不同层次教育的差异，构造人力资本指标（*h*）如下：

$$h = \sum\left(\frac{pri}{pop} \times 9 + \frac{mid}{pop} \times 9 + \frac{hig}{pop} \times 12 + \frac{sec}{pop} \times 12 + \frac{col}{pop} \times 16\right) \tag{2-10}$$

其中，*pri*、*mid*、*hig*、*sec*、*col* 和 *pop* 分别表示各地区职业初中、初中、高中、中等职业学校、高等学校在校生数和人口总数；9、10 和 16 是根据受教育年限而赋的权重。

研发投入，借鉴多数学者的做法（宋和吴，2008；陈媛媛和李坤望，2010；李子豪和刘辉煌，2011），用各地区单位科技人员的科技活动内部支出额（*R&D*）表示。收入水平，由于 EKC 框架的实证研究多用实际人均 GDP，本书也以各地区不变价格的人均 GDP（*ey*）表示。

环境规制指标方面，相关研究主要分为两类：一类是以污染投资、排污收费占相关产值或增加值的比重来衡量，如张红凤等（2009）、曾贤刚（2010）、张成等（2011）等，另一类则是利用环境治理投资或环境产出指标来构建相应的综合规制指数，如熊艳（2011）。由于第二类指标的构建需要较多的环境规制因素，在研究期内很难获得一致数据，此部分研究选用第一类指标来衡量。具体借鉴曾贤刚（2010）的做法，用各地区排污费收入占 GDP 的比重来衡量环境规制强度（*reg*）。

（二）数据说明

考虑数据的可得性和一致性，此部分研究对象为 1995 ~ 2009 年中国 29 个省区市（不含西藏、重庆和港澳台地区）；其中，1997 ~ 2008 年重庆市的数据并入四川省。书中所有涉及价值形态的数据，均采用相应的价格指数调整为 2000 年为基期的不变价值；FDI 数据则以历年人民币对美元年均价换算成人民币处理。数据源自《中国统计年鉴》《中国环境年鉴》《中国科技统计年鉴》。表 2 - 1 给出了变量的基本统计性描述。

表 2 - 1　　变量的统计性描述

变量	均值	标准差	最小值	最大值	单位	样本数
Ew	17.01	10.26	3.08	82.06	吨/人	435
Es	14.90	9.48	2.27	57.95	*kg*/人	435
ey	0.95	0.63	0.27	3.18	万元/人	435
S	44.55	7.94	19.74	61.5	%	435
R&D	7.53	4.65	0.23	23.67	万元/人	435
fdi	59.95	76.22	1.62	585.22	%	435
h	0.81	0.21	0.35	1.31	年	435
reg	6.24	4.18	0.25	48.29	万分之一	435

表 2 - 2 给出了主要解释变量的 Spearman 相关系数。由表 2 - 2 可知，*ey* 和 *h* 之间的相关系数为 0.5474，说明人均收入与人力资本之间相关性很强，实证模型中未引入人力资本是合理的。除此之外，其他解释变量之间并不存在十分严重的相关性影响。

表 2－2　　主要解释变量的 Spearman 相关系数

	ln*ey*	*S*	*h*	ln*R&D*	*fdi*	*reg*
ln*ey*	1					
S	0.3088	1				
h	0.4733	0.3049	1			
ln*R&D*	0.2696	0.2575	0.5474	1		
fdi	0.1952	0.0752	0.4408	0.1703	1	
reg	－0.2544	0.1502	－0.0789	－0.2195	－0.2407	1

四、相关检验和实证结果分析

（一）变量的平稳性检验

门槛回归要求模型中的所有变量，尤其是门槛变量必须为平稳变量。同时为了避免“伪回归”现象的出现，此部分研究在计量回归之前，首先对变量进行面板平稳性检验。考虑到面板单位的单位根可能存在的差异，用 LLC 检验和 ADF－Fisher 检验两种方法。各变量的检验结果见表 2－3，由表 2－3 可知，绝大部分检验在 1% 的显著性水平均可拒绝存在单位根的原假设，所有检验均可在 5% 的水平拒绝原假设；可以认为，所有回归变量均为平稳变量。

表 2－3　　变量的平稳性检验

变量	形式	LLC 检验		ADF－Fisher 检验	
	（c，t，l）	统计量	概率值	统计量	概率值
ln*Ew*	（0，0，2）	－4.157	0.0000	113.900	0.0000
ln*Es*	（c，t，2）	－2.737	0.0031	78.7841	0.0361

续表

变量	形式	LLC 检验		ADF－Fisher 检验	
	(c, t, l)	统计量	概率值	统计量	概率值
ln*ey*	(c, t, 2)	－3.610	0.0000	83.4746	0.0159
$(\ln ey)^2$	(c, t, 2)	－3.214	0.0007	106.924	0.0001
S	(c, *t*, 2)	－3.064	0.0011	109.962	0.0000
fdi	(c, 0, 2)	－6.304	0.0000	85.4409	0.0110
ln*R&D*	(*c*, *t*, 2)	－7.440	0.0000	154.861	0.0000
h	(*c*, 0, 2)	－6.779	0.0000	86.2196	0.0095
reg	(c, t, 2)	－6.467	0.0000	113.029	0.0000

注：c，t，l 分别表示带有常数项、趋势项和滞后阶数。

（二）门槛估计的显著性和置信区间检验

表 2－4 分别显示了以两种污染衡量的门槛回归的显著性检验、门槛值估计及其置信区间。由表 2－4 可知，当污染物为工业废水排放时，人均收入、人力资本和环境规制门槛效应的 F 检验值均无法在 5% 的水平通过三重门槛显著性检验，表明此时收入、人力资本和环境规制均为双重门槛效应；而当污染物为二氧化硫排放时，人均收入和人力资本为双重门槛，而环境规制仅为单一门槛。门槛值一列显示了相应假设下的门槛估计值，比较两种污染物的门槛估计值可发现，收入门槛、人力资本的门槛估计值都比较接近，二氧化硫的环境规制门槛与工业废水的第二门槛的估计值也比较接近；据此可将研究期的人均收入、人力资本和环境规制分成不同阶段。95% 置信区间一列给出了各个门槛估计值的置信区间，与各个门槛值置信区间 LR 图（见图 2－1 ~ 图 2－3）相对应。

表 2-4　　门槛变量的显著性检验和置信区间

污染物	门槛类	门槛数	F 值	10%	5%	1%	门槛值	95% 置信区间
工业废水	人均收入	单一	9.74**	2.81	4.04	6.53	1.45	(1.43, 1.51)
		双重	6.85*	2.69	4.08	7.42	0.43	(0.43, 0.43)
		三重	2.18	2.61	3.67	6.71		
	人力资本	单一	11.05**	2.68	3.78	6.56	0.47	(0.47, 0.48)
		双重	9.85**	2.77	4.02	6.52	1.00	(0.89, 1.04)
		三重	3.41	2.71	4.03	6.79		
	环境规制	单一	10.70**	2.76	3.82	6.71	3.42	(3.35, 4.12)
		双重	7.27*	2.82	4.07	7.78	5.53	(5.43, 6.15)
		三重	3.61	2.59	3.86	6.53		
二氧化硫	人均收入	单一	11.37**	2.73	3.85	6.39	1.43	(1.40, 1.51)
		双重	8.06**	2.69	3.88	6.81	0.49	(0.48, 0.50)
		三重	2.62	2.84	3.96	7.03		
	人力资本	单一	9.22**	2.68	3.95	6.81	0.47	(0.47, 0.48)
		双重	6.74*	2.72	3.99	6.68	1.07	(0.92, 1.14)
		三重	1.87	2.61	3.77	6.72		
	环境规制	单一	8.89**	2.51	3.44	5.87	6.02	(5.21, 6.44)
		双重	3.79	2.77	3.94	6.50		

注：表中的 F 值和 10%、5%、1% 的临界值均为采用“自抽样”300 次得到的结果；** 和 * 分别表示在 1% 和 5% 水平下显著。

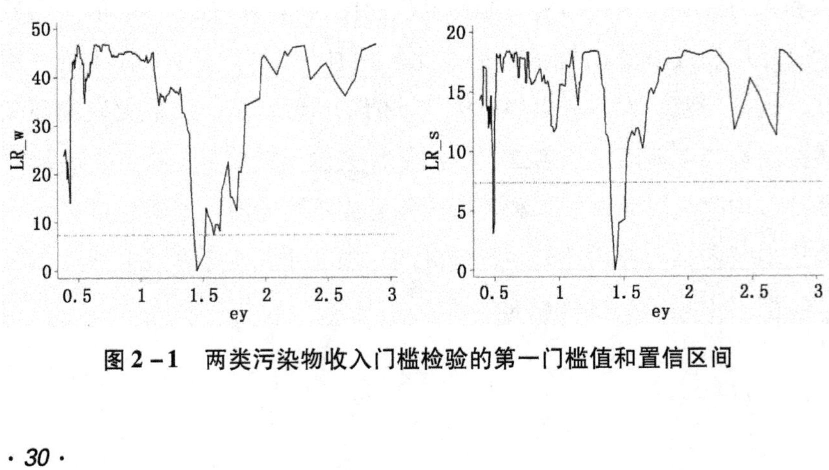

图 2-1　两类污染物收入门槛检验的第一门槛值和置信区间

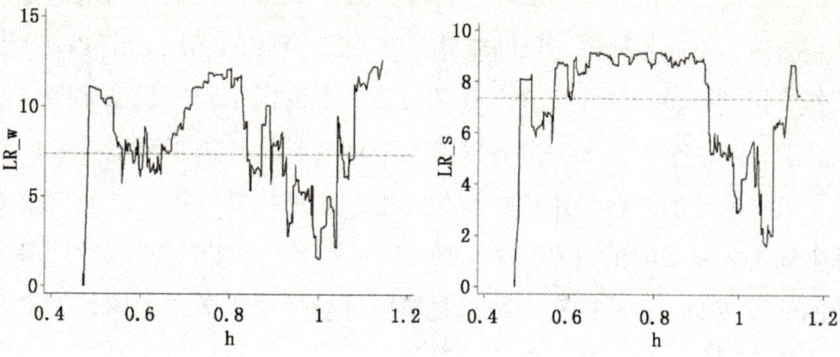

图 2－2　两类污染物人力资本门槛检验第一门槛值和置信区间

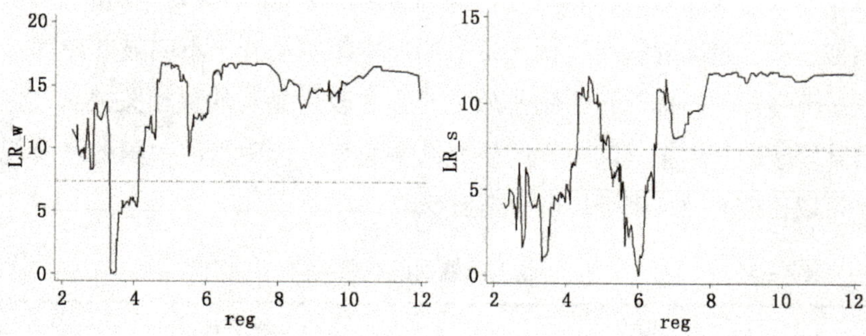

图 2－3　两类污染物环境规制门槛检验第一门槛值和置信区间

（三）模型估计结果与分析

表 2－5、表 2－6 和表 2－7 分别给出以人均收入、人力资本和环境规制作为内生门槛分类时，FDI 和其他因素对废水和二氧化硫排放的影响。从三个表整体的估计结果来看，人均收入一次项与污染物排放呈现较为显著的正向关系，二次项则呈现显著的负向关系；表明人均收入与环境污染之间呈现典型的倒“U”型库兹涅茨曲线（EKC）关系，这与张红凤等（2009）、科尔等（Cole et al.，2011）的研究结果类似。根据相应的回归系数，废水排放的拐点为 1.43 万～1.62 万元之间，二氧化硫排放的拐点为 1.75 万～1.89 万元之间。即使换算成 1990

年价格，此估计结果与科尔等（Cole et al.，2011）的估计结果仍存在一定差距，可能是研究对象的差异所致。若分别以1.62万元和1.89万元作为标准，2009年全国6个省区市或3个省区市超过拐点水平。这意味着，当前全国绝大部分省区市的经济增长均带来了环境污染的压力，其对环境的改善作用仅在少数省区市有所体现。第二产业比重与污染物排放显著的正相关，这与何（He，2006）、陈凌佳（2007）等多数的研究结果一致，即产业结构是影响环境质量的关键因素，而中国工业化进程的加快带来了较大的环境污染压力。研发投入对污染物排放具有一定的抑制作用，但影响方向并不一致，影响系数在统计上也不显著（除了个别方程外）；这与李子豪和刘辉煌（2011）的研究结果类似，应该是国内的研发投入带来的环境技术提升并不明显的原因所致。环境规制指标与污染物排放之间存在较为显著的负相关关系，这与陈媛媛和李坤望（2010）的研究结果类似，说明当前中国的环境规制可以比较有效地降低环境污染强度。

表2-5　　收入门槛回归结果

废水排放				二氧化硫排放			
变量	估计值	t-ols	t-white	变量	估计值	t-ols	t-white
lney	0.190	1.79*	1.90*	lney	0.197	1.92*	2.25**
$(lney)^2$	-0.066	-2.28**	-1.85*	$(lney)^2$	-0.052	-5.09***	-5.28***
S	0.028	7.28***	6.19***	S	0.043	11.4***	10.19***
lnR&D	-0.080	-1.62	-1.19	lnR&D	0.022	1.03	1.01
reg	-0.003	-2.46**	-2.52**	reg	-0.006	-1.87*	-2.26**
fdi-ly	0.002	0.30	0.33	fdi-ly	-0.001	-0.61	-0.69
fdi-my	0.029	6.22***	5.37***	fdi-my	0.006	3.73***	4.52***
fdi-ay	-0.005	-6.53***	-5.85***	fdi-ay	-0.003	-3.57***	-4.44***

注：fdi-ly、fdi-my、fdi-ay分别表示在低、中、高收入阶段fdi的参数估计值，不同阶段是根据表2-4中门槛估计值划分得到；t-ols表示同方差设定下的t值，t-white表示异方差设定下的t值，***、**和*分别表示在1%、5%和10%统计性水平显著；下同。

表 2-6　　人力资本门槛回归结果

废水排放				二氧化硫排放			
变量	估计值	t-ols	t-white	变量	估计值	t-ols	t-white
lney	0.148	2.08 **	1.72 *	lney	0.325	1.75 *	1.56
$(\text{lney})^2$	-0.049	-2.31 **	-2.20 **	$(\text{lney})^2$	-0.087	-2.37 ***	-2.40 **
S	0.038	9.12 ***	6.99 ***	S	0.048	12.34 ***	10.51 ***
lnR&D	-0.101	-1.17	-1.79 *	lnR&D	-0.005	-0.21	-0.22
reg	-0.003	-2.67 ***	-2.78 ***	reg	-0.007	-3.03 ***	-2.72 ***
fdi-lh	0.008	2.75 ***	1.68 *	fdi-lh	0.015	4.22 ***	4.49 ***
fdi-mh	0.003	3.99 ***	4.54 ***	fdi-mh	0.004	2.85 ***	2.04 **
fdi-ah	-0.002	-2.34 **	-2.14 ***	fdi-ah	-0.006	-3.47 ***	-2.21 **

注：fdi-lh、fdi-mh、fdi-ah 分别表示在低、中、高人力资本阶段 fdi 的参数估计值。

表 2-7　　环境规制门槛回归结果

废水排放				二氧化硫排放			
变量	估计值	t-ols	t-white	变量	估计值	t-ols	t-white
lney	0.205	1.94 *	1.59	lney	0.426	1.81 *	1.99 **
$(\text{lney})^2$	-0.063	-2.16 **	-1.87 *	$(\text{lney})^2$	-0.122	-3.59 ***	-3.84 ***
S	0.038	9.12 ***	7.15 ***	S	0.044	11.42 ***	10.05 ***
lnR&D	-0.112	-1.75 *	-1.16	lnR&D	0.017	0.77	0.71
reg	-0.005	-2.53 **	-2.59 **	reg	-0.004	-1.77 *	-1.52
fdi-lr	0.012	1.74 *	2.84 ***	fdi-lr	0.005	2.45 **	2.88 ***
fdi-mr	0.005	2.00 **	2.57 **	fdi-ar	-0.002	-2.84 ***	-3.72 ***
fdi-ar	-0.004	-1.91 *	-2.01 **				

注：fdi-lr、fdi-mr、fdi-ar 分别表示在低、中、高环境规制阶段 fdi 的参数估计值。

从表2－5可知，不同收入阶段，FDI对环境的影响存在较大差异。在收入水平低于0.43万元或0.49万元以下时，FDI的增加可能加剧也可能改善当地的环境污染，但统计上并不显著。这可能是因为，当投资地的收入水平比较低时，外资企业的进入一方面通过生产规模的扩大增加了当地的环境污染；另一方面，由于外资企业的技术水平通常会高于当地企业，也可能通过改善当地环境生产技术而改善环境质量，所以FDI此时对环境的影响可能并不确定。而当收入水平处于0.43万～1.45万元或0.49万～1.43万元时，FDI的增加对两种污染物均呈现显著的负面影响。这是因为，当收入处于中等阶段时，经济发展所带来的短期受益为各方所关注，而人们对环境污染的重视程度并不是特别高；因此，当外资企业大量投资和经济快速发展时，环境投资水平和环境规制强度并没有显著提升，FDI的生产规模的扩大将带来当地污染的显著加剧（何，2006；包群等，2010）。而收入水平一旦达到较高的水平（高于1.45万元或1.43万元），FDI增加将带来当地环境的显著改善。原因可能是，单纯追求经济增长而忽视环境治理的后果开始显现，人们对环境质量的需求开始增加，这将导致环境治理的投入增加，环境规制的水平开始提升，外资企业迫于当地环保意识和环境规制的加强，将更加重视生产污染的治理，从而有利于环境质量的改善（宋和吴，2008）。

从表2－6可知，不同人力资本水平，外商投资对当地的环境影响也有所不同。当人力资本低于0.47年时，FDI将带来环境质量的显著下滑。这可能是因为，当人力资本水平处于过低的水平之上时，外商直接投资的环境技术溢出很难为当地所吸收（刘渝琳和温怀德，2007），而外资生产规模的扩大则导致了污染物的直接增加，最终导致当地环境的恶化。在人力资本处于0.47～1.00年或0.47～1.07年时，FDI仍然加剧了投资地环境污染，但影响系数显著下降。原因可能是，当投资地人力资本有所提高以后，当地企业的吸收能力和技术创新能力均有所增强，它们能部分地吸收外资企业的技术（环境技术）溢出，并带来一定的技术（环境技术）创新，从而有利于环境质量的改善（刘厚俊和刘正良，2006）；但由于FDI生产规模扩大对环境的负面影响仍然比较大，因此FDI整体仍然带来了环境质量的下滑。而人力资本高于1.00年或1.07年以后，FDI对环境的改善作用开始显示。这说明，当高人力资本时，当地企业已经能较好地吸收外资企业的环境技术溢出（刘渝琳和温怀德，2007）；并且，高人力资本（教育水平）将导致投资地环保意识和环境规制的有效提升，从而降低外资企业通过规模效应所导致的环境污染；最终，高人力资本下的FDI将带来环境质量的有效改善。

从表2-7可知，在不同环境规制水平之下，FDI对投资地环境的影响迥异。当环境规制水平处于中低水平（5.53或6.02以下）时，FDI将带来投资地污染的显著加剧；但一旦环境规制超过相应的门槛水平，FDI将带来环境质量的显著改善。这是因为，当环境规制处于较低水平时，将导致更多的污染密集型FDI企业进入（沃尔特和阿格勒，1979）；而且较低的环境规制对投资地环境技术创新的正面影响均比较低（张成等，2011），FDI企业在此种环境下进行环境技术创新的动力也比较低，从而FDI将带来环境污染的加剧。而当环境规制处于较高水平时，外资企业和本土企业进行环境技术创新的动力将会显著增加（波特，1995），有利于FDI企业环境技术水平提升，也有利于FDI环境技术溢出的发生；另外，高水平的环境规制对人均收入的促进作用也会比较显著（熊艳，2011），也有利于通过收入的EKC机制来降低环境污染；所以此时FDI将带来环境质量的改善。

从表2-7的分析可知，当人均收入、人力资本或环境规制处于较高阶段时，FDI均有利于投资地环境的改善。由于两类污染物三种门槛的估计值比较接近，人均收入以1.43万元为标准，可将所有省区市分成高、低收入两类；人力资本以1.07年为标准，可分为高、低人力资本两类；环境规制以6.02×10^{-4}为标准，可分为高、低环境规制两类。

图 2 – 4 显示了 1995 ~ 2009 年高规制、高收入和高人力资本省区市数量的变化。由图 2 – 4 可知，环境规制方面，研究期内高规制省区市呈现增多态势，2003 ~ 2004 年虽有所下降，2005 年后迅速上升并维持较高水平，反映了 2003 ~ 2004 年重化工业迅速发展和 2005 年后环境监管日趋严格的现实，但高规制省区市仍为 10 个左右，最高时为 14 个（2006 年）。人均收入方面，高收入省区市也持续增长，1997 ~ 1999 年有所下降，这与宏观经济走势基本一致，但最高时仅为 8 个（2009 年）。人力资本方面，高人力资本省区市从 2000 年以后持续上升，并在 2007 年之后维持在 9 个左右；这主要得益于 1999 年后我国高等教育的快速发展。整体来看，由于多数省区市尚未超越规制、收入和人力资本门槛，FDI 对中国环境的影响仍以负面影响为主；但随着中国环境规制、人均收入和人力资本的逐步提升，FDI 对中国环境的正面影响日趋增强。

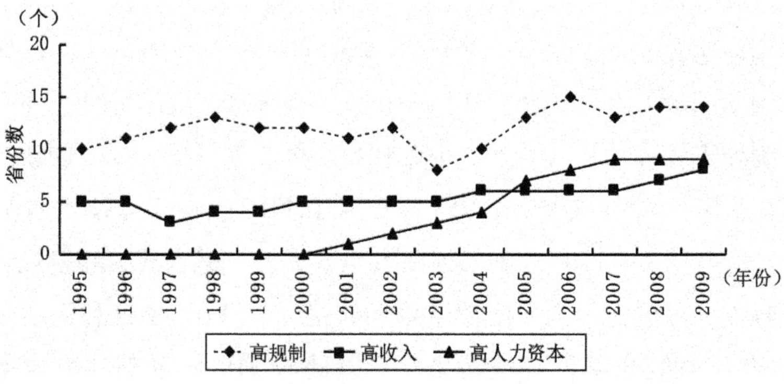

图 2 – 4　1995 ~ 2009 年不同门槛区间省区市数量

五、主要结论与政策含义

利用 1995 ~ 2009 年 29 个省区市的面板数据，以人均工业废水和人均二氧化硫作为污染指标，借助门槛面板回归方法，本节从人均收入、人力资本和环境规制渠道考察了 FDI 对中国环境的门槛效应。整体来看，FDI 对中国环境存在显著的门槛效应。收入门槛方面，高收入阶段，FDI 将改善环境质量；中等收入阶段，FDI 会加剧当地环境污染；低收入阶段的影响则不甚确定。人力资本门槛方面，当人力资本较高时，FDI 对当地环境具有积极影响；当人力资本较低时则相反。环境规制门槛方面，只有环境规制达到较高水平，FDI 才可能对环境产生显著的积极影响。对收入、人力资本和环境规制水平的分析表明，从静态来看，当前 FDI 对多数省区市的环境仍存在负面影响；从动态来看，FDI 对中国环境的正面影响正在逐步增强。

基于本节研究结论，得到以下政策含义：第一，科学处理经济发展与环境污染的关系。经济发展初期可能带来环境污染的加剧，应当通过加强环境规制加以控制；而一旦收入达到较高水平，则可以通过 EKC 拐点效应和 FDI 的收入门槛效应改善当地环境。因此，大力发展经济是解决中国环境污染的重要途径，不能“因噎废食”地进行环境污染治理。第二，全面看待 FDI 与环境污染的关系。虽然 FDI 整体加剧了中国环境污染，但随着收入、人力资本和环境规制的提升，FDI 对我国环境的改善作用也会逐步显现。因此，地方政府在积极吸引外商投资的同时，应加大力度提升环境规制和教育投资水平，以利于地方经济和环境的协调发展。第三，加速产业结构调整，促进工业转型升级。实证研究表明，第二产业比重提高加剧了中国的环境污染。这就要求，我们必须改变当前过分倚重第二产业的发展模式，实现产业结构的合理调整；同时，改变主要依靠资源投入的“粗放型”工业增长方式，加速工业转型升级，实现经济质量和环境质量的同步提升。

第二节　城市层面的研究

一、文献评述与理论机制探讨

FDI对环境的影响是否存在门槛效应，此方面的探索性研究极少。本节将通过梳理现有FDI与环境文献的研究脉络，来归纳FDI对环境影响门槛效应的可能作用机制。

现有的FDI与环境关系的方面，除了基于“污染避难所”假说和“污染光环”假说的验证研究外，还有部分学者将FDI纳入“环境库兹涅茨”曲线（EKC）中，将其作为环境污染的一个重要影响因素加以考察（梁，2006；宋和吴，2008；袁鹏和程施，2011）。EKC是格罗斯曼和克鲁格（Grossman and Krueger，1991）在研究北美自由贸易区对环境的影响时发现的，环境污染伴经济增长所出现的一种先上升后下降的倒“U”型曲线。对于倒“U”型曲线的成因，部分学者认为，只有经济发展达到一定的阈值，收入增长的环境规制效应、环境技术的规模效应才能得以充分发挥，从而带来污染水平的有效降低；而在此之前，经济发展并不能带来环境质量的改善（科普兰和泰勒，2003；梁，2006）。借鉴经济增长与环境污染的分析思路，本书认为，FDI对环境影响的门槛效应也极有可能依赖于收入水平和技术溢出条件不同而产生。

当探讨FDI与环境非线性关系成因时，宋和吴（Song and Woo，2008）认为，在低收入水平条件下，东道国对FDI带来的环境污染具有较高的承受力；而一旦收入达到较高水平时，收入增长将带来环境投资和环境规制的加强，FDI带来的环境污染也必然受到抑制。包群等（2010）的理论模型也表明，FDI对东道国环境的影响取决于其规模效应的负面影响和收入效应正面影响的综合比较；当收入达到一定水平以后，FDI 对环境的积极影响可能大于其负面影响，从而出现 FDI 与环境之间的倒“U”型曲线关系。众多实证研究也表明，当东道国或投资地的收入处于不同水平时，FDI 与环境之间的关系存在较大差异。霍夫曼等（Hoffmann et al.，2005）利用 112 个国家的面板数据，利用面板格兰杰因果检验对不同收入阶段国家的 FDI 流入量与二氧化碳排放之间的关系进行检验；研究表明，在中等收入和低收入国家，FDI 与碳排放之间存在相互因果关系，而高收入国家却不存在此种关系。乔根森（Jorgenson，2006）利用 53 个国家的面板数据对 FDI 与废水排放之间的关系进行考察；结果表明，发展中国家的 FDI 流入导致了污水排放的增加，而此种影响在发达国家却并不明显。宋和吴（Song and Woo，2008）在对中国省级地区 FDI 存量与多种污染物排放的关系研究时也发现，东部沿海地区和中西部地区在 FDI 与污染物排放关系方面存在较大差异。以上理论和实证研究表明，FDI 对东道国环境的影响很大程度上受到当地经济发展水平的制约：在收入水平较低的阶段，FDI 会对当地环境产生负面影响；而当收入水平达到一定门槛之后，FDI 则可能对当地环境带来积极的影响。

FDI 对东道国环境技术的影响方面，现有研究认为，FDI 可以通过水平溢出效应和垂直溢出效应两方面对东道国的环境技术产生溢出。水平溢出方面，部分学者的研究表明，通过 FDI 企业原有员工向内资企业的流动，或者内资企业在 FDI 企业示范或者竞争效应的影响下的技术模仿、创新，东道国同行企业的管理水平、生产技术和效率能显著提升，进而带来行业环境技术水平的提升（联合国贸易和发展会议，1999；帕金斯和诺伊迈尔，2009；李子豪和刘辉煌，2011）。垂直溢出方面，外资企业可以通过人员培训、建立生产设施和提供技术援助等方式促进上游企业的环境技术的提升，也可以通过供应限制或者提供高质量的投入品来促进下游企业环境生产技术的提升（加西亚，2000；格尔和格里纳韦，2004；阿尔博诺兹等，2009）。另外，国内外有关 FDI 技术溢出效应的实证研究表明，FDI 技术溢出效应的发生的重要前提条件则是投资地具有一定的吸收能力，尤其是当地的人力资本必须达到一定的阈值，才能有效地获得 FDI 的技术溢出（博伦茨坦等，1998；许，2000；王志鹏和李子奈，2004；刘厚俊和刘正良，2006）。刘渝琳和温怀德（2007）利用中国省级地区的面板数据对 FDI、人力资本与环境损失之间的关系进行了实证检验，研究表明，只有人力资本达到较高的水平，才能实现对 FDI 的技术吸收，并对环境产生积极的改善作用。基于以上文献的研究，本书认为，FDI 对东道国环境的影响（环境技术溢出）存在一定的人力资本门槛；只有当投资地的人力资本达到一定水平以后，FDI 的环境技术溢出才有可能发生，并对当地环境带来正面影响。

鉴于此，本节利用 2003 ~ 2009 年中国 220 个地级城市的面板数据，考察了 FDI 对中国环境影响的门槛效应。与以往研究不同，此部分研究在以下方面有所进展：首先，在研究视角上，考察了 FDI 对环境的门槛效应影响，并且分别基于收入门槛和人力资本门槛两个角度，验证不同机制下门槛效应的存在性和门槛区间；其次，在研究方法上，不同于以往利用 FDI 多项式或交叉项回归的非线性研究方法，此部分研究采用门槛面板模型，利用内生性分组的方法，考察了 FDI 在不同角度和不同污染物种类下的门槛效应；最后，在研究对象上，此部分研究采用 2003 ~ 2009 年 220 个地级城市的面板数据，能从微观层面更为科学地考察 FDI 对中国环境的影响。

二、实证模型和计量方法

（一）实证模型

现有研究经济发展与环境关系文献，大多借鉴格罗斯曼和克鲁格（Grossman and Krueger，1991）的两种研究思路，或是从规模效应、结构效应和技术效应等考虑经济对环境的影响；或是利用他们实证分析得到 EKC 作为研究框架，考察各种因素对环境的影响。此部分研究考虑综合两种研究思路，从规模、结构和技术思路考察经济发展与环境的影响，并在其中引入 EKC 的实证框架。

$$E = Y \times S \times T \tag{2-11}$$

其中，E 为污染物排放水平，Y 表示经济规模，S 为经济结构，T 为技术水平。

考虑到开放经济条件下，技术进步可以同时通过本国研发和国外技术溢出实现[①]，则技术函数可表示如下：

$$T = f(R\&D, fdi) \tag{2-12}$$

其中，$R\&D$ 表示本土研发投入，fdi 表示国外技术溢出。

将技术函数（2－12）代入式（2－11），得到本书的基本理论框架：

$$E = Y \times S \times T(R\&D, fdi) \tag{2-13}$$

将方程（2－13）两边同时除以人口总量（P），则可得：

$$E/P = (Y/P) \times S \times T(R\&D, fdi) \tag{2-14}$$

用 $EI = E/P$ 表示污染强度，$(Y/P) = ey$ 表示人均收入，将其代

① 借鉴休伯和凯勒（Huber and Keller，2009）的思路，本书将 FDI 纳入环境技术影响因素，并非意味 FDI 仅对当地环境技术产生影响，目的是将 FDI 引入实证分析框架；何（He，2006）的联立方程研究表明，FDI 可以通过规模、结构、技术和规制等多种渠道多东道国环境产生影响。

入式（2 – 14），并对两边取自然对数，则可得：

$$\ln EI = \ln ey + \ln S + \ln R\&D + \ln fdi \tag{2-15}$$

为检验 EKC 关系的存在性，式（2 – 15）中引入人均收入的二次项，则可得：

$$\ln EI_{i,t} = \beta_1 \ln ey_{i,t} + \beta_2 (\ln ey_{i,t})^2 + \beta_3 \ln S_{i,t} + \beta_4 \ln R\&D_{i,t} + \beta_5 \ln fdi_{i,t} + \mu_i + \varepsilon_{i,t} \tag{2-16}$$

其中，i 表示城市，t 表示年份；μ_i 为个体效应，反映各城市特有因素对环境污染的影响，$\varepsilon_{i,t}$ 为随机误差项。

为验证 FDI 对中国环境的影响是否存在门槛效应，本书借鉴汉森（Hansen，1999）的非动态门槛回归方法，将门槛值作为一个未知变量引入模型中，构建 FDI 对环境影响的分段函数，并对门槛值和“门槛效应”进行一系列的估计和检验。此部分研究首先假设存在“单门槛效应”，在模型（2 – 16）的基础上构建单门槛估计模型，多门槛模型可由此扩展得到：

$$\begin{aligned}\ln EI_{i,t} = {} & \beta_1 \ln ey_{i,t} + \beta_2 (\ln ey_{i,t})^2 + \beta_3 \ln S_{i,t} \\ & + \beta_4 \ln R\&D_{i,t} + \beta_5 \ln fdi_{i,t} I_{i,t}(thr \leqslant \gamma) \\ & + \beta_6 \ln fdi_{i,t} I_{i,t}(thr > \gamma) + \mu_i + \varepsilon_{i,t}\end{aligned} \tag{2-17}$$

其中，thr 为门槛变量，本书中为人均收入或者人力资本；γ 为需要估计的门槛值，表示不同的收入水平或者人力资本水平；$I(\cdot)$ 为指示函数。定义：

$$\beta = \begin{bmatrix} \beta_1 \\ \beta_2 \\ \beta_3 \\ \beta_4 \\ \beta_5 \\ \beta_6 \end{bmatrix} \qquad X = \begin{bmatrix} \ln ey_{i,t} \\ (\ln ey_{i,t})^2 \\ \ln S_{i,t} \\ \ln R\&D_{i,t} \\ \ln fdi_{i,t} I_{i,t}(thr \leqslant \gamma) \\ \ln fdi_{i,t} I_{i,t}(thr > \gamma) \end{bmatrix}$$

则式（2 – 17）可以变换为矩阵形式如下：

$$\ln EI_{i,t} = \beta' X_{i,t}(\gamma) + \mu_i + \varepsilon_{i,t} \quad (2-18)$$

（二）模型估计和检验方法

门槛估计最主要解决两方面问题：一是门槛值 γ 和重要考察变量 fdi 的回归参数；二是对门槛效应进行相关检验。在对式（2－18）估计前，需进行组内平均以消除个体效应 μ_i，处理变换后得到式（2－19）：

$$\ln EI_{i,t}^{*} = \beta' X_{i,t}^{*}(\gamma) + \varepsilon_{i,t}^{*} \quad (2-19)$$

将所有观察值进行累叠，得到式（2－20）：

$$\ln EI^{*} = \beta' X^{*}(\gamma) + \varepsilon^{*} \quad (2-20)$$

对于任意给定的门槛值 γ，可对式（2－20）最小二乘估计，得到 β 估计值如下：

$$\hat{\beta}(\gamma) = (X^{*}(\gamma)' X^{*}(\gamma))^{-1} X^{*}(\gamma)' \ln EI^{*} \quad (2-21)$$

则相应的残差平方和为

$$S_1(\gamma) = \hat{e}^{*}(\gamma)' \hat{e}^{*}(\gamma) \quad (2-22)$$

其中，$\hat{e}^{*}(\gamma) = \ln EI^{*} - \hat{\beta}(\gamma)' X^{*}(\gamma)$ 是残差向量。

通过最小化式（2－22），可以得到相应的 $S_1(\gamma)$ 所对应的门槛值 γ，即：

$$\hat{\gamma}(\gamma) = \underset{\gamma}{\operatorname{argmin}} S_1(\gamma) \quad (2-23)$$

进一步，可以得到 $\hat{\beta} = \hat{\beta}(\hat{\gamma})$，残差向量 $\hat{e}^{*} = \hat{e}^{*} \hat{\gamma}$ 及残差平方和 $\hat{\sigma}^2 = \hat{\sigma}^2(\hat{\gamma})$。得到门槛估计值和不同区间 fdi 的回归参数后，需要对门槛效应的显著性、门槛值的置信区间进行检验估计。门槛效应显著性的检验的原假设为：$H_0: \beta_1 = \beta_2$，检验统计量为：

$$F_1 = (S_0 - S_1(\hat{\gamma})) / \hat{\sigma}^2 \quad (2-24)$$

其中，S_0 为原假设估计得到的残差平方和，由于原假设下门槛值不能识别，则 F_1 统计量是非标准分布的，但可以通过“自抽样”

（bootstrap）模拟其渐进分布，并构造其P值。

门槛值置信区间估计的原假设为：$H_0:\hat{\gamma}=\gamma_0$，相应的似然比检验统计量为：

$$LR_1(\gamma)=(S_1(\gamma)-S_1(\hat{\gamma}))/\hat{\sigma}^2 \qquad (2-25)$$

该统计量同样为非标准分布，但汉森（Hansen，1999）计算了其拒绝区间，即当显著性水平为α时，$LR_1(\gamma)\leqslant C(\alpha)=-2\ln(1-\sqrt{1-\alpha})$时，不能拒绝原假设；在95%的置信水平下，$C(\alpha)=7.35$。

为确定模型是否存在两个或两个以上门槛，需在单门槛模型的基础上进行下一个门槛值的存在性和置信区间的检验估计。若没有通过检验，则接受单门槛的模型假设；若通过，则继续进行三门槛检验，以此类推。

三、指标选择和数据说明

（一）指标选择

环境污染水平的衡量方面，现有研究存在较大差异，主要有污染总量指标（梁，2006）、污染浓度指标（格罗斯曼和克罗格，1991）、人均污染排放水平（帕金斯和诺伊迈尔，2009；科尔等，2011）和综合污染指标（袁鹏和程施，2011）等几类。但受各地经济、社会发展和地理环境的差异影响，总量指标往往很难反映当地的环境质量；综合污染指标在构建时，受污染物权重和处理技术影响，也可能失去其衡量效果。污染物浓度指标较好地衡量了污染状况，但受数据可得性限制，研究中难以获得；考虑到人均污染排放量也能较好地反映地区环境质量，且与前面的模型相匹配，此部分研究用人均污染排放来表征污染水平。现有实证研究表明，不同污染物与FDI之间的关系也可能存在一定差异，且外商投资对中国城市的环境污染主要集中于工业生产领域（宋和吴，2008；科尔等，2011；袁鹏和程施，2011）；此部分研究选用两种工业污染指标，即人均工业废水排放量（EI_w）和人均工业二氧化硫排放量（EI_s）[①]。

收入水平的衡量方面，与现有多数基于 EKC 框架的实证研究相同（格罗斯曼和克罗格，1991；梁，2006；科尔等，2011），此部分研究用各城市人均实际 GDP 来表示。

经济结构的衡量方面，现有研究主要分为两类：一类以当地的产业结构来表示，即第一、第二、第三产业占产值占 GDP 的比重来衡量（帕金斯和诺伊迈尔，2009；科尔等，2011；袁鹏和程施，2011）；另一类则以当地的要素资源禀赋结构来衡量，通常采用资本劳动比来表示（梁，2006；宋和吴，2008）。考虑到多数研究采用三次产业结构指标，本节污染指标来源于工业行业，且资本劳动比常与人均产出存在较强相关性，此部分研究用第二产业即工业总产出占当地 GDP 的比重来表征经济结构。

研发指标方面，现有研究多采用人均科技活动内部支出额来表示当地研发强度，但受研究样本的限制，本节难以获得地级城市的企业研发投入数据（宋和吴，2008；李子豪和刘辉煌，2011）；借鉴袁鹏和程施（2011）的做法，此部分研究用各城市财政中科学支出占当地 GDP 的比重来反映研发投入力度。

外商直接投资指标，现有研究主可以分为两类：第一类是采用各地区实际利用外资额占 GDP 的比重来衡量，此类指标又可以分为实际利用 FDI 流量指标和存量指标两类（梁，2006；宋和吴，2008）；第二类则采用三资企业产值占当地工业企业的总产值来衡量（科尔等，2011；袁鹏和程施，2011）。考虑到实际利用 FDI 的流量指标并

① 选择工业二氧化硫和工业废水排放作为污染指标，是因为这两种污染物是工业生产中具有的代表性的排放物，且为大多数实证研究所选用。

不能很好地反映外资对当地经济的影响，城市层面实际利用 FDI 的存量指标又缺乏客观的统计数据，且本节污染排放又依赖于工业生产，此部分研究用后者来表示 FDI 指标。

人力资本方面，借鉴现有研究的通常做法，用各城市在校生占总人口的比重来衡量。由于高等层次人力资本和中等层次的人力资本均能对 FDI 的技术吸收产生积极作用（刘厚俊和刘正良，2006；刘渝琳和温怀德，2007）；为全面考察各城市人力资本状况，且考虑到不同层次人力资本的差异，本节构造了各城市的人力资本综合指标如下：

$$h_{i,t} = \sum \left(\frac{mid_{i,t}}{pop_{i,t}} \times 10 + \frac{hig_{i,t}}{pop_{i,t}} \times 15 \right) \qquad (2-26)$$

其中，$h_{i,t}$、$mid_{i,t}$、$hig_{i,t}$、$pop_{i,t}$ 分别表示 i 城市 t 年的人力资本状况、中学在校生人数、高校在校生人数和城市总人口数；10 和 15 是根据受教育年限而赋的权重[①]。

（二）数据说明

此部分研究所有指标的原始数据均源自 2004～2010 年的《中国城市统计年鉴》和《区域经济统计年鉴》。为剔除价格因素的影响，各城市 GDP 数据均采用 2000 年为基期的工业产品出厂价格指数进行调整。考虑到数据的可得性和样本的一致性，最终采用 2003～2009 年全国 30 个省区市（不包括西藏自治区和港澳台地区）的 220 个城市，其中东部城市 92 个，中部城市 82 个，西部城市 46 个，总的研究样本为 1540 个。

---

① 借鉴王志鹏和李子奈（2004）的做法，对中学在校人数假设初中人数和高中人数各占 50% 的比重，教育年限取中间值 10 年；大学受教育年限按 15 年给定。

表 2－8　　变量的统计性描述

年份	变量	lnEI_w	lnEI_s	lney	S	fdi	R&D	h
	单位	万吨/人	吨/人	元/人	%	%	%	—
2003	最小值	-0.331	1.104	7.857	21.580	0.000	0.003	0.499
	最大值	5.220	7.936	10.994	85.380	93.830	0.294	1.809
	均值	2.653	4.701	9.238	47.395	16.178	0.031	0.847
	标准差	0.921	1.086	0.645	10.728	18.824	0.028	0.229
2006	最小值	0.267	-0.015	8.214	16.200	0.000	0.019	0.504
	最大值	4.966	7.919	11.390	89.720	89.230	0.970	2.084
	均值	2.738	4.979	9.632	49.277	17.616	0.151	0.888
	标准差	0.856	1.065	0.621	11.470	18.479	0.116	0.310
2009	最小值	-0.801	-0.429	8.715	16.160	0.013	0.022	0.214
	最大值	5.122	7.624	11.538	86.680	75.230	1.431	2.399
	均值	2.693	4.869	9.997	50.565	16.833	0.189	0.880
	标准差	0.873	1.036	0.576	10.589	16.777	0.158	0.377

注：由于结构指标（S）、FDI 指标和 R&D 指标均为百分比数据，故在本书后面的回归分析中，并未对这三个变量进行对数化处理。

表 2－8 给出了 2003 年、2006 年和 2009 年所有计量分析指标的统计性描述。由表 2－8 可知，研究期内城市整体的污染强度、外商投资占比和人力资本水平均呈现先增加后下降的态势，而人均收入、工业产出占 GDP 的比重和研发投入则持续上升。

表 2－9 显示了主要解释变量的 Spearman 相关系数，由表 2－9 可知，主要解释变量之间并不存在十分严重的相关性；而人力资本变量与人均收入、FDI 变量之间均存在比较严重的相关性，故在实证分析时，并未将人力资本纳入模型的解释变量。

表 2-9　　主要解释变量的 Spearman 相关系数

	lney	S	fdi	R&D	h
lney	1.000				
S	0.281	1.000			
fdi	0.276	-0.046	1.000		
R&D	0.297	0.077	0.154	1.000	
h	0.337	0.106	0.351	0.003	1.000

四、实证分析与解释

（一）变量的平稳性检验

由于门槛回归模型要求模型中的相关变量，尤其是门槛变量为平稳变量。因此，在进行回归分析之前，首先对相关变量进行平稳性检验；考虑到面板单位的单位根可能存在的差异状况，本书用 LLC 检验和 PP-Fisher 检验两种方法。各变量平稳性检验结果见表 2-10，由表 2-10 可知，所有变量在 1% 的显著性水平均可拒绝存在单位根的原假设。

表 2-10　　变量的平稳性检验

变量	形式	LLC 检验		PP-Fisher 检验	
	(c, t, l)	统计量	概率值	统计量	概率值
lnEI_w	(c, 0, 0)	-38.1726	0.0000	665.7100	0.0000
lnEI_s	(c, 0, 0)	-42.7367	0.0000	874.2910	0.0000
lney	(c, 0, 0)	-10.6751	0.0000	713.0350	0.0000
$(\ln ey)^2$	(c, 0, 0)	-9.1747	0.0000	610.2630	0.0000

续表

变量	形式	LLC 检验		PP – Fisher 检验	
	(c, t, l)	统计量	概率值	统计量	概率值
S	(c, 0, 0)	–13.6467	0.0000	573.9560	0.0000
fdi	(c, 0, 0)	–17.2371	0.0000	693.8090	0.0000
R&D	(c, t, 0)	–21.1239	0.0000	542.1560	0.0005
h	(c, 0, 0)	–23.4014	0.0000	839.3240	0.0000

注：c，t，l分别表示带有常数项、趋势项和滞后阶数。

（二）门槛效应的显著性和置信区间估计

表2－11显示了工业废水排放和二氧化硫排放表征污染水平的收入门槛、人力资本门槛的显著性检验结果、门槛值估计值及其置信区间；图2－5则显示了表2－11中所有第一门槛估计值和置信区间。由表2－11可知，根据模型（2－17）依次进行的单一、双重和三重门槛检验表明，所有估计模型均在1%的显著性水平存在单一门槛和双重门槛效应，而三重门槛的检验结果并不显著。表2－11后两列显示了门槛回归得到的门槛值及95%置信水平的置信区间；对于不同污染物，收入和人力资本门槛水平存在一定差异。但由于存在两重收入门槛，故可将研究期内的所有城市分为低收入、中收入和高收入城市三类；根据人力资本门槛值，则可将研究对象分为低人力资本、中人力资本和高人力资本城市。由图2－5可知，当收入和人力资本为第一门槛值时，似然比函数取值均能达到图形最低点；且在第一门槛值附近，所有穿过水平虚线位置的点均落在该门槛值的置信区间范围内。

表 2-11　　门槛变量的显著性检验和置信区间

污染物	门槛类	门槛数	F 值	10%	5%	1%	门槛值	95% 置信区间
工业废水	收入	单一	12.830**	2.539	4.122	10.879	7314	(7300, 7789)
		双重	7.658**	2.504	3.951	6.401	40100	(36200, 40500)
		三重	2.291	0.856	3.062	5.022		
	人力资本	单一	9.489**	2.069	3.256	6.399	1.262	(1.222, 1.281)
		双重	8.572**	2.192	3.729	7.579	0.746	(0.741, 0.748)
		三重	4.339	3.048	4.422	6.895		
二氧化硫	收入	单一	14.491**	2.691	3.542	6.657	8783	(8580, 9017)
		双重	6.923**	2.596	3.654	8.308	23500	(22400, 27500)
		三重	4.172	3.616	4.401	5.872		
	人力资本	单一	11.414**	2.499	4.677	8.537	0.630	(0.630, 0.638)
		双重	8.897**	2.792	3.641	6.196	0.868	(0.851, 0.883)
		三重	3.031	2.691	3.646	7.096		

注：表中的 F 值和 10%、5%、1% 的临界值均为采用“自抽样”反复抽样 300 次得到的结果；** 和 * 分别表示在 1% 和 5% 水平下显著。

（三）模型估计结果与分析

1. 回归结果与解释

表 2-12 给出了当污染物为工业废水时，计量模型的估计结果。在两种门槛模型估计结果中，人均收入一次项对废水排放均呈正面影响，二次项均呈负面影响；且均至少在 10% 的水平上通过了显著性检验；这表明，研究期内城市人均收入与废水排放呈现倒“U”型曲线关系，即各城市发展初期带来的废水排放增加，将随着收入达到一定门槛后开始下降。科尔等（Cole et al.，2011）对中国 112 个城市的研究也表明，收入与工业废水存在 EKC 关系；且表 2-11 中收入门槛和人力资本门槛模型中，倒“U”曲线的拐点分别为 4.29 万元和 3.68 万元，折算成 1990 年价格后与它们的估算值相近。若以 3.68

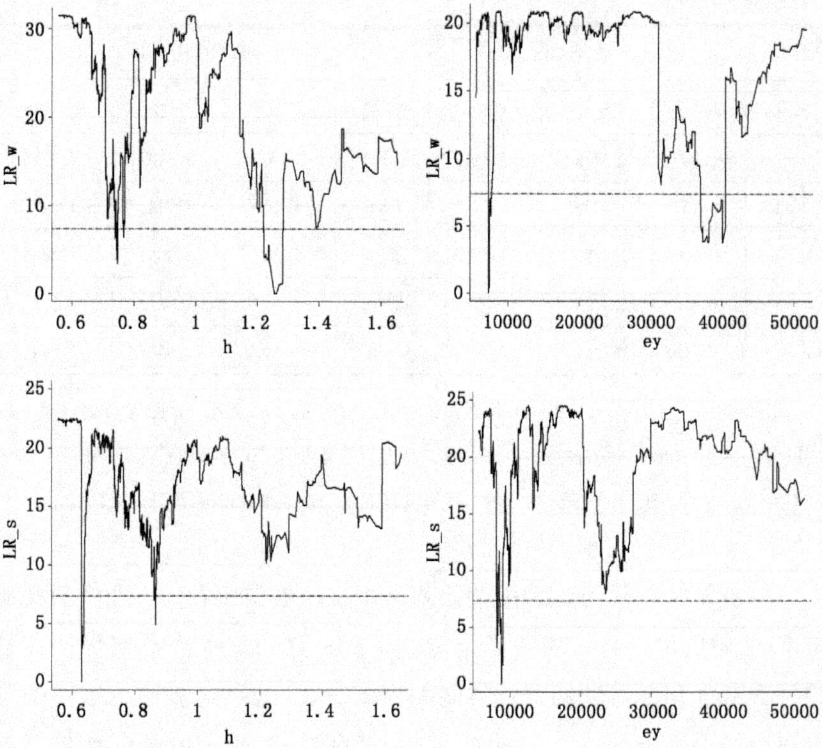

图 2－5　两类污染物收入、人力资本第一门槛估计值和置信区间

注：LR_w 和 LR_s 分别表示污染物为工业废水和二氧化硫时的 LR 统计量；h 和 ey 则分别表示人力资本水平和收入水平；图中水平虚线为标识 LR 值为 7.35；表 2－11 中所有门槛值的似然比函数图显示，在 5% 的显著性水平接受原假设，验证了相关门槛值的真实性。

万元作为标准，2003 年全部城市中仅有 13 个城市达到此水平；2009 年已有 44 个城市达到了。

表 2－12　　污染物为工业废水时模型参数估计

收入门槛估计				人力资本门槛估计			
变量	估计值	t－ols	t－white	变量	估计值	t－ols	t－white
lney	0.8025	1.8253***	1.7253*	lney	0.9407	2.1237**	2.1315**
$(\ln ey)^2$	－0.0375	－1.9752*	－2.0452**	$(\ln ey)^2$	－0.0447	－1.9349*	－1.9677*

续表

收入门槛估计				人力资本门槛估计			
变量	估计值	t - ols	t - white	变量	估计值	t - ols	t - white
S	0.009	2.3778 **	2.3117 **	S	0.0075	2.8407 ***	2.0798 **
R&D	-0.1574	-1.6796 *	-1.5275	R&D	-0.1666	-1.7982 *	-1.6481 *
fdi - ly	-0.6906	-2.8951 ***	-1.3362	fdi - lh	0.1227	1.8054 *	1.5858
fdi - my	0.3809	2.0708 **	1.7716 *	fdi - mh	-0.4771	-1.9832 **	-2.0387 **
fdi - ay	-0.4188	-2.1217 **	-2.1063 **	fdi - ah	-0.1659	-1.9417 *	-1.8641 *

注：fdi - ly、fdi - my、fdi - ay 分别表示在低、中、高收入阶段 fdi 的参数估计值，fdi - lh、fdi - mh、fdi - ah 分别表示在低、中、高人力资本阶段 fdi 的参数估计值；t - ols 表示同方差设定下的 t 值，t - white 表示异方差设定下的 t 值；表 2 - 13 中符号含义同此表。

经济结构指标与废水排放显著正相关，这意味着，工业产值在城市 GDP 中的增加将带来环境质量的下降；这与绝大多数实证研究的结果类似（科尔等，2011；袁鹏和程施，2011）。这表明，当前中国工业生产整体上处于“粗放型”生产阶段，工业产值的增加仍是以环境资源的破坏为代价实现的。研发投入指标与当地废水排放之间呈现负相关，但是统计上仅在 10% 的水平下显著；表明各个城市科学支出的增加有助于当地环境质量的改善，但效果可能并不明显；而宋和吴（Song and Woo，2008）的研究结果则显示，研发投入的增加能较为显著地降低中国省级地区的废水排放量，这可能是研究对象、研究方法和指标选择上的差异所致。

基于收入门槛的估计表明，在人均收入低于 7314 元的阶段，FDI 的进入将带来废水排放的下降（异方差假设下不显著）；而当人均收入处于 7314 ~40100 元之间时，FDI 的进入将带来废水排放的显著增加；而当人均收入高于 40100 元之后，FDI 将会对当地废水排放产生显著的积极影响；这表明，不同收入阶段 FDI 对投资地环境的影响有显著的差异。这可能与当前我国经济的发展水平、发展模式密切相关：当投资地经济发展水平较低时，进入的外资企业无论在生产技术还是管理经验上均会显著高于当地企业，故此时FDI企业的增加可能并不带来污染水平的提升，甚至有可能因对被并购企业的技术改造而降低污染水平；而当收入达到一定水平后，经济发展的短期利益开始为多数人包括政府所重视，经济发展的环境代价也并不明显，此时环境规制和环境投资相对较少，所以外商投资和投资所引致的经济增长均不能带来环境的改善（包群等，2010）；而当收入达到较高水平后，一味追求经济发展忽视环境治理的后果开始显现，民众对环境污染的问题开始重视，政府的环境规制和环境治理投资开始显著增加，FDI受制于严格的环境规制并不会带来污染的加剧，且有可能因为规制效应带来技术创新和技术溢出而使当地环境质量有所改善①。朱平芳等（2011）对中国城市环境规制和FDI投资关系的研究表明，在外资企业进入初始阶段和较高水平阶段，地方政府的环境规制较强；而当外资水平处于适中阶段时，地方政府通常会放松环境规制以吸引更多的外商投资；这一定程度上也佐证了以上分析的合理性。

基于人力资本门槛的估计表明，在人力资本低于0.746的阶段，FDI与人均废水排放正相关（统计上不甚显著）；而当人力资本处于0.746～1.262阶段时，FDI的增加将带来废水排放的显著下降；而当人力资本高于1.262阶段时，FDI仍然有利于废水排放量的下降，但此时的影响系数和显著性均有所下降。这可能是因为，在较低的人力资本水平之下，外商直接投资的环境技术溢出并不能为当地所吸收，FDI的进入并不能带来当地环境技术水平的改善和污染水平的下降，甚至有可能因为促进当地生产规模扩大而带来环境质量的恶化；而当人力资本达到一定高度以后，当地企业才有可能较为充分地吸收外商

① 波特等（Porter et al，1995）的研究表明，合理的环境规制能够刺激企业改变被约束的条件，进一步优化资源配置，实现企业生产效率和环境技术的提升。

直接投资的技术溢出（包括环境技术溢出），从而带来当地环境技术水平的整体提高和污染水平的下降（王志鹏和李子奈，2004；刘厚俊和刘正良，2006）；而一旦人力资本达到较高阶段之后，当地企业与FDI企业之间的技术差距并不显著，此时FDI对当地环境技术的溢出的效果也会相对减弱，因此对当地环境的改善作用会有所下降（刘辉煌等，2009）。

表2－13显示了污染物为二氧化硫时，各解释变量的影响情况。整体上来看，收入水平、经济结构、研发投入和不同阶段FDI对环境的影响与表2－12类似，说明FDI对中国环境的影响确实存在显著的门槛效应；也验证了以上估计结果的稳健性。从影响因素来看，人均收入与二氧化硫排放呈现十分显著的倒“U”曲线关系，其拐点分别为2.8万元和2.6万元，与科尔等（Cole et al.，2011）的估计结果类似，但低于梁（Liang，2006）的拐点水平，这可能是由于两文在二氧化硫排放衡量标准上的差异所致；该水平也明显低于表2－12中工业废水的拐点，这可能是因为，人们对不同污染物的环保意识和容忍程度的有所差异（袁鹏和程施，2011）。与表2－12相比，在统计显著性上，经济结构对二氧化硫排放的负面作用更低一些，但城市科学支出的积极影响增强很多，这应该是两种污染物的排放特点的差异所致（宋和吴，2008）。基于收入门槛的估计与表2－12有所不同，即低收入阶段FDI与二氧化硫排放呈现正相关关系，但统计上并不显著；而中收入阶段和高收入阶段，FDI对环境的影响方向与表2－12相同。基于人力资本门槛的估计结果与表2－12类似，当人力资本低于0.868时，FDI对环境有显著的消极影响；而如果当地人力资本越过这一门槛之后，FDI对环境积极影响便显示出来。

表 2 - 13　　污染物为二氧化硫时模型参数估计

收入门槛估计				人力资本门槛估计			
变量	估计值	t - ols	t - white	变量	估计值	t - ols	t - white
lney	1.698	3.1868 ***	3.9501 ***	lney	1.3989	2.7923 ***	3.3806 ***
$(lney)^2$	-0.0827	-2.6862 ***	-3.3666 ***	$(lney)^2$	-0.0686	-2.1272 **	-2.6013 **
S	0.0131	1.9404 *	1.6725 *	S	0.0134	1.6813 *	1.4497
R&D	-0.5606	-5.3235 ***	-7.0052 ***	R&D	-0.5841	-5.5348 ***	-7.469 ***
fdi - ly	0.3365	0.8195	0.8902	fdi - lh	0.5673	1.9577 *	2.1628 **
fdi - my	0.7392	3.6011 ***	3.6294 ***	fdi - mh	0.7353	4.0882 ***	2.8485 ***
fdi - ay	-0.7839	-3.6274 ***	-2.7716 ***	fdi - ah	-0.4592	-2.0721 **	-2.1537 **

2. 扩展分析

以上对 FDI 环境影响的收入门槛和人力资本门槛分析表明，当收入水平处于较高或者较低、人力资本处于较高水平阶段，FDI 并不对环境带来负面影响，而且有显著的改善作用；而当收入处于中间水平，或人力资本处于较低水平时，FDI 将对环境产生显著的负面影响。将研究期内各城市的收入水平与收入门槛值比较，可以将 220 个城市分为三类，即高收入、中收入和低收入城市；根据 FDI 对环境影响方向的差异，将各城市的人力资本水平与相应的人力资本门槛值比较，可将相关城市分为高人力资本和低人力资本两类。以 FDI 对城市工业废水影响的门槛效应为例，图 2 - 6 显示了研究期内不同类型城市的数量，本书以此简单推断 FDI 对中国环境的影响变化。

由图 2 - 6 可知，以人均收入门槛为标准，研究期内低收入城市的数量显著下降，从 2003 年的 67 个降至 2009 年的 5 个；高收入阶段的城市则持续稳定上升，从 2003 年的 9 个增至 2009 年的 38 个；中等收入阶段的城市在 2003 ~ 2007 年稳定上升，2008 年后则开始下降。由于高收入阶段和低收入阶段，FDI 对当地环境均为积极影响；这意味着，从收入门槛的影响来看，FDI 对中国大多数城市的环境呈

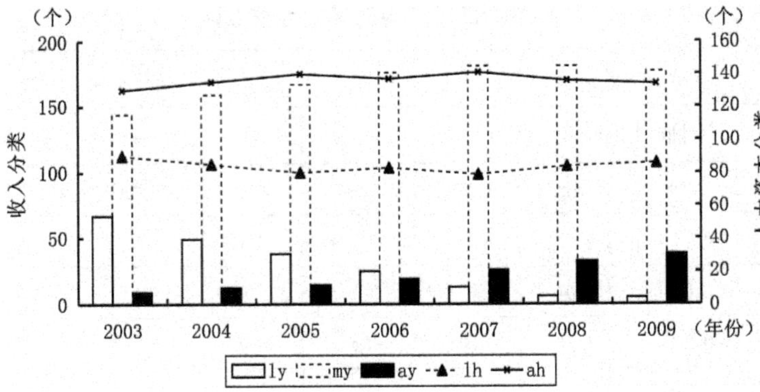

图 2－6　2003～2009 年不同收入和人力资本分类城市数量

注：其中，ly、my、ay、lh、ah 等分别表示低收入、中收入、高收入、低人力资本和高人力资本城市；其中高低人力资本以门槛值 0.746 作为划分依据。

显著的负面影响；伴随中等收入城市数量的变化，2003～2007 年 FDI 对中国环境的负面作用逐渐增强，2008 年后此种影响则有所降低。以人力资本门槛为标准，2003～2007 年，高人力资本城市数量稳定上升，2008 年后则有所下降。由于高人力资本城市显著多于低人力资本城市，这表明，多数城市具备吸收 FDI 环境技术溢的人力资本条件，即在环境技术溢出方面，FDI 对中国多数城市的环境存在正面影响；且随着高人力资本城市数目的变化，此种正面影响在 2003～2007 年逐渐增强，但此种影响从 2008 年开始有所减弱。因此，从整体来看，当前 FDI 对中国城市环境的影响取决于收入方面的消极影响和人力资本方面的积极影响的综合作用，很难判断 FDI 对中国环境带来了正面影响还是负面影响；但随着中国经济和社会的快速发展，更多的城市将跨越收入门槛和人力资本门槛，FDI 对中国环境的积极影响将逐步显现。

五、主要结论与政策启示

利用 2003～2009 年全国 220 个地级城市的数据，以人均工业废水和二氧化硫排放作为环境污染衡量指标，借助门槛面板回归的计量方法，本节研究分别从收入门槛和人力资本门槛两个角度验证了 FDI 对中国环境影响的门槛效应。对 FDI 门槛效应的检验表明，FDI 对中国环境的影响存在显著的收入门槛效应和人力资本门槛效应；收入门槛的分析表明，当低收入或高收入阶段，FDI 能对中国环境产生较为显著的积极影响，而在中等收入阶段，FDI 则带来了当地环境状况的恶化；人力资本门槛的分析表明，在人力资本处于较低水平时，FDI 对当地环境并无积极影响，甚至存在负面影响，而当人力资本达到较高水平时，FDI 则能对当地环境产生明显的改善作用。对研究期内，220 个城市收入水平和人力资本状况的分析表明，在收入门槛角度下，FDI 对中国大多数城市环境存在负面影响，且此种影响有所加强；在人力资本门槛角度下，FDI 对多数城市的正面影响更加突出，但此种影响无明显增强的趋势。其他影响因素的研究表明，经济发展与环境污染之间存在显著的倒"U"型曲线关系，第二产业比重的增加一定程度提升了当地环境污染水平，而政府科学支出的增加则明显有利于环境质量的改善。

基于本节研究结论，以下启示值得思考：第一，由于 FDI 对当地环境存在显著的门槛效应。因此，地方政府应当辩证看待外商投资对当地环境的影响，即外商投资既不会对当地产生绝对的负面影响，也不会产生绝对的正面影响，其影响结果更多地取决于当地自身的经济和社会发展状况。第二，由于 FDI 对投资地环境的影响存在显著的收入门槛效应，且当前中国多数城市处于 FDI 将产生负面影响的中等收入阶段。这就意味着，中国在引进外商直接投资时面临巨大的环保压力，地方政府应当加大环境保护的工作力度，切实防范引进外资可能带来的环境问题；同时，也应当重视经济发展的作用，用发展的眼光去看待和解决外商投资中的环境污染问题。第三，由于 FDI 对投资地环境的影响存在显著的人力资本门槛效应，且中国仍有一半城市处于 FDI 将产生负面影响的低人力资本阶段。这就表明，地方政府应当充分贯彻“科教兴国”的发展战略，加大普通教育和职业教育的资金支持力度，提升当地人力资本以充分吸收 FDI 的环境技术溢出。第四，其他影响因素的分析表明，虽然收入提高能带来污染水平的下降，但是中国只有少数城市跨越了倒“U”型曲线的收入拐点，多数城市仍需加快经济发展；而且，为更好地应对经济发展中的环境污染挑战，地方政府应当积极转变产业结构，加大科学研究投入力度，改变传统的“粗放型”发展模式，使经济增长转变到更多地依靠科技创新的道路上。

本章小结

FDI 对环境污染门槛效应的省级层面研究表明，FDI 对中国环境存在显著的门槛效应。收入门槛方面，高收入阶段时 FDI 将改善环境质量；中等收入阶段时 FDI 会加剧当地环境污染；低收入阶段的影响则不甚确定。当人力资本门槛方面，人力资本较高时，FDI 对当地环境具有积极影响；当人力资本较低时则相反。环境规制门槛方面，只有环境规制达到较高水平，FDI 才可能对环境产生显著的积极影响。对收入、人力资本和环境规制水平的分析表明，从静态来看，当前 FDI 对多数省区市的环境仍存在负面影响；动态来看，FDI 对中国环境的正面影响正在逐步增强。相关研究结论的政策含义体现在以下三个方面：第一，科学处理经济发展与环境污染的关系；第二，全面看待 FDI 与环境污染的关系；第三，加速产业结构调整，促进工业转型升级。

FDI 对环境污染门槛效应的地市层面研究表明，FDI 对中国环境的影响存在显著的收入门槛效应和人力资本门槛效应。在低收入或高收入阶段，FDI 能对中国环境产生较为显著的积极影响，而在中等收入阶段，FDI 则带来了当地环境状况的恶化；当人力资本处于较低水平时，FDI 对当地环境并无积极影响，甚至存在负面影响，而当人力资本达到较高水平时，FDI 则能对当地环境产生明显的改善作用。对研究期内 220 个城市收入水平和人力资本状况的分析表明，在收入门槛角度下，FDI 对中国大多数城市环境存在负面影响，且此种影响有所加强；在人力资本门槛角度下，FDI 对多数城市的正面影响更加突出，但此种影响无明显增强的趋势。经济发展与环境污染之间存在显著的倒“U”型曲线关系，第二产业比重的增加一定程度提升了当地环境污染水平，而政府科学支出的增加则明显有利于环境质量的改善。相关研究结论要求地方政府，应当辩证看待外商投资对当地环境的影响，加大环境保护的工作力度，切实防范引进外资可能带来的环境问题；充分贯彻“科教兴国”的发展战略，加大普通教育和职业教育的资金支持力度，提升当地人力资本以充分吸收 FDI 的环境技术溢出；积极转变产业结构，加大科学研究投入力度，改变传统的“粗放型”发展模式，使经济增长转变到更多地依靠科技创新的道路上。

外商直接投资、
经济社会转型与
环境污染
Chapter 3

第三章　外商直接投资、技术进步与碳排放

当前全球气候变暖态势日益严峻，各国对经济活动产生的二氧化碳（CO_2）排放日趋关注；而在全球经济一体化迅速发展的今天，作为资本和技术要素流动综合体的外商直接投资（Foreign Direct Investment，FDI）对东道国的经济、社会和环境产生了诸多影响。基于此背景，越来越多的学者开始关注 FDI 对东道国 CO_2 排放的影响。

第一节　文献评述

国外学者对 FDI 与东道国 CO_2 排放的研究主要基于两个研究思路：第一类是验证“污染天堂假说”，即考察 FDI 是否向东道国转移了污染密集产业进而导致当地碳排放的增加。例如，乔根森等（Jorgenson et al.，2007）利用 39 个不发达国家 1975 ~ 2000 年的面板数据，对 FDI 与东道国碳排放的关系进行考察。研究表明，FDI 对不发达国家的碳排放具有显著的负面作用。阿恰卡亚（Acharkyya，2009）运用 1980 ~ 2003 年印度的数据，利用碳库兹涅茨曲线（Carbon Kuznets Curve，CKC）模型和协整分析的方法，对 FDI 与碳排放之间的关系进行考察。结果显示，FDI 对印度的碳排放带来了一定负面影响。一般来说，此类研究主要用碳排放量与 FDI 水平进行关系检验；而研究期内发展中国家的 FDI 水平与碳排放量通常均呈增长态势，因此，多数研究支持 FDI 对当地碳排放有负面影响的结论。第二类则是主要验证“波特假说”的存在性，即考察 FDI 是否通过技术渠道提高了发展中国家的技术水平进而导致当地碳排放的下降。格里姆斯和肯特尔（Grimes and Kentor，2003）运用 66 个发展中国家 1980 ~ 1996 年的面板数据和 CKC 模型，对 FDI 与碳排放技术的关系进行检验。结果表明，FDI 没有带来东道国的碳排放技术的进步。帕金斯和诺伊迈尔（Perkins and Neumayer，2009）运用 98 个不发达国家 1980 ~

2005年的面板数据，对FDI与碳排放效率的关系进行研究。研究表明，FDI有利于东道国碳排放效率的提升。此类研究通常用碳排放强度来表征排放技术，进而对东道国FDI与碳排放强度的关系进行检验；但研究者在理论模型上和计量处理上存在较大差异，导致研究结果的不同。

国内学者对两者的研究极少，现有研究主要集中在FDI与中国其他污染物关系的检验。只有刘渝琳和温怀德（2007）在从人力资本的角度考察FDI和环境污染损失的关系时考虑了CO_2因素，但并未深入考察两者间的关系和影响机制。因此，FDI对中国碳排放的影响如何，现有研究并未做出较为清晰的回答。

综上所述，现有文献在FDI与碳排放关系方面的研究存在以下不足：第一，在碳排放的指标上，多数学者出于自身的研究目的而选用了单一的排放量或排放强度指标，而同时选用两种指标并比较的研究较少。第二，当前研究者比较注重计量模型和处理方法的问题，而理论模型的构建则存在一定欠缺，缺乏较为系统的FDI影响东道国碳排放的理论框架。第三，基于国家层面进行研究较多，地区层面的研究较少；而FDI的各种效应多产生于FDI企业与当地的经济联系，运用地区层面的数据可以更好地考察两者的关系。第四，对FDI与中国碳排放关系的研究比较欠缺。FDI对中国的碳排放的影响如何？FDI对中国不同地区的碳排放的差异如何？现有文献并无回答。基于此，本节研究利用2000～2008年我国30个省级单位的面板数据，较为系统地构造包含FDI技术效应的碳排放量和碳排放强度模型，并对相关数据进行分地区的细化考察，从而在技术影响渠道下较为深入地分析了FDI对中国碳排放的影响，以求在现有研究的基础上有所进展。

第二节 理论框架和计量处理

一、理论框架

现有经济活动与环境关系的文献，大多借鉴格罗斯曼和克鲁格（Grossman and Krueger，1991）的分析框架，将其对环境的影响分解为规模效应、结构效应和技术效应。

本节研究参考格罗斯曼和克鲁格（Grossman and Krueger，1991）、休伯和凯勒（Hubler and Keller，2009）的思路，理论模型也从以上三方面考察经济活动对碳排放的影响，模型如下：

$$E = Y \times S \times T \tag{3-1}$$

其中，E 为碳排放量；Y、S 和 T 分别为产出水平、经济结构和技术水平。

由于研究对象为省级地区，则 Y 为地区总产出。安特韦勒等（Antweiler et al.，2001）的研究表明，产出扩张对环境有明显的负面影响。FDI 的变动也会对当地产出产生影响，进而影响碳排放，即 FDI 对碳排放也存在一定的规模效应。但如阿恰卡亚（Acharkyya，2009）所言，碳排放与总产出联系复杂，FDI 的规模效应与总产出的规模效应很难分离。借鉴休伯和凯勒（Hubler and Keller，2009）的做法，认为变量 Y 已经包含 FDI 的规模效应。

变量 S 主要考察经济结构对碳排放的影响。乔根森等（Jorgenson et al.，2007）的研究表明，工业行业比重的提高将带来能源、资源消耗的增加，进而导致更多的碳排放。FDI 对地区的碳排放也存在结构效应；但 FDI 的结构效应也是通过地区的结构效应间接影响碳排放，认为变量 S 包含 FDI 的结构效应。

变量T则包含影响碳排放技术的主要因素。在开放经济中，技术进步可通过内部、外部两种渠道发生。内部渠道通常可通过“干中学”、研究和开发（R&D）投入的增长等实现。阿罗（Arrow，1962）的研究表明，生产积累可以提高当前和未来的技术，即“干中学”。现有研究多用资本积累指标代替生产积累，本书也认为资本的积累（K）有助于当地生产技术和碳排放技术的提升。R&D投入的增加会促进技术的提升，进而降低单位产出的资源投入和污染物的排放，科尔等（Cole et al.，2008）的研究印证了这一观点。除此之外，格里姆斯和肯特尔（Grimes and Kentor，2003）的研究表明，人均收入的提高将带来环境管制的加强，进而促进地区碳排放技术的提升；故内部技术渠道也应包含收入的技术引致效应。

外部渠道则是国际技术传递。格里姆斯和肯特尔（Grimes and Kentor，2003）的研究表明，发展中国家可以通过出口实现碳排放技术的提升。FDI可通过以下机制促进东道国碳排放技术的进步：一方面，与投资地企业相比，FDI企业一般具有较高的技术水平和成本优势；当地企业为提升竞争力，会被迫加大R&D投入以提升技术或主动模仿FDI企业的生产技术、管理经验和生产流程等，以提高其资源利用率，并带来碳排放的下降（帕金斯和诺伊迈尔，2009）。另一方面，联合国贸易和发展会议（UNCTAD，1999）的研究表明，FDI企业员工向当地企业流动或自主创业将会使当地生产技术、管理水平有所提升，当地资源消耗和碳排放也会随之下降。本书主要考察FDI的技术效应对碳排放的影响，即验证“波特假说”的存在性；而FDI的规模、结构效应则认为已包含规模（Y）效应和结构（S）效应中。

综合以上分析，可得T函数：

$$T = f(K,RD,ey,EX,FDI) \qquad (3-2)$$

将技术函数（3－2）代入总排放模型（3－1）中，可得碳排放方程：

$$E = Y \times S \times T(K, RD, ey, EX, FDI) \tag{3-3}$$

若各地区的规模报酬不变，则可得碳排放强度方程：

$$EI = E/Y = S \times T(K, RD, ey, EX, FDI) \tag{3-4}$$

许广月和宋德勇（2010）的研究表明，各地经济社会发展的差异会导致碳排放存在较大不同。为全面考察FDI对碳排放的影响，在对全国数据综合分析后，将对30个省级单位分为东、中、西三类地区进行考察①。

二、计量处理与数据说明

（一）计量处理

根据以上理论框架，可得本部分研究的基本计量回归方程：

$$\begin{aligned} \ln EI_{it} = {} & \beta_1 \ln S_{it} + \beta_2 \ln K_{it} + \beta_3 \ln RD_{it} + \beta_4 \ln ey_{it} \\ & + \beta_5 \ln EX_{it} + \beta_6 FDI_{it} + \varepsilon_{it} \end{aligned} \tag{3-5}$$

其中，i表示地区，t表示年份，EI为碳排放强度，S为结构状况，K为资本状况，RD为R&D投入，ey为人均收入，EX为出口状况，FDI为外商直接投资状况，ε_{it}误差项。

面板数据在采用随机效应估计时，要求缺省变量和解释变量之间不相关，此模型很难满足，故估计中采用固定效应估计。采用地区数据进行分析时，各地经济社会的差异会对碳排放产生影响，能源价格、环境法规等随时间变化的变量也将影响地区碳排放，所以在方程（3-5）中加入相应恒量以考虑地区和时间效应的影响。修正后模型如下：

① 借鉴许广月和宋德勇（2010）的做法，东部包括辽宁、河北、北京、天津、山东、江苏、上海、浙江、福建、广东、海南11个省市，中部包括吉林、黑龙江、山西、安徽、江西、河南、湖北、湖南8个省，西部地区包括内蒙古、陕西、青海、宁夏、新疆、甘肃、贵州、云南、四川、重庆和广西11省区市。

$$\ln EI_{it} = a + \lambda_i + \theta_t + \beta_1 \ln S_{it} + \beta_2 \ln K_{it} + \beta_3 \ln RD_{it} + \beta_4 \ln ey_{it} + \beta_5 EX_{it} + \beta_6 FDI_{it} + \varepsilon_{it} \quad (3-6)$$

其中，α 为不变截距，λ_i 为地区恒量，θ_t 为时间恒量。

亓朋等（2008）的研究表明，FDI 技术溢出的发生存在一定滞后性；同时，为消除 FDI 变量可能存在的内生性影响，借鉴休伯和凯勒（Hubler and Keller，2009）的做法，用滞后一期的 FDI 来替代原模型（A1）中的 FDI 变量，此时模型用 A2 表示①。此种处理克服了现有研究中常见的 FDI 内生性、影响滞后性估计不足的问题，较为客观地考察了 FDI 对东道国碳排放的影响。布鲁姆等（Bloom et al.，2000）的研究表明，东道国的 R&D 投入对 FDI 技术溢出的吸收具有重要影响，为考察 RD 和 FDI 技术溢出对中国碳排放的共同作用，计量分析中将加入 RD 和 FDI 的交叉项，从而较为全面地考察了技术路径下 FDI 对东道国碳排放的影响。FDI 和 EX 之间可能存在一定相关性，计量分析时将根据相关性检验进行处理。RD、FDI 与它们的交叉项间也应存在较强相关性，为避免多重共线性，计量分析时将分开考察。

为全面考察规模、结构和技术三种效应对地区碳排放的影响，应将总产出 Y 纳入模型的解释变量中。但总产出 Y 和人均产出 ey 之间可能存在一定相关性，等式（3－3）中应当剔除人均收入的影响。因此，得到地区 CO_2 排放量模型如下：

$$\ln E_{it} = a + \lambda_i + \theta_t + \beta_1 \ln Y_{it} + \beta_2 \ln S_{it} + \beta_3 \ln K_{it} + \beta_4 \ln RD_{it} + \beta_5 \ln EX_{it} + \beta_6 FDI_{it} + \varepsilon_{it} \quad (3-7)$$

其中，E 为地区的碳排放量，Y 地区产出，其他变量含义与式（3－6）同。

---

① Hausman 内生性检验表明，模型 A1 中 FDI 变量的确存在内生性。用滞后一期的 FDI 作为工具变量（IV）对模型 A1 进行两阶段最小二乘回归，简约型方程的回归结果没有显示滞后一期的 FDI 为弱 IV。Sargan 检验显示没有必要把滞后两期的 FDI 作为多余的 IV。

同样，由于FDI的滞后性和内生性，同样采用滞后一期的FDI变量来替代原模型（B1）中的FDI变量，此时模型用B2表示[①]。

为剔除异方差问题的影响，本节研究将采用面板修正标准误得到t检验值作为判断变量显著与否的标志。

（二）数据说明

此部分研究数据主要源自2001～2009年的《中国统计年鉴》《能源统计年鉴》《中国科技统计年鉴》《中国工业经济统计年鉴》，部分数据来自《经济普查年鉴》。为剔除价格因素影响，书中所有涉及价值形态的数据，均用2000年为基期的工业产品出厂价格指数或固定资产价格指数进行调整；历年的出口和FDI数据则根据当年人民币对美元的平均汇率折算成人民币处理。考虑到数据的一致性和可得性，研究对象不包括港澳台地区和西藏自治区，最终采用2000～2008年30个省区市的270个样本进行分析。

目前并无各地碳排放的官方统计，许广月和宋德勇（2010）以各地的能源消耗量来估算。借鉴他们的做法，根据IPCC提供的七种主要燃料（具体为煤炭、原油、天然气、燃料油、柴油、汽油和焦炭等）的数据和计算方法，本书计算得到各燃料的碳排放系数，结合各地的燃料消耗量，得到各地能源消耗所产生的CO_2。除能源消耗外，部分工业产品生产本身也存在大量的碳排放，本书也测算了五种排放强度较大的产品（具体为水泥、玻璃、焦炭、生铁和钢材等）生产导致的CO_2，与能源消耗的碳排放汇总，最终得到各地区估算的碳排放总量（E）。

经济规模（Y）方面，由于要考察地区全部经济活动的影响，因此用各地的GDP来表示。碳排放强度（EI）为碳排放总量（E）与GDP之比。经济结构（S）方面，借鉴乔根森等（Jorgenson et al.，

---

① 对模型B的相关检验表明，对模型B2、B3中的相关变量进行相应处理时合适的。

2007)、帕金斯和诺伊迈尔（Perkins and Neumayer，2009）的做法，用第二产业产出占 GDP 的比重表示。资本积累（K）方面，借鉴乔根森等（Jorgenson et al.，2007）的做法，采用地区资本存量衡量。具体而言，以徐现祥等（2007）的各地区资本存量为基础，采用永续盘存法（折旧率为 9.6%），求得各地区的资本存量。最终用地区资本存量与 GDP 之比来表示。出口（EX）指标方面，借鉴帕金斯和诺伊迈尔（Perkins and Neumayer，2009）的做法，采用各地区出口额比上 GDP 比重来表征。研发投入（RD）方面，借鉴科尔等（Cole et al.，2008）的做法，采用地区人均科技活动内部支出额来表示。人均收入（ey）指标则借鉴许广月和宋德勇（2010）的做法，用各地区人均 GDP 衡量。

现有 FDI 对碳排放影响的研究，主要选取两类指标来反映 FDI 水平：阿恰卡亚（Acharkyya，2009）使用流量指标，侧重 FDI 波动对碳排放的影响；格里姆斯和肯特尔（Grimes and Kentor，2003）、乔根森等（Jorgenson et al.，2007）等则使用存量指标，侧重考察 FDI 规模的影响。由于存量指标与资本存量指标（K）相关性较强，且为检验 FDI 滞后效应的影响，本节研究用流量指标，即模型中 FDI 为各地区年度实际利用外资总额。最终用 FDI 总额与 GDP 的比值来衡量 FDI 水平（FDI）。

第三节　计量结果分析

一、变量描述

变量的统计性描述见表 3－1。由表 3－1 可知，不同地区在碳排放强度、资本存量、研发投入、人均收入、出口水平和 FDI 水平方面存在较大差异；而在碳排放量和经济结构方面差异较小。研发投入、人均收入、出口水平和FDI水平方面，东部地区明显高于中、西部地区；而碳排放强度方面，东部地区则显著低于中、西部地区。

表 3-1　　变量的统计性描述

地区	变量	lnE	LNEI	LNY	S	K	LNRD	LNey	EX	FDI
	单位	万吨	吨/亿元	亿元	%	—	元/人	元/人	—	—
东部	均值	10.01	1.24	8.78	47.38	2.77	5.98	9.86	0.39	0.09
	标准差	1.11	0.54	0.91	9.83	1.21	1.28	0.50	0.24	0.05
	最大值	12.39	3.75	10.26	60.10	7.52	8.37	10.97	0.99	0.35
	最小值	5.81	-0.63	6.25	19.80	1.16	2.63	8.79	0.06	-0.07
中部	均值	10.10	1.68	8.42	47.95	2.29	5.00	9.13	0.06	0.04
	标准差	0.53	0.52	0.47	6.30	0.59	0.56	0.35	0.02	0.06
	最大值	11.22	3.16	9.60	61.50	4.38	6.07	9.84	0.14	0.36
	最小值	8.99	1.10	7.40	35.00	1.26	3.56	8.48	0.02	-0.18
西部	均值	9.35	1.79	7.56	44.73	3.29	4.79	8.93	0.06	0.02
	标准差	0.88	0.53	0.84	4.43	1.07	0.62	0.43	0.04	0.03
	最大值	10.92	2.93	9.21	56.10	7.94	6.33	10.16	0.32	0.22
	最小值	5.34	-0.49	5.57	35.20	1.53	3.36	7.94	0.03	-0.20

变量的相关系数检验见表3-2。由表3-2可知，变量FDI与EX之间存在较强的相关性，变量LNY和LNey之间也存在较强的相关性，符合预期，计量处理时将进行处理。除此之外，其他变量之间没有严重的相关性。

表 3-2　　变量间 Spearman 相关系数

	LNY	S	K	LNRD	FDI	EX	LNey
LNY	1						

续表

	LNY	S	K	LNRD	FDI	EX	LNey
S	0.2276	1					
K	-0.3210	-0.1914	1				
LNRD	0.1149	0.2404	-0.0526	1			
FDI	0.0158	-0.2124	0.2655	0.3075	1		
EX	0.2640	0.2363	-0.1642	0.0897	0.5253	1	
LNey	0.5843	0.3270	-0.1928	0.3216	0.2000	0.2736	1

二、计量结果分析

表3－3是模型A1和A2的估计结果。表3－3中的方程1～方程4显示，S与EI显著正相关，表明第二产业在GDP中比重的增加将显著增强碳排放强度。由图3－1可知，这是第二产业的碳排放强度显著大于第一、第三产业造成的。K与EI关系很不明显，乔根森等（Jorgenson et al.，2007）对发展中国家的研究也得到类似经验，这意味着地区资本积累并未提高当地的碳排放技术。原因可能是，中国的资本积累更多集中于基础建设，而此类投资并不能有效提高碳排放技术（见图3－1）。RD投入的平均影响系数仅为－0.02，显著性最高仅为10%，可能是国内研发引致的技术进步并未显著降低能耗的原因。ey与EI显著负相关，表明收入水平的提高将显著降低地区碳排放水平，这与许广月和宋德勇（2010）的结果不同，可能是模型差异的原因。EX与EI显著负相关，与帕金斯和诺伊迈尔（Perkins and Neumayer，2009）的研究结果类似，表明地区出口的增加有利于碳排放技术的提高。当期FDI与EI存在并不显著的正相关，与格里姆斯和肯特尔（Grimes and Kentor，2003）、乔根森等（Jorgenson et al.，2007）、阿恰卡亚（Acharkyya，2009）等的研究结果类似，当期FDI的增加可能对碳排放存在一定的消极作用；FDI与RD的交叉项与地

区碳排放间的负向相关也不显著。

表 3－3　因变量为地区碳排放强度（EI）的回归结果

方程	1	2	3	4	5	6	7	8
方法	FE	FE	FE	FE	LAG	LAG	LAG	LAG
S	0.03***	0.03***	0.03***	0.02***	0.03***	0.03***	0.03***	0.03***
	(6.85)	(7.62)	(9.37)	(6.20)	(7.62)	(12.88)	(12.10)	(10.90)
K	0.00	－0.02	－0.01	0.01	－0.02	0.03	0.02	0.01
	(－0.15)	(－0.47)	(－0.28)	(0.22)	(－0.47)	(0.95)	(0.45)	(0.17)
lnRD	－0.04*	－0.01	－0.04*		－0.02*	－0.01	0.01	
	(－1.76)	(－0.78)	(－1.84)		(－1.65)	(－0.46)	(1.32)	
FDI	0.11	0.14			－0.01	－0.04**		
	(1.39)	(1.63)			(－1.13)	(－2.49)		
lney	－0.80***	－0.71***	－0.89***	－0.69***	－0.51***	－0.66***	－0.51***	－0.54***
	(－8.31)	(－7.25)	(－7.09)	(－6.36)	(－4.63)	(－7.44)	(－4.58)	(－4.42)
EX	－0.86***		－0.85***		－0.49***		－0.48***	
	(－3.89)		(－3.55)		(－2.20)		(－2.84)	
FDI * lnRD				－0.01				－0.02**
				(－1.31)				(－2.11)
C	7.95***	6.85***	8.72***	6.88***	4.81***	6.16***	4.79***	5.02***
	(9.35)	(8.34)	(7.22)	(7.53)	(4.27)	(8.16)	(4.19)	(4.13)
Adj. R^2	0.74	0.74	0.73	0.74	0.51	0.51	0.52	0.52
F	18.77	18.86	18.55	19.56	6.99	6.94	7.20	7.33
P	0.00	0.00	0.00	0.00	0.00	0.00	0.00	0.00
样本数	270	270	270	270	240	240	240	240

注：括号内为系数的 t 值；***、**、* 表示 1%、5% 和 10% 水平显著；FE 表示固定效应估计；LAG 表示采用滞后一期的 FDI 作为工具变量（IV）的两阶段最小二乘（TSLS）估计。

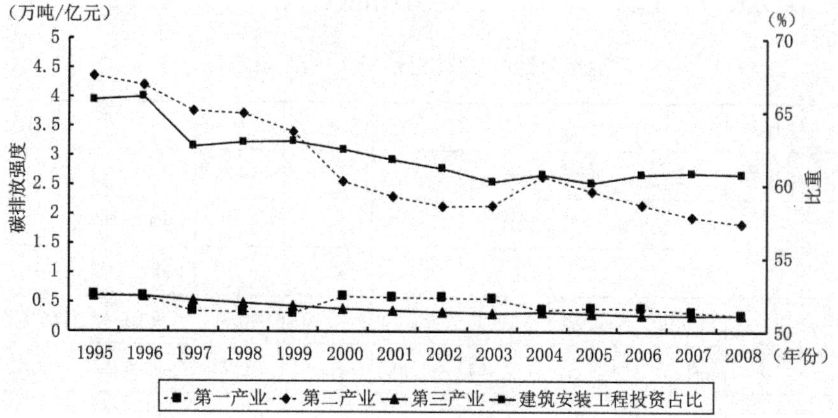

图3-1　中国三次产业碳排放强度及建筑安装投资占固定资产投资比重（1995~2009年）

资料来源：《中国统计年鉴》、《中国能源统计年鉴》。

表3-3中，方程5~方程8显示FDI变量与碳排放强度存在较为显著的负相关，表明FDI对碳排放技术的提高存在滞后性；滞后FDI与RD的交叉项的系数显著为负，表明FDI和RD的共同促进了碳排放技术的提高。其他变量（除EX外）并无较大变化，说明表3-3中的方程1-4结果的稳健性。

表3-4是模型B1和B2的估计结果。表3-4中方程1~方程8显示，除RD的系数显著性有所增强外，其他变量的影响与表3-3无较大差异，说明本书计量结果的稳健性。表3-4中方程1~方程4显示，当期FDI、FDI和RD交叉项与E存在不甚显著的正向关系，说明当期FDI可能与地区碳排放间可能存在一定正向关系。表3-4中方程5~方程8显示，滞后一期的FDI与E显著负相关，滞后FDI与RD的共同作用也显著降低了碳排放，且影响系数和显著性均有所增强，说明FDI对碳排放技术的促进存在滞后性。这与亓朋等（2008）的研究结果吻合，技术溢出的滞后性使FDI从技术路径对碳排放的积极影响存在滞后性。由以上结果可知，因变量选择和计量方法的不同，将导致FDI对东道国碳排放影响的估计结果的差异，这一

定程度上解释了现有研究结论迥异的原因。

表 3-4　　因变量为地区碳排放量（E）的回归结果

方程	1	2	3	4	5	6	7	8
方法	FE	FE	FE	FE	LAG	LAG	LAG	LAG
S	0.03***	0.03***	0.03***	0.02***	0.03***	0.03***	0.03***	0.03***
	(7.21)	(7.90)	(10.66)	(6.28)	(8.38)	(9.89)	(10.43)	(7.76)
K	-0.01	-0.02	-0.02	0.01	-0.03	-0.01	-0.03	-0.05***
	(-0.38)	(-0.72)	(-0.46)	(0.25)	(-1.59)	(-0.78)	(-1.45)	(-3.14)
lnRD	-0.04**	-0.02	-0.04**		-0.08**	-0.13***	-0.08*	
	(-2.05)	(-1.23)	(-2.28)		(-1.99)	(-3.21)	(-1.93)	
lnY	0.27***	0.29***	0.14	0.99*	0.90***	0.84***	0.91***	0.78***
	(2.80)	(3.06)	(1.23)	(1.84)	(12.29)	(9.38)	(11.70)	(9.67)
FDI	0.08	0.13**			-0.09*	-0.22**		
	(1.52)	(2.15)			(-1.67)	(-2.34)		
EX	-0.75***		-0.73***		-0.87***		-0.99***	
	(-4.37)		(-4.07)		(-5.28)		(-5.98)	
FDI * lnRD				0.02*				-0.05***
				(1.69)				(-3.47)
C	6.62***	6.21***	7.55***	6.88***	1.54***	2.46***	1.40**	2.39***
	(8.72)	(8.12)	(7.39)	(6.93)	(2.95)	(4.16)	(2.59)	(3.80)
Adj. R^2	0.90	0.90	0.90	0.90	0.81	0.79	0.81	0.78
F	59.23	59.98	59.10	60.04	24.59	22.96	25.19	22.28
P	0.00	0.00	0.00	0.00	0.00	0.00	0.00	0.00
样本数	270	270	270	270	240	240	240	240

注：括号内为系数的 t 值；***、**、* 表示 1%、5% 和 10% 水平显著；FE 表示固定效应估计；LAG 表示采用滞后一期的 FDI 作 IV 的 TSLS 估计。

表 3-5 显示了各因素对东、中、西三地碳排放的影响情况。在

表3－5中，方程1、方程4、方程7基于模型A2，主要考察FDI、人均收入等对各地区碳排放强度的影响；表3－5中，方程2、方程5、方程8基于模型B2，主要考察FDI、产出等对各地区碳排放量的影响；表3－5中，方程3、方程6、方程9基于模型A2，主要考察出口对各地区碳排放强度的影响。

表3－5　　分东、中、西地区的回归结果

地区	东部			中部			西部		
方程	1	2	3	4	5	6	7	8	9
方法	LAG	LAG	LAG	LAG	LAG	LAG	LAG	LAG	LAG
S	0.06***	0.05***	0.06***	0.01***	0.02***	0.01*	0.01	0.02	0.03
	(4.09)	(3.71)	(4.26)	(3.06)	(3.40)	(1.88)	(0.56)	(0.11)	(1.50)
K	－0.22**	－0.23**	－0.22***	0.11	0.07	0.14**	0.00	0.07*	0.01
	(－2.60)	(－2.54)	(－2.97)	(1.53)	(1.08)	(2.13)	(1.09)	(1.66)	(1.22)
lnRD	－0.01*	－0.01*	－0.01	－0.08	－0.08	0.05	－0.08	－0.09	－0.01
	(－1.87)	(－2.03)	(－1.60)	(－1.25)	(－1.25)	(1.16)	(－0.49)	(－0.64)	(－0.09)
lnY		－0.72			0.13*			3.64*	
		(－1.05)			(1.75)			(1.67)	
FDI	－0.08**	－0.09***		0.04	－0.01		0.60*	0.51*	
	(－2.07)	(－2.85)		(0.21)	(－0.10)		(1.95)	(1.84)	
lney	－1.64***		－1.94***	－0.66***		－0.61***		－0.50*	－0.41
	(－2.74)		(－3.10)	(－4.14)		(－2.98)		(－1.79)	(－0.81)
EX			－0.21**			0.27			－1.30**
			(－2.54)			(0.44)			(－1.93)
C	15.24**	14.63**	18.31***	7.26***	8.53***	6.19***	2.91	4.28	4.25
	(2.57)	(2.28)	(3.06)	(5.67)	(7.25)	(3.17)	(0.75)	(1.45)	(0.40)
Adj. R^2	0.70	0.93	0.71	0.89	0.97	0.91	0.57	0.84	0.52
F	10.34	52.95	10.65	84.17	92.70	88.72	6.20	21.34	5.66

续表

地区	东部			中部			西部		
方程	1	2	3	4	5	6	7	8	9
方法	LAG	LAG	LAG	LAG	LAG	LAG	LAG	LAG	LAG
P	0.00	0.00	0.00	0.00	0.00	0.00	0.00	0.00	0.00
样本数	88	88	88	64	64	64	88	88	88

注：括号内为系数的 t 值；***、**、* 表示1%、5%和10%水平显著；LAG 表示采用滞后一期的 FDI 作 IV 的 TSLS 估计。

由表 3－5 可知，S 对碳排放影响存在东、中、西递减态势，东、中部第二产业占比的增加具有显著的负面影响，西部则很不明显；这可能是由西部工业化水平相对较低造成的。K 方面，东部资本积累显著地降低了当地的碳排放，而中、西部的则存在不太显著的消极作用；可能是中、西部的资本积累相对较少的原因。RD 投入方面，各地区的研发投入均与当地碳排放呈现负相关，但系数均不甚显著。Y 方面，不同地区存在较大差异，东部产出与碳排放负向相关，但很不显著；中、西部产出则与碳排放显著正相关，且西部系数更大。这可能与三地增长方式相关：随着发展水平的提升，东部越来越趋向“集约型”的增长方式，而中、西部的经济增长更多的是依靠资源要素的消耗。ey 方面，三地收入均与碳排放负向相关，但系数和显著性却呈东、中、西递减的态势，可能与三地不同的经济发展水平相关联。EX 方面，东、西部出口与碳排放呈现显著负相关，且西部的系数显著大于东部；但中部出口却与碳排放呈现很不显著的正相关。此种结果较难解释，可能与三地出口产品的结构有关。

表 3－5 显示，FDI 对三个地区碳排放的影响迥异：FDI 对东部存在显著的正面影响；FDI 对中部的影响则很不显著，两系数方向也相反；FDI 对西部碳排放则存在较为显著的负面影响；这可能是三地不同的 FDI 状况造成的。许和连等（2007）在研究 FDI 对国内企业的

技术溢出时发现，FDI 企业对当地企业的竞争压力过低或者过高均不利于 FDI 企业对当地企业产生有效的技术溢出。若用 FDI 企业销售占全部企业销售的比重来反映 FDI 企业对当地企业的竞争压力。由图 3-2 可知，相对于东部，中、西部企业的竞争压力明显过低，很难发挥 FDI 企业对当期企业技术进步的刺激作用；同样，由于 FDI 企业占比过低，当地企业也很难从 FDI 企业中获得技术模仿和人员流动的技术溢出。

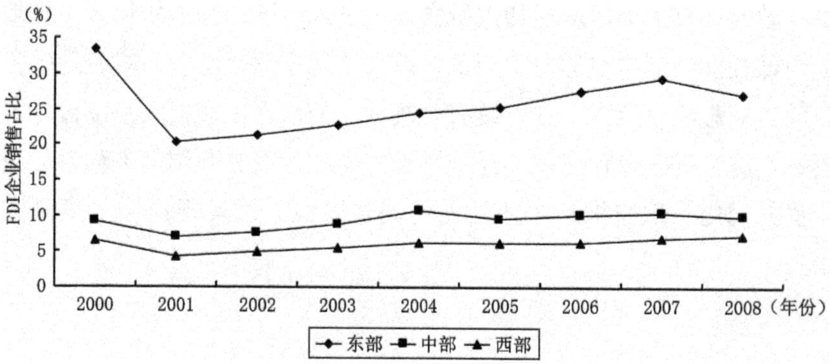

图 3-2　中国东、中、西地区 FDI 企业销售占地区全部企业销售的比重（2000~2009 年）

资料来源：《工业经济统计年鉴》。

本章小结

利用 30 个省级地区 2000~2008 年的面板数据，分别使用反映碳排放水平的绝对和相对指标，并对各省区市按经济地理因素进行东、中、西分类，本节实证检验了 FDI 对中国碳排放的影响，得到以下结论。第一，全国的研究表明，当期 FDI 对碳排放无明显的积极影响，滞后一期的 FDI 对各地碳排放具有显著的正面作用；其他因素方面，第二产业比重的提升、产出的增长均显著提高了碳排放水平；出口和研发投入的增加则较为显著地降低了碳排放水平；资本积累对碳排放的影响则很不显著。第二，分地区的研究表明，FDI 对碳排放的正面影响呈现明显的东、中、西逐级递减的态势；其他因素对三地的影响也存在较大差异。

基于本节研究结论，以下几点建议值得参考：第一，我国尤其是中、西部地区应继续深化对外开放，提高外商直接投资和出口水平，以充分发挥 FDI、出口等对各地的技术进步和碳排放降低的作用。第二，政府和有关部门应当加大研发资金投入力度，并引导资金更多地流向低耗能、低排放等技术领域，以有效地发挥研发投入对各地碳排放的正面影响。第三，地方政府要改变长期以来依靠扩大基础设施投资、一味推进工业化来拉动经济增长的模式，充分利用资本积累的技术提升作用，积极推动产业结构的调整升级，以实现经济的低碳式增长。

外商直接投资、
经济社会转型与
环境污染
Chapter 4

第四章 外商直接投资、地区腐败与环境污染

改革开放以来，外商直接投资（Foreign Direct Investment，FDI）通过资本形成、技术提升、人力开发和贸易促进等多种途径为中国发展做出了重要贡献（周学仁和李东阳，2009）；但随着诸如康菲石油渤海漏油、江苏启东王子造纸排污等类似事件的出现，FDI 对中国环境的影响也日益引发各界的关注；众多不同层面的实证研究表明，FDI 对中国环境的影响方向可能并不确定，FDI 对环境的影响也可能存在一定的门槛效应（李子豪和刘辉煌，2012）。除 FDI 外，另一种内部因素——腐败对环境的影响也已成为国外学者关注的热点（马尔辛斯卡和魏，2001；科尔等，2006；科尔，2007；雷涛，2010）；部分国际研究表明，腐败可以通过直接降低环境规制或者间接阻碍收入增长来影响环境污染水平（科尔，2007；雷涛，2010）；而腐败对中国环境影响的研究却有待展开。而且，由于腐败是一国经济社会发展综合水平的体现，它能对流入 FDI 的投资规模、进入方式和行业结构等多个方面产生重要影响（魏，2000；马尔辛斯卡和魏，2001；弗雷德里克松等，2003），进而可能间接影响到 FDI 对东道国环境的改善或恶化作用。现有 FDI 对中国环境影响的研究中，腐败因素尚未加以考虑；考虑腐败的地区差异，考察 FDI 对环境腐败门槛效应的研究，现有 FDI 与环境关系的文献中也极少见到。

温家宝曾在《求是》撰文指出："反腐败形势依然严峻，发生在领导干部中的腐败问题依然突出，大案要案、串案窝案时有发生，是我们面临的一个极为严峻的重大考验"，表明中国腐败问题的严重性；而周黎安和陶婧（2009）、董和托尔格勒（Dong and Torgler，2010）、万广华和吴一平（2012）等对省级腐败问题的研究表明，受到各地经济社会发展、地域文化、历史传统等因素的影响，中国腐败问题存在显著的地区差异。考虑到中国持续高位的外资流入、日益增加的环境污染和依旧严峻的反腐形势，以及地区间腐败状况的显著差异，对中国外资流入、地区腐败和环境污染进行研究具有重要的理论和现实意义。

本章内容旨在研究引入腐败因素后FDI对中国地区环境的影响，重点分析FDI对环境的腐败门槛效应以及腐败本身对中国环境污染的影响。与以往研究相比，此部分研究在以下方面进行了创新尝试：第一，在FDI对中国环境的影响方面，引入了地区腐败因素，避免了估计结果因变量遗漏而导致的内生性偏误（Smarzynska and Wei, 2001）[①]；第二，腐败对环境的影响方面，不仅考虑了腐败对环境污染的影响，而且将腐败水平作为门槛变量，利用门槛面板和交叉项估计两种方法来考察不同腐败水平下FDI对投资地环境影响的差异；第三，腐败的衡量指标方面，现有研究多数采用国家层面的主观腐败评价指标，少数采用省级的客观腐败指标，此部分研究则采用省级和城市两个层面的客观腐败指标来考察腐败的影响[②]。

第一节　文献综述和机制探讨

一、文献综述

FDI对东道国环境的影响，现有研究主要存在三种观点：第一种是“污染天堂”假说，即FDI尤其是来自发达国家的FDI更多的是为了规避本国日益严格的环境规制，而将污染相对较高的产业转向发展中国家，所以FDI必将导致东道国环境恶化（沃尔特和阿格勒，

① 马尔辛斯卡和魏（Smarzynska and Wei，2001）指出，由于腐败可以通过改变投资环境而影响FDI，也可以通过降低环境管制或阻碍收入增长而影响环境污染，考察FDI对环境污染影响时未控制腐败因素可能导致相应的内生性偏误。

② 马尔辛斯卡和魏（Smarzynska and Wei，2001）、董和托尔格勒（Dong and Torgler，2010）的研究表明，由于现有国际腐败标评价指标易受各国经济文化差异等客观因素和被调查者主观认知的影响，可能难以客观地衡量当地的腐败水平；而采用地区腐败案例指标则一定程度能解决该问题（周黎安和陶婧，2009；董和托尔格勒，2010）。

1979）。此假说在理论上虽有较强说服力，但多数实证结果并未获得支持：如马尔辛斯卡和魏（Smarzynska and Wei，2001）利用24个东欧国家企业层面的数据，发现东道国环境规制的提升并未降低污染密集型FDI的进入；梁（Liang，2006）利用中国260个城市的面板数据，发现FDI降低了当地二氧化硫排放的排放。第二种是“污染光环”假说，该假说认为，由于FDI企业通常比当地企业具有更高的生产效率和技术水平，且可以通过技术溢出来提升当地的环境技术，FDI增加可能会改善当地环境质量（博德赛奥和惠勒，1993）。但基于此种假说的研究也未得到一致结论：如帕金斯和诺伊迈尔（Perkins and Neumayer，2009）利用96个国家的面板数据，以二氧化碳和二氧化硫排放效率表征环境技术，发现FDI对环境技术的提升作用并不显著；陈媛媛和李坤望（2010）利用中国36个工业行业的数据，发现FDI可以通过水平和前向技术溢出提升行业清洁生产技术，而后向技术溢出的影响并不显著。第三种则是FDI综合效应理论，此理论认为，FDI可以通过规模、结构、技术和规制等多种渠道对东道国的环境产生影响，FDI对环境的影响是多种渠道作用的综合结果（格罗斯曼和克鲁格，1991）。此方面的研究结论也不一致：何（He，2006）对中国29个省级的研究发现，FDI通过规模、结构效应增加了当地污染排放，而技术效应则减少了污染，FDI整体增加了中国的环境污染；郭红燕和韩立岩（2008）利用中国17个工业行业的数据，综合分析FDI四种渠道的影响后发现，FDI一定程度抑制了工业环境污染。现有文献虽基于多种思路考察了FDI对东道国环境的影响，但在两方面仍有待完善：一方面，部分文献虽采用外生分组的方法，考察了投资地经济社会发展存在差异时FDI对环境的不同影响；但采用内生分组的门槛估计方法，考察FDI对环境门槛效应的研究仍比较少见。另一方面，FDI对中国环境的影响方面，现有研究虽然考虑了诸多可对环境产生重要影响的因素，但影响环境规制和经济发展的重要制度变量——腐败水平并未在相关模型中体现，使相关估计结果可能存在一定的内生性偏误。

腐败对环境的影响，现有研究主要从以下三个方面展开：一是在腐败、经济增长和环境污染的框架内研究。格罗斯曼和克鲁格（Grossman and Krueger，1991）的开创性研究发现了经济增长与环境之间"环境库兹涅茨曲线"（Environmental Kuznets Curve，EKC）关系①，而腐败对经济增长的重要影响也为施莱费尔和维什尼（Shleifer and Vishny，1993）、莫罗（Mauro，1998）等腐败问题的经典文献所证实，因此众多学者基于此种思路考察腐败对环境的影响。例如，科尔（Cole，2007）利用96个国家的面板数据和联立方程估计发现，腐败可以通过影响环境规制的直接效应和阻碍经济增长的间接效应对环境产生影响；雷涛（Leitao，2010）利用剔除非线性影响的EKC模型对国际经验的研究发现，腐败增加将抬升EKC的收入拐点，且腐败对低收入国家环境的负面影响更加显著。二是考察腐败对环境规制或环境政策的影响。由于早期的环境腐败案例表明，腐败通常通过扭曲环境政策或降低环境规制执行力度影响环境（德赛，1997），部分学者便主要考察腐败对环境规制或环境政策的影响。例如，马尔辛斯卡和魏（Smarzynska and Wei，2001）在考察FDI与东欧国家环境政策的关系时发现，腐败是影响环境规制的重要因素，腐败提高将直接带来环境规制下降；何等（He et al.，2007）通过双寡头的博弈分析和80个国家的实证检验发现，腐败将使利益集团更多地左右环境政策，从而最终降低环境规制强度。三是开放经济下腐败对环境的影响。随着全球经济一体化的加速，许多学者开始将对外贸易、FDI等外部因素纳入腐败对环境研究框架。例如，科尔等（Cole et al.，2006）在利用33个国家的面板数据考察FDI和腐败对环境规制的影响时发现，FDI对环境规制的影响受到当地腐败水平的影响，而腐败

① EKC是指Grossman and Krueger（1991）在实证研究中发现的，随着收入水平的增长，环境污染将会逐渐增加，但当收入达到一定水平以后，环境污染将逐渐减少，即呈现出倒"U"型曲线的走势。

自身也降低了当地的环境规制；雷曼等（Rehman et al.，2007）在考察南亚四国贸易开放、腐败对环境的影响时发现，腐败对环境质量的影响并不显著，但腐败上升直接抑制了贸易对环境的改善作用。现有研究在腐败对环境影响方面做了富有意义的探索，但也存在部分缺憾：例如，多数学者直接考察腐败对环境的影响，而考虑腐败的地区差异、研究不同腐败水平相关因素对环境影响的文献比较少见；在腐败指标和研究对象上，绝大多数研究采用主观腐败评价指标进行国际层面的经验考察，少有文献用地区层面的客观性腐败指标进行研究。

二、机制探讨

综上所述，研究 FDI 影响环境的腐败门槛效应具有较强的创新意义；但由于此方面的探索性研究极少，尚无文献对腐败门槛效应的产生机理进行分析。通过梳理相关文献，本书认为，FDI 影响环境的腐败门槛效应可以通过以下两种机制产生。

第一，腐败对环境规制的影响渠道。科尔等（Cole et al.，2006）研究 FDI 对环境规制的影响时发现，FDI 对环境规制的影响取决于当地腐败的水平高低。他们的理论分析表明，当腐败水平较低时，FDI 对环境规制的影响主要受“福利效应”的控制，FDI 进入将提升投资地环境规制水平；而当腐败水平较高时，FDI 带来的“贿赂效应”的影响将会超过“福利效应”，最终导致当地环境规制强度的下降①；国际层面的检验也证实了此种分析。这意味着，当腐败水平较低时，FDI 进入将更多地带来环境规制的提升，进而带来环境污染的下降；而一旦当地腐败水平达到较高程度，FDI 将带来环境规制的下降，从

① 科尔等（Cole et al.，2006）的理论分析表明，当 FDI 数量增加时，一方面会通过加强企业竞争性而促使政府通过提高环境规制而提升全社会福利（福利效应）；另一方面，也将导致污染企业加大贿赂力度而降低环境规制水平（贿赂效应）。当腐败水平较低时，“福利效应”对环境规制的影响占主导地位；当腐败较高时则相反。

而导致环境污染的加剧。

第二，腐败对环境技术溢出的影响渠道。陈媛媛和李坤望（2010）、李子豪和刘辉煌（2011）对FDI提升环境技术的影响机制进行了综合梳理，他们的分析表明，FDI可以通过水平方向的示范效应、竞争效应和人员流动效应促进当地环境技术提升，也可以通过前向关联和后向关联的垂直技术溢出提升行业环境技术。但随着腐败水平的提升，FDI环境技术溢出的可能性会大大降低，投资地吸收FDI环境技术溢出的能力也会有所减弱。从FDI环境技术溢出的发生方面来看，马尔辛斯卡和魏（Smarzynska and Wei，2000）的研究发现，腐败水平提升后，FDI企业对投资地司法公平和知识产权保护力度的担心会有所增加，从而更加倾向采用独资企业而非合资企业的投资形式，而且跨国公司将减少进入当地高科技企业的数量；魏（Wei，2000）对腐败与FDI流入关系的研究也表明，腐败提升将显著增加跨国公司本地经营的投资风险，投资者将更加倾向于使用跨国并购而非绿地投资方式进行投资；以上FDI进入方式和结构的变动将显著降低FDI环境技术溢出发生的可能性。从环境技术溢出的吸收方面来看，李子豪和刘辉煌（2011，2012）的研究发现，FDI环境技术溢出存在较为显著的研发投入和人力资本门槛；而腐败水平提升将显著降低政府在科学研究、教育卫生方面的支出，进而阻碍当地研发投入和人力资本的提升（莫罗，1998；弗雷德里克松等，2003；董和托尔格勒，2010）；因此，随着腐败水平的提升，投资地对FDI环境技术溢出的吸收能力也将逐渐减弱。这表明，当投资地腐败水平较低时，FDI环境技术溢出发生和被吸收的可能性都比较高，FDI进入有可能降低当地的环境污染；而一旦腐败水平的达到较高水平时，FDI的环境技术溢出将会减弱或消失，此时FDI进入极有可能加剧当地的环境污染。

第二节　计量处理与数据说明

一、实证模型

借鉴格罗斯曼和克鲁格（Grossman and Krueger，1991）分析贸易和投资对墨西哥环境影响的经典研究思路，此部分研究主要从规模效应、结构效应和技术效应三个方面考察经济发展与环境污染的关系，构建计量模型框架如下：

$$E = Y \times S \times T \tag{4-1}$$

其中，E 为污染物排放水平；Y、S、T 为经济规模、经济结构和环境技术水平。

陈媛媛和李坤望（2010）的研究表明，研发投入增加可以显著提升环境技术；波特（Porter，1995）的理论和实证分析表明，环境规制提高将激励企业进行环境技术创新；由于腐败将带来人力资本和科研投入的下降（莫罗，1998；弗雷德里克松等，2003；董和托尔格勒，2010），因此腐败上升极有可能带来环境技术的下降；而 FDI 对环境技术的影响已经为众多研究所证实（李子豪和刘辉煌，2011）。因此，本章研究的环境技术函数可表示如下：

$$T = f(rd, reg, cor, fdi) \tag{4-2}$$

其中，rd、reg、cor 和 fdi 分别为研发投入、环境规制、腐败和 FDI 水平①。

---

① 此处将 FDI、腐败纳入环境技术因素，并非意味 FDI、腐败仅对环境技术产生影响；何（He，2006）的研究表明，FDI 可以通过规模、结构、技术和规制等多个渠道对环境产生影响；而腐败本身则可以通过经济收入、环境规制、阻碍环境技术溢出等不同途径对环境产生效应（科尔，2006）。

将式（4－2）代入式（4－1），可得基本理论框架如下：

$$E = Y \times S \times T(rd, reg, cor, fdi) \tag{4-3}$$

将方程（4－3）两边同时除以人口规模（P）：

$$E/P = (Y/P) \times S \times T(rd, reg, cor, fdi) \tag{4-4}$$

用 $EI = E/P$ 表示污染强度，$ey = (Y/P)$ 表示人均收入，代入式（4－4）并对其两边取自然对数：

$$\ln EI = \ln ey + \ln S + \ln rd + \ln reg + \ln cor + \ln fdi \tag{4-5}$$

为考察经济增长与环境污染是否存在 EKC 关系，在式（4－5）中引入 ey 二次项：

$$\begin{aligned}\ln EI_{i,t} = {} & \beta_1 \ln ey_{i,t} + \beta_2 (\ln ey_{i,t})^2 + \beta_3 \ln S_{i,t} + \beta_4 \ln rd_{i,t} \\ & + \beta_5 \ln reg_{i,t} + \beta_6 \ln cor_{i,t} + \beta_7 \ln fdi_{i,t} + \mu_i + \varepsilon_{i,t}\end{aligned} \tag{4-6}$$

其中，i 表示地区，t 表示年份；μ_i 为地区的个体效应，反映各地区特有因素对环境污染的影响，$\varepsilon_{i,t}$ 为随机误差项。

为验证 FDI 对环境污染的腐败门槛效应，借鉴汉森（Hansen，1999）的非动态门槛回归方法，此部分研究将门槛值作为未知变量引入模型中，构建 FDI 对环境污染的分段函数，并对门槛值和门槛效应进行一系列的估计和检验。此部分研究首先假设存在单门槛效应，在模型（4－6）的基础上构建单门槛估计模型，多门槛模型可由此扩展得到：

$$\begin{aligned}\ln EI_{i,t} = {} & \beta_1 \ln ey_{i,t} + \beta_2 (\ln ey_{i,t})^2 + \beta_3 \ln S_{i,t} + \beta_4 \ln rd_{i,t} \\ & + \beta_5 \ln reg_{i,t} + \beta_6 \ln cor_{i,t} + \beta_7 \ln fdi_{i,t} I_{i,t}(thr \leq \gamma) \\ & + \beta_8 \ln fdi_{i,t} I_{i,t}(thr > \gamma) + \mu_i + \varepsilon_{i,t}\end{aligned} \tag{4-7}$$

其中，thr 为门槛变量，即各地区腐败水平；γ 为需要估计的腐败门槛值；$I(\cdot)$ 为指示函数。

二、估计方法

与以往采用交叉项或者外生分组的方法来考察 FDI 对环境的非线

性影响相比，本章研究采用的门槛面板回归具有两个优势：一是不需要给定方程的非线性形式，门槛值及其门槛数量完全由样本内生决定；二是提供了渐进分布理论来建立门槛参数的置信区间，并且可以运用“自抽样”（bootstrap）方法估计门槛值的显著性。

在门槛估计中，需要重点解决两个问题：一是估计门槛值 γ 和重要考察变量 fdi 的回归参数；二是对门槛估计值进行相应的检验。其中，门槛值 γ 和重要变量 fdi 是通过最小化假定门槛数下普通最小二乘估计的残差估计值得到。而得到相应的参数估计后，则需要对门槛效应的显著性和门槛估计值的置信区间进行检验。

门槛效应显著性的检验的原假设为：$H_0:\beta_1=\beta_2$，检验统计量为：

$$F_1=(S_0-S_1(\hat{\gamma}))/\hat{\sigma}^2 \tag{4-8}$$

其中，S_0、$S_1(\hat{\gamma})$）分别为原假设（无门槛）、门槛估计下的残差平方和，$\hat{\sigma}^2$ 为门槛估计残差的方差，由于原假设下门槛值不能识别，因此 F_1 统计量是非标准分布的，但可以通过“自抽样”模拟其渐进分布，并构造其 P 值。

门槛值置信区间估计的原假设为：$H_0:\hat{\gamma}=\gamma_0$，相应的似然比检验统计量为：

$$LR_1(\gamma)=(S_1(\gamma)-S_1(\hat{\gamma}))/\hat{\sigma}^2 \tag{4-9}$$

其中，$S_1(\gamma)$ 为非约束下的残差平方和，$LR_1(\gamma)$ 同样为非标准分布，但 Hansen 计算了其拒绝区间，即当显著性水平为 α 时，$LR_1(\gamma)\leqslant C(\alpha)=-2\ln[1-\sqrt{(1-\alpha)}]$ 时，不能拒绝原假设；在 95% 的置信水平下，$C(\alpha)=7.35$。

为确定模型是否存在两个或两个以上门槛，需在单门槛模型的基础上进行下个门槛显著性和置信区间的检验。若未通过检验，则接受单门槛的模型假设；若通过，则继续进行三门槛检验，以此类推。

三、变量选择

省级腐败水平方面，借鉴周黎安和陶婧（2009）、万广华和吴一平（2012）等的做法，用《中国检察年鉴》（1997～2010年）中分省的《人民检察院工作报告》中各省检察机关腐败案件的立案数表征当地腐败水平，具体为每千人党政机关工作人员发案数（*cor*1）和每十万人地区总人口发案数（*cor*2）两类①；各地区的党政机关工作人员人数、人口总数分别来自相应年份的《中国劳动人口统计年鉴》和《中国统计年鉴》。而各城市腐败水平测度方面，借鉴蔡等（Cai et al.，2005）、董和托尔格勒（Dong and Torgler，2010）等做法，用世界银行发布的《中国城市政府治理、投资环境和和谐社会报告》中2004年120个地级城市的企业平均“旅行和招待费用”（Travel and Entertainment Cost，TEC）占企业销售总收入比例来表示各城市的腐败水平（*TEC*）②。

环境污染方面，借鉴多数研究的做法，用各地区人均污染物排放来表征（何，2006；帕金斯和诺伊迈尔，2009；李子豪和刘辉煌，2012）。具体来说，用各省区市人均工业废水排放（*ew*）和人均工业二氧化硫排放（*es*）表示省区市环境污染状况，用各城市人均工业废水排放（*EW*）和人均工业二氧化硫排放（*ES*）表示城市环境污染水平。各省区市、城市的污染物排放数据分别来自相应年份的《中国统计年鉴》和《中国城市统计年鉴》。

---

① 本书中腐败被定义为“公共权力被用来以违反规则的方式追求个人利益的行为”（施莱费尔和维什尼，1993；周黎安和陶婧，2009），所以，本书的地区腐败案件数是通过汇总各地区检察机关当年立案侦查的贪污、受贿、挪用公款、巨额财产来源不明等几类职务犯罪案件的数量得到。

② 蔡等（Cai et al.，2005）在分析时指出，企业会计账户中ETC项目除了包含合法的商务旅行支出外，主要用来统计企业以各种形式贿赂政府官员、主要客户和供应商的支出；用以衡量腐败水平虽存在一定误差，但整体仍是较好的微观腐败衡量指标。

FDI水平衡量方面，现有学者主要采用FDI投资存量（梁，2006；帕金斯和诺伊迈尔，2009）和投资流量（马尔辛斯卡和魏，2001；李子豪和刘辉煌，2011）两类。由于投资存量更加真实地反映了当地外资的客观影响，且可一定程度剔除投资时滞影响，本书用前者反映各地区FDI水平。具体来说，用各省区市外商直接投资总额占当地国内生产总值（GDP）的比重（*fdi*）来表示省区市FDI，用城市“三资”工业企业产值占当地工业总产值的比重（*FDI*）来表示城市FDI。相关数据同样来自《中国统计年鉴》和《中国城市统计年鉴》。

省区市研发投入方面，借鉴陈媛媛和李坤望（2010）、李子豪和刘辉煌（2011）的做法，用各省区市科研人员人均内部活动经费支出（*rd*）来表示；城市研发投入方面，借鉴袁鹏和程施（2011）的做法，用各城市科学财政支出占城市GDP的比重（*RD*）来表示。数据来自《中国科技统计年鉴》和《中国城市统计年鉴》。

省区市环境规制方面，借鉴曾贤刚（2008）的做法，用各省区市排污费收入占当地GDP的比重来表示各省区市环境规制（*reg*）；各城市的环境规制方面，则借鉴朱平芳等（2011）的做法，用各城市工业废水、工业废气和固体废弃物处理率构造了相应的无量纲指标（*REG*）来表示。数据来自《中国环境年鉴》和《中国城市统计年鉴》。

经济结构、人均收入方面，借鉴绝大多数学者的做法，用各省区市工业总产出占GDP的比重、各省区市人均GDP来表示省区市的经济结构（*s*）和收入水平（*ey*），用各城市的工业总产出占GDP的比重、各城市人均GDP来表示城市经济结构（*S*）和收入水平（*EY*）。数据来自《中国统计年鉴》和《中国城市统计年鉴》。

四、数据说明

考虑到数据的一致性和可得性，此部分研究选取1995～2008年全国29个省级地区（不包括西藏、重庆和港澳台地区）和2004年中国120个地级城市作为实证研究对象①。其中，重庆市1997～2008年的数据并入四川省处理。书中所有涉及价值形态的数据，均采用相应的价格指数调整为2000年为基期的不变价值；外商投资数据则以历年人民币对美元年均价换算成人民币处理。表4－1给出了相关变量的统计性描述。由表4－1可知，省级地区腐败水平变量每千人党政机关工作人员发案数（*cor*1）和每十万人口总数发案数（*cor*2）的均值为3.81和3.46，标准差为1.49和1.37；城市腐败水平变量各城市企业平均“旅行和招待费用”占企业销售收入总额的比例（*TEC*）的均值为1.15，标准差为0.46；说明中国各省区市和城市间腐败水平存在较大差异，也表明研究腐败门槛效应的必要性。同样可知，除经济结构变量外，其他变量在省区市和城市间均存在较大差异。

表4－1　　变量的统计性描述

省区变量	*ew*	*es*	*ey*	*s*	*fdi*	*rd*	*reg*	*cor*1	*cor*2
单位	吨/人	Kg/人	万元/人	%	%	万元/人	万分之一	例/千人	例/十万人
平均值	17.02	148.13	0.93	44.36	60.96	7.02	6.31	3.81	3.46
最小值	3.08	22.73	0.27	19.74	1.62	0.23	0.40	0.91	1.06
最大值	82.06	579.47	3.18	61.50	585.22	22.59	48.29	9.90	10.35

① 由于2011年年底出版的《中国检察年鉴2010》包含是2008年各省区市腐败案件数据，所以本书省区市的研究截至2008年；120个地级城市分布于30个省级地区（除西藏地区），其中东南沿海32个，东北地区11个，渤海湾地区19个，中部地区29个，西南地区15个，西北地区14个，具有较强的代表性。

续表

省区变量	*ew*	*es*	*ey*	*s*	*fdi*	*rd*	*reg*	*cor*1	*cor*2
单位	吨/人	Kg/人	万元/人	%	%	万元/人	万分之一	例/千人	例/十万人
标准差	10.30	94.23	0.62	7.93	76.61	4.29	4.18	1.49	1.37
观测值	406	406	406	406	406	406	406	406	406
城市变量	EW	ES	EY	S	FDI	RD	REG	TEC	
单位	吨/人	Kg/人	万元/人	%	%	%	—	%	
平均值	24.95	189.69	1.91	50.05	20.07	0.03	0.75	1.15	
最小值	2.00	3.17	0.34	31.41	0	0	0.07	0.30	
最大值	138.92	1219.36	6.86	84.58	85.54	0.31	4.15	2.40	
标准差	25.73	175.03	1.35	8.28	20.27	0.03	0.65	0.46	
观测值	120	120	120	120	120	120	120	120	

第三节　实证结果与分析

一、省级地区的实证分析

（一）变量的平稳性检验

由于此部分研究省区市数据的时间跨度较长（14 年），模型中部分变量可能并非平稳序列；而门槛估计要求模型中所有变量（尤其是门槛变量）必须是平稳序列；同时，为避免“伪回归”现象的出现；在门槛面板估计前，对所有变量进行面板平稳性检验。考虑面板单位根可能存在的差异性，本书用 LLC 检验和 ADF - Fisher 检验两种方法，结果见表 4 - 2。由表 4 - 2 可知，除 ln*ey* 和 *fdi* 外，所有变量均可在1%显著性水平拒绝单位根存在；而两者也均可在5%水平上通过平稳性检验。可以认为，所有回归变量均为平稳序列。

表4-2 变量的平稳性检验

变量	形式	LLC检验		ADF-Fisher检验	
	(c, t, l)	统计量	概率值	统计量	概率值
ln*ew*	(0, 0, 2)	-3.644	0.0001	109.856	0.0000
ln*es*	(c, t, 1)	-4.389	0.0000	85.048	0.0112
ln*ey*	(0, 0, 2)	-2.832	0.0023	89.831	0.0047
$(\ln ey)^2$	(0, 0, 2)	-5.391	0.0000	111.791	0.0000
s	(c, t, 1)	-5.157	0.0000	106.273	0.0000
fdi	(c, 0, 2)	-5.744	0.0000	81.776	0.0216
ln*rd*	(c, t, 1)	-8.897	0.0000	132.351	0.0000
reg	(c, t, 1)	-6.786	0.0000	100.979	0.0004
ln*cor*1	(c, t, 1)	-15.476	0.0000	113.463	0.0000
ln*cor*2	(c, t, 1)	-16.161	0.0000	112.053	0.0000

注：c，t，l分别表示带有常数项、趋势项和滞后阶数。

（二）门槛估计的显著性和置信区间检验

表4-3给出了以式（4-7）为基础，利用汉森（Hansen，1999）门槛面板估计方法，得到的两种污染物为解释变量时不同腐败指标的门槛估计值及其置信区间。由表4-3可知，对工业废水排放来说，当采用*cor*1为门槛变量时，存在单一门槛效应；而采用*cor*2为门槛变量时，存在双重门槛效应；而对二氧化硫排放来说，采用*cor*1和*cor*2为门槛变量时均存在单一门槛效应；且表中所有门槛估计值均至少在5%显著性水平通过检验。从具体的门槛估计值来看，工业废水和二氧化硫的*cor*1门槛值分别为3.16、3.07；工业废水的

*cor*2 第一门槛值为 2.74，二氧化硫的 *cor*2 门槛值为 3.09；表明两类污染物的腐败门槛值比较接近。

表 4－3　　　门槛变量的显著性检验和置信区间估计

污染物	腐败指标	门槛数	F 值	10%	5%	1%	门槛值	95%置信区间
工业废水	*cor*1	单一	5.85**	2.65	3.78	6.63	3.16	(1.75，6.85)
		双重	3.24	2.64	3.85	6.74		
	*cor*2	单一	9.35***	2.77	3.89	6.81	2.74	(2.14，3.26)
		双重	5.83**	2.46	3.55	5.96	6.11	(3.61，6.57)
		三重	2.59	2.7	4.26	7.47		
二氧化硫	*cor*1	单一	4.72**	2.75	3.91	7.24	3.07	(1.75，6.85)
		双重	2.87	2.49	3.59	6.75		
	*cor*2	单一	4.03**	2.86	3.94	6.91	3.09	(1.83，6.02)
		双重	3.01	2.75	4.02	6.50		

注：表中的 F 值和 10%、5%、1% 的临界值均为采用"自抽样"300 次得到的结果；*** 和 ** 分别表示在 1% 和 5% 水平显著。

（三）门槛回归结果与解释

表 4－4 显示了污染物为工业废水的估计结果。在表 4－4 中，模型Ⅰ和模型Ⅱ中的腐败变量分别用 *cor*1、*cor*2 表示。模型Ⅰ和模型Ⅱ中 ln*ey*、$(\ln ey)^2$ 的估计系数分别为 0.1850、－0.0762 和 0.2063、－0.0802，且所有系数均至少在 10% 水平上显著；这表明，人均收入与工业废水排放之间存在倒"U"型的曲线关系，且拐点水平分别为 3.38 万元和 3.31 万元。这与格罗斯曼和克鲁格（Grossman and Krueger，1991）、梁（Liang，2006）和雷涛（Leitao，2010）等的研究类似，说明较低水平的收入增长通常带来污染的加剧，而一旦收入水平达到较高水平，便可通过提高环境规制或引致环境技术进步来减少污染。变量 *s* 的估计系数为 0.0371，且在统计上非常显著，说明工业在

经济比重中的上升将带来环境污染的加剧；这与绝大多数研究结果类似，显示中国工业生产仍主要是以牺牲环境为代价实现的。ln*rd* 的系数显著为负，这与陈媛媛和李坤望（2010）、袁鹏和程施（2011）的研究结论相似，说明研发投入的提高有利于环境质量的改善。*reg* 的系数为负，但 t 值的显著性水平并不稳定，说明环境规制虽对污染有一定的抑制作用，但效果并不明显；可能是因为，中国环境规制主要是末端治理，此种模式控制污染排放的成效一般（袁鹏和程施，2011）。ln*cor*1 和 ln*cor*2 的估计系数均显著为正，这与科尔（Cole，2007）、雷涛（Leitao，2010）等的估计结果类似；这意味着，腐败可能通过扭曲环境政策、降低环境管制力度、阻碍环境投入等渠道直接加剧了中国环境污染。在两个模型中，不同腐败水平 FDI 的影响系数存在较大差异。在表 4－4 中，当模型Ⅰ中的 *cor*1 低于 3.16 时，FDI 显著降低了投资地的废水排放，而当 *cor*1 高于 3.16 时阶段则相反；在模型Ⅱ中，当 *cor*2 低于 2.74 时，FDI 降低了当地废水排放；而当 *cor*2 处于 2.74～6.11 或 *cor*2 高于 6.11 时，FDI 均增加了当地废水排放，且影响系数在后一阶段有所增强。

表 4－4　　　　污染物为工业废水的估计结果

模型Ⅰ				模型Ⅱ			
变量	估计值	*t－ols*	*t－white*	变量	估计值	*t－ols*	*t－white*
ln*ey*	0.1850	1.92*	1.69*	ln*ey*	0.2063	1.81*	1.94*
$(\ln ey)^2$	－0.0762	－2.16**	－1.87*	$(\ln ey)^2$	－0.0802	－3.59***	－3.84***
s	0.0371	8.17***	6.36***	*s*	0.0313	7.31***	5.64***
ln*rd*	－0.0936	－3.76***	－3.54***	ln*rd*	－0.0857	－3.53***	－3.46***
reg	－0.0033	－1.83*	－1.46	*reg*	－0.0024	－2.07**	－1.55
ln*cor*1	0.1385	2.91***	2.99***	ln*cor*2	0.1036	2.09**	2.03**
fdi－lcor	－0.0050	－2.35**	－2.61**	*fdi－lcor*	－0.0031	1.89*	1.77*
fdi－acor	0.0022	3.58***	3.97***	*fdi－mcor*	0.0027	2.88***	3.16***

续表

模型Ⅰ				模型Ⅱ			
变量	估计值	t - ols	t - white	变量	估计值	t - ols	t - white
				fdi - acor	0.0041	3.02***	3.53***

注：fdi - lcor、fdi - mcor、fdi - acor 表示在低、中、高腐败水平 fdi 的回归系数，不同腐败水平是根据门槛估计值划分得到；t - ols、t - white 分别表示同方差、异方差下的 t 值；***、**、* 表示 t 检验值在1%、5%、10%水平显著；表4-5中符号含义同此表。

表4-5显示了污染物为二氧化硫的估计结果。在表4-5中，模型Ⅲ和模型Ⅳ同样分别用 cor1、cor2 表示腐败水平。根据两个模型中 lney、$(\text{lney})^2$ 的估计系数可知，收入增长与二氧化硫排放同样存在倒"U"曲线关系；且其拐点分别为4.19万元和4.03万元，高于废水排放的拐点。这与李子豪和刘辉煌（2012）的研究类似，可能是人们对两类污染物的承载力和关注度的差异所致。参考各省区市2008年的人均收入可知，所有省区市的人均收入均未达到两类污染物倒"U"曲线的拐点，当前的收入增长一定程度加剧了中国的环境污染。FDI 的估计系数方面，两模型中高腐败阶段 FDI 均显著增加了二氧化硫排放，低腐败阶段则相反；这与表4-4的估计结果类似。这可能是，当腐败达到较高水平后，将通过降低环境管制、阻碍环境技术溢出来抑制 FDI 改善环境作用的发挥。这意味着，FDI 对环境的影响存在显著的腐败门槛效应：当腐败水平较低时，FDI 将改善当地环境质量；而一旦腐败水平达到一定水平，FDI 将加剧当地的环境污染。其他变量结果与表4-4类似，不再赘述。

表4-5　　　污染物为二氧化硫的估计结果

模型Ⅲ				模型Ⅳ			
变量	估计值	t - ols	t - white	变量	估计值	t - ols	t - white
lney	0.2793	1.77*	1.53	lney	0.3156	1.95*	2.14**

续表

模型Ⅲ				模型Ⅳ			
变量	估计值	$t-ols$	$t-white$	变量	估计值	$t-ols$	$t-white$
$(\ln ey)^2$	-0.0974	-2.16**	-1.87*	$(\ln ey)^2$	-0.1132	-3.59***	-3.84***
s	0.0430	10.22***	9.26***	s	0.0417	9.79***	8.66***
ln*rd*	-0.0059	-2.21**	-1.93*	ln*rd*	-0.0082	-1.97*	-1.61*
reg	-0.0073	-1.61	-1.31	*reg*	-0.0066	-1.73*	-1.49
ln*cor*1	0.0871	1.99**	1.84*	ln*cor*2	0.0920	2.32**	2.15**
$fdi-lcor$	-0.0029	-2.07**	-2.33**	$fdi-lcor$	-0.0015	-1.85*	-1.62
$fdi-acor$	0.0013	1.88*	2.26**	$fdi-acor$	0.0019	1.91*	2.72***

二、城市层面的实证分析

基于省级地区的门槛面板估计表明，FDI 对中国的环境污染存在显著的腐败门槛效应。但是，以上门槛效应只是在省级层面的估计，研究层面仍略显宏观；在腐败指标上，也主要是以腐败发案数来衡量。为从更加微观层面考察 FDI 对环境影响的腐败门槛效应，并对以上的估计结果进行验证，笔者再以 2004 年中国 120 个地级城市为研究对象，以各城市的企业平均“旅行和招待费用”占企业销售收入总额的比例（*TEC*）来表征腐败水平，在模型中引入 *FDI* 和 *TEC* 交叉项以考察 FDI 对环境污染的腐败门槛效应。此时计量估计的基本方程如下：

$$\ln EI_n = \varphi_1 \ln EY_n + \varphi_2(\ln EY_n)^2 + \varphi_3 \ln S_n + \varphi_4 RD_n + \varphi_5 REG_n + \varphi_6 TEC_n + \varphi_7 FDI_n + \varphi_8 FDI_n * TEC_n + \upsilon_n \qquad (4-10)$$

其中，n 表示城市，υ_n 为随机误差项，其他变量参见变量选择部分说明。

式（4－10）假设 FDI 对污染排放的估计系数受腐败水平的影

响，且此种影响以二次式的形式体现。式（4－10）对 FDI 求偏导，可得：

$$\frac{\partial \ln EI_n}{\partial FDI_n} = \varphi_7 + \varphi_8 \times TEC_n \quad (4-11)$$

表4－6给出了城市层面的估计结果。在表4－6中，模型Ⅴ、模型Ⅵ分别是以工业废水、二氧化硫为解释变量的估计结果。由表4－6可知，模型Ⅴ中的 *TEC* 对废水排放的边际弹性系数约为 $100 \times (0.0142 + 0.0096 \times FDI)$，而120个城市 FDI 均值为20.27，其弹性系数为33.66；即 *TEC* 提高一个单位，城市废水排放强度可能上升33.66%；模型Ⅵ中 *TEC* 对二氧化硫排放的边际弹性系数约为 $100 \times (0.0128 + 0.0073 \times 20.27) = 16.08$，即 *TEC* 提高一个单位，城市二氧化硫排放强度将增加16.08%。这与表4－4、表4－5的结果相同，说明腐败水平上升将显著增加当地的污染排放。根据式（4－11），模型Ⅴ、模型Ⅵ中 FDI 对工业废水、二氧化硫排放的边际弹性系数分别为 $-1.27 + 0.96 \times TEC$ 和 $-1.05 + 0.73 \times TEC$。由于相关城市的 *TEC*（腐败水平）存在一定差异，FDI 对污染排放的弹性系数受腐败水平影响呈现出线性变化的态势。图4－1显示了不同腐败水平 FDI 对工业废水和二氧化硫排放的弹性系数。由图4－1可知，当腐败水平较低时，FDI 对污染排放呈现抑制作用；而当腐败水平达到较高水平时（*TEC* 大于1.3或大于1.4），FDI 将加剧当地污染排放。这说明，FDI 对中国城市环境呈现出一定的腐败门槛效应；这与以省区市对象为研究对象的估计结果类似，印证了前面 FDI 对环境腐败门槛效应的分析。其他变量的估计结果与省区估计类似，证明了前面估计结果的稳健性。

表 4－6　　城市层面的估计结果

变量	模型Ⅴ			模型Ⅵ		
	估计值	t－ols	t－white	估计值	t－ols	t－white
lnEY	0.2883	1.88*	2.04**	0.2507	2.67***	2.59**
$(lnEY)^2$	－0.1372	－2.39**	－2.16**	－0.0914	－1.96*	－1.52
S	0.0070	1.77*	1.69*	0.0221	－1.91*	－1.53
RD	－0.2635	－1.91*	－1.64	－0.3042	－1.37	－1.08
REG	－0.1506	－8.84***	－5.57***	－0.1486	－8.13***	－4.65***
TEC	0.0142	2.21**	2.06**	0.0128	3.48***	2.99***
FDI	－0.0127	－1.93*	－1.82*	－0.0105	－2.17**	－2.13**
FDI*TEC	0.0096	2.54**	2.37**	0.0073	1.92*	2.15**
F 值		22.25	26.81		16.06	17.62
		[0.0000]	[0.0000]		[0.0000]	[0.0000]
R^2	0.6334			0.5551		
样本数	120			120		

注：***、**、*分别表示 t 检验值在 1%、5%、10% 水平显著；[ ] 内 F 联合检验的 P 值。

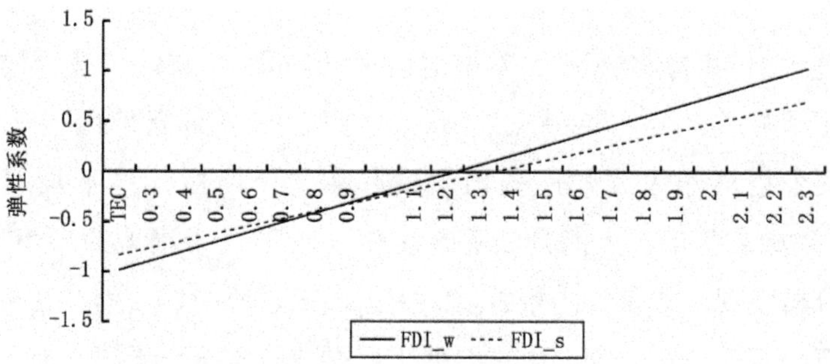

图 4－1　不同腐败水平 FDI 对工业废水和二氧化硫排放的边际弹性系数

注：FDI_w、FDI_s 分别表示 FDI 对工业废水排放、二氧化硫排放的弹性系数。

三、扩展分析

基于门槛面板的回归表明，当 $cor1 < 3.16$、$cor1 < 3.09$ 时，或者当 $cor2 < 2.74$、$cor2 < 3.09$ 时，FDI 将有利于中国环境质量的改善；而当 $cor1 > 3.16$、$cor1 > 3.09$ 时，或当 $2.74 < cor2 < 6.11$、$cor2 > 6.11$、$cor2 > 3.09$ 时，FDI 将加剧中国的环境污染。

因此，本章研究假定 $cor1 < 3.09$ 或者 $cor2 < 2.74$ 为低腐败阶段，通过分析研究期内低腐败省区市数量的动态变化，可以简单地分析 FDI 对中国环境影响方向的变化。图 4－2 给出了研究期内低腐败省份数目变化。由图 4－2 可知，1995～1997 年，低腐败省区市的仅有 3 个左右，此阶段 FDI 加剧了大部分省区市的环境污染；而 1998～2003 年，随着党的十五大提出“标本兼治，综合治理”的反腐败方针和相关反腐制度的出台，低腐败省区市数量增加到 10 个左右，此阶段 FDI 对中国环境的正面影响有所增强；而 2003 年以后，随着党中央“教育、制度、监督”三位一体的反腐败体系的提出和公务员工资水平的提升，低腐败省区市数量逐渐增加到 20 个左右，这意味着，当前 FDI 对中国多数地区的环境均呈积极影响。

基于相同的分类标准，本书对研究期内 29 个省区市按照腐败水平进行了分类，分类结果见表 4－7。由于本章研究采用了 $cor1$ 和 $cor2$ 两个指标作为腐败门槛值，只有在两个门槛标准下均属于高（低）腐败省区市，才能判断 FDI 恶化（改善）了当地的环境质量。通过分析发现，北京、内蒙古、湖南、广东、海南、云南、甘肃、宁夏等 7 个省区市在研究期内主要处于低腐败阶段，而天津、河北、山西、辽宁、吉林、黑龙江、上海、安徽、福建、江西、山东、河南、湖北、贵州和陕西等 15 个省市在研究期内主要处在高腐败阶段。两类省级地区比较来看，高腐败省区市的数量远高于低腐败省区市；这

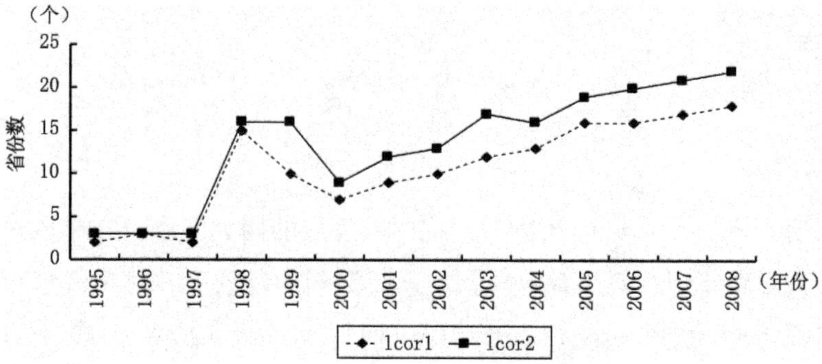

图 4－2　1995～2008 年低腐败省区市的数目变化

意味着，研究期内 FDI 对中国多数省区市的环境具有负面影响。从省级地区分布来看，低腐败省区市中除北京和广东外，其他省区市的外商投资规模都比较小；而高腐败省区市大多集中于沿海地区、中部地区和东北地区，而这些地区外资规模相对较大。这意味着，研究期内 FDI 整体加剧了中国的环境污染。

表 4－7　外商直接投资环境影响的腐败门槛值省区市划分

以千人党政机关人员发案数（cor1）为门槛值	
低腐败省区市(cor1 <3.09)	高腐败省区市(cor1 ≥3.09)
北京(12),内蒙古(11),湖南(8),广东(11),海南(12),云南(8),甘肃(11),青海(13),宁夏(10),新疆(10)	天津(11),河北(11),山西(8),辽宁(13),吉林(14),黑龙江(14),上海(8),江苏(13),浙江(12),安徽(13),福建(13),江西(10),山东(11),河南(13),湖北(14),广西(12),四川(11),贵州(14),陕西(8)
以十万人地区人口发案数(cor2)为门槛值	
低腐败省区市(cor2 <2.74)	高腐败省区市(cor2 ≥2.74)
北京(9),内蒙古(9),江苏(8),浙江(8),湖南(10),广东(14),广西(14),海南(10),四川(12),云南(9),甘肃(13),宁夏(8)	天津(12),河北(8),山西(13),辽宁(13),吉林(14),黑龙江(13),上海(8),安徽(8),福建(12),江西(9),山东(11),河南(11),湖北(8),贵州(8),陕西(9),青海(11),新疆(12)

注：各省区市后（）中数字为研究期内各省区市处于相应区间的次数；若某省区市 8 次以上处于该区间时，则认为该区属于相应的腐败地区。

本章小结

腐败和环境污染已经成为困扰中国发展的两大问题，在中国对外开放度日益上升、FDI对中国影响日渐深刻的背景下，对三者进行研究具有深刻的现实意义。本章用手工搜集的1995～2008年29个省区市的腐败案件发案数和世界银行报告提供的2004年中国120个城市的*TEC*数据来表征腐败水平，分别利用门槛面板回归估计和截面交叉项估计的方法，考察了FDI对中国环境影响的腐败门槛效应。研究结果表明，FDI对中国环境的影响存在显著的腐败门槛效应：当腐败水平较低时，FDI将减少中国的环境污染；而当腐败水平较高时，FDI将加剧中国的环境污染。另外，腐败本身作为影响环境的重要因素，十分显著地加剧了中国的环境污染。其他因素方面，收入增长与污染排放呈现显著的倒“U”型的曲线关系，工业生产在GDP比重中上升将增加了环境污染，而研发投入增长、环境规制提升则一定程度降低了污染排放。

本章研究结论具有以下政策启示：第一，FDI对投资地环境的影响很大程度受到当地腐败水平的影响。当投资地腐败水平较高时，FDI将通过规避环境规制、降低环境技术溢出等途径加剧当地的环境污染；反之则反是。这表明，外资引入地应当更多地从预防教育、制度建设、官员治理等多方面着手，加大本地区的反腐力度，改善本地外商投资的“软环境”，从而更好地利用FDI对环境的积极影响。第二，腐败加剧了中国的环境污染。受数据限制，现有研究极少涉及腐败对中国环境的影响，而本书的研究结论则证实了腐败对中国环境的负面影响。这意味着，加大反腐力度、建设廉洁政府，不仅是关系到政治改革和经济增长的现实问题，也是关系到地方可持续发展的重要问题。第三，其他影响因素的分析结果表明，政府应当以发展的眼观看待环境问题，必须在发展中解决环境问题。地方政府应当通过大力发展经济，积极进行产业结构优化升级，加大地方科研投入力度，提升地方环保意识和环境监督力度等途径来解决环境问题，最终实现经济发展和环境改善的和谐统一。

当然，本章研究在以下方面还有待改进：第一，在研究对象上，本章仅仅分析了中国各地区 FDI、腐败水平和环境污染的关系，而此种经验是否具有普遍意义仍有待进行国际层面的研究来解决。第二，在腐败水平的衡量上，本章以各地区的腐败发案数和各城市的 *TEC* 数据表示，但腐败发案数指标只是包含已被查处的腐败行为，更多的腐败行为则是潜在的或尚未观察到的；*TEC* 数据也不能全面衡量企业的隐性贿赂支出；此两类指标未必能十分客观地反映各地区的腐败水平。第三，在污染水平衡量上，受研究期内数据连续性限制，本章只是用人均工业污染排放强度来表示，此种指标也未必能十分全面地衡量各地区的污染水平。而若采用其他污染指标衡量研究结果是否一致也有待此方面研究的深入。

第五章 地区差异、外资来源与FDI环境规制效应

2016 年 3 月，《国民经济和社会发展第十三个五年规划纲要》将“开放型经济新体制基本形成”“生态环境质量总体改善”作为全面建成小康社会的核心目标，并为此推行“准入前国民待遇加负面清单管理”的开放外资管理制度、制定实施“最为严格”的环境保护制度，考察外商投资对环境规制的影响富有现实意义。但是，党的十八大以来，各地经济社会发展呈现新的典型变化：一方面，各地反腐败力度不断加大。据地方党政领导人物库资料统计，截至 2015 年 11 月，我国 31 省区市共有 59 名省部级官员因腐败落马；其中，甚至包括 4 名正省部级官员，落马官员最多的山西有 7 人。另一方面，人力资本在经济发展中作用不断凸显。伴随经济新常态出现、人口老龄化和“人口红利”的不断消失，各地经济增长将更多地依靠人力资本提升；而且，“大众创业、万众创新”的推进也使各地不断加大教育资源投入，努力实现人力资源向人力资本的转化。而几乎同时，受“一带一路”战略深入推进、服务业对外开放不断扩大的影响，中国外资来源结构也出现显著变化：国家统计局数据显示，2009 年，港澳台外资占全国实际利用外资总额比重刚刚突破 50%，2014 年则高达 70%。考虑到当前中国各地区腐败程度、人力资本水平和外资来源结构深刻变化的态势，以及相关变化对中国外商投资、环境治理的影响，本章研究从地区差异（腐败水平、人力资本）和外资来源视角考察 FDI 的环境规制效应，对于“十三五”时期中国外资利用、环境治理等政策的制定具有重要意义。

第一节　问题的提出

外商直接投资（Foreign Direct Investment，FDI）持续增长与环境污染加剧使众多学者关注 FDI 对中国环境的影响。部分学者直接考察 FDI 对中国环境污染的影响，他们认为，若 FDI 直接增加了中国污染物排放，则可证明中国成为 FDI 的“污染天堂”（任等，2014；李子豪，2015；张宇和蒋殿春，2014；李子豪和刘辉煌，2013）；另一些学者则关注环境规制对 FDI 流入的影响，他们认为，若规制提升阻碍了 FDI 流入，则可证明 FDI 是为逃避环境规制而转向中国这一“污染天堂”（李永友和沈坤荣，2008；迪恩等，2009；朱平芳等，2011；布鲁等，2013）。然而，前者过分关注 FDI 对环境的影响效果，内在影响机制的探讨较少，使 FDI 对环境的影响变成“黑箱”式的结果验证；后者则通常忽视了环境规制的内生性，或者遗漏了诸如地区腐败、研发投入、人力资本之类同时影响 FDI、环境规制的重要变量，而使估计结果存在内生偏误。另外，虽然众多研究考察了国内环境规制对污染治理、经济增长、产业升级、技术进步、外资分布、贸易竞争等方面的影响（李永友和沈坤荣，2008；布鲁等，2013；科尔等，2006；原毅军和谢荣辉，2014；傅京燕和李丽莎，2010；李阳等，2014），但环境规制自身的研究仍集中于环境规制概念界定和分类、环境规制绩效、环境规制的制度缺陷等几个方面（张崇辉等，2013），少有文献考察 FDI 对环境规制的影响（布鲁等，2013），定量考察环境规制影响因素的研究仍比较少见。所以本章研究系统考察 FDI 的环境规制效应，不但是 FDI 对中国环境影响的深入研究，也是中国环境规制影响因素研究的有益拓展。

FDI 对环境规制影响方面，现有文献较少涉及。现有研究集中于不同模型假说下 FDI 对东道国环境政策影响的讨论。例如，德桑蒂斯和斯塔勒（De Santis and Stahler，2008）利用改进的古诺模型，考察了 FDI 对东道国环境税的影响，研究表明，FDI 流入将激励东道国提升环境税标准，以转移 FDI 来源国的投资获利。欧里（Ohori，2011）同样利用古诺模型框架，考察了国内企业 FDI 所有权高低对环境政策的影响，分析表明，无论采用排放标准还是排污税作为规制手段，FDI 所有权降低都将导致环境规制降低。董等（Dong et al.，2012）利用南北市场份额模型，分析了当污染物存在跨国影响时，FDI 对南方国家环境规制的影响，研究表明，当南方国家市场份额较大时，FDI 流入将带来当地环境规制的提升；反之则相反。个别学者在模型基础上，实证考察了 FDI 对环境规制的影响。例如，科尔等（Cole et al.，2006）在三阶段博弈分析的基础上，利用 1982～1992 年 33 个国家数据，实证考察 FDI 对环境规制的影响，研究证实他们的理论判断，即 FDI 对环境规制的作用方向受地区腐败程度影响。现有研究在此方面做了有益探讨，但仍有较多方面有待完善。例如，FDI 对环境规制影响的实证研究有待加强，科尔等（Cole et al.，2006）的研究只是从国家层面的检验，其估计可能结果存在一定异方差偏误（张，2008），地区层面的研究可能有助于此问题的解决。对中国而言，中国作为一个发展中大国，各地区经济社会发展存在较大差异，FDI 对环境规制的影响是否受地区差异影响而有所不同？此外，由于历史和现实原因，流入中国的外资可以划分为港澳台外商投资和非港澳台外资，不同来源 FDI 对环境规制的影响是否存在差异？现有文献也很少涉及。

因此，本章内容旨在于考察 FDI 对中国地区环境规制的影响，试图从三个层面对此进行较为深入的探讨：第一，FDI 对中国各省区市和地市的环境规制影响如何？第二，当地区腐败程度、人力资本存在差异时，FDI 对当地环境规制的影响会有何种不同？第三，对不同来源的 FDI，其对地区环境规制的影响又会存在何种差异？与以往研究相比，本章内容在以下三个方面有所推进：首先，在研究对象上，本章以中国 1995～2010 年 29 个省区市和 2003～2013 年 203 个城市作为研究对象，从更加微观的视角考察了 FDI 对环境规制的现实影响，一定程度也解决了国家层面研究的异方差偏误影响；其次，在研究思路上，本章将腐败程度、人力资本的门槛效应机制和不同来源地 FDI 的影响差异引入 FDI 环境规制效应研究中，更加贴近中国发展现实，较为深入地拓展了现有研究机制；最后，在研究方法上，本章将地区腐败程度、人力资本、研发投入等变量引入地区环境规制影响方程，并采用多种方法处理内生性偏误的影响，更加客观地考察了 FDI 对中国环境规制的影响。

第二节　理论假说

以上文献综述表明，FDI 对东道国环境规制影响方面，部分学者做出了有益探讨，但深入分析 FDI 影响环境规制机制渠道的研究并不多见。因此，通过梳理相关文献，本章提出了 FDI 影响中国环境规制作用机制的三个理论假说。

首先，腐败因素在 FDI 影响环境规制中的作用。腐败对环境污染、环境规制以及 FDI 的影响已经为众多研究所证实。本书认为，腐败对 FDI 环境规制效应的影响可能体现在以下三个方面：第一，环境政策制定方面。科尔等（Cole et al.，2006）的理论分析表明，FDI 增加将导致企业竞争加强，进而促使政府提高环境规制以提升社会福利（福利效应），也可能导致污染企业加大贿赂力度而降低环境规制水平（贿赂效应）。当腐败程度较低时，“福利效应”对环境规制的影响占主导地位；腐败程度较高时则相反。第二，环境技术溢出和环境标准制定方面。阿尔博诺兹等（Albornoz et al.，2009）的研究表明，FDI 可以通过产业间、产业内技术溢出促进东道国环境技术的提升，而 FDI 技术溢出的重要前提是投资地人力资本、研发投入要达到一定阈值（李子豪，2015）；但是，腐败对地区研发投入和人力资本提升的阻碍作用也已被部分研究所证实（董等，2012；董和托尔格勒，2010）。这就意味，当腐败程度较高时，FDI 环境技术溢出被吸收的可能性较低（李子豪和刘辉煌，2013）；当腐败程度较低时则相反。而地区环境技术水平对于当地环境标准选择有重要影响，拉弗利和波普（Lovely and Popp，2011）的研究表明，只有当地区环境技术达到一定水平，当地政府才有动力采用较高的环境标准。也就是说，腐败通过影响FDI环境技术溢出，进而影响了当地环境标准选择。第三，实际环境规制执行方面。腐败对环境规制执行的负面影响已为部分研究证实（Ivanova，2011）；而当地区腐败较高、实际规制执行较低时，外资企业也会倾向性地选择向环保监督人员贿赂以降低污染成本，进一步恶化实际环境规制执行。综合以上分析，本书认为，FDI对环境规制的影响可能存在腐败门槛效应，即当地区腐败程度较高时，FDI将降低当地环境规制；而当地区腐败程度较低时，FDI将提升当地环境规制。

假说5-1：FDI对中国环境规制的影响存在腐败门槛，当地区腐败程度较高时，FDI将降低当地环境规制；当腐败程度较低时，FDI将提升环境规制。

其次，地区人力资本在FDI影响环境规制中的作用。第一，FDI环境技术选择和环境规制策略方面。对投资地不同的人力资本，FDI将会选择与之适应的生产和环境技术；只有当地区人力资本较高时，FDI才有可能采用较高的环境技术和标准（李子豪，2015）。另外，当人力资本水平不同时，FDI企业也可能采用不同竞争策略；只有当地区人力资本水平较高时，FDI企业才倾向采用包括加强环境规制的全面竞争策略（张，2008）。第二，环境技术溢出和环境标准制定方面。正如假说5-1中所分析，只有当投资地区人力资本较高时，FDI环境技术溢出才更容易被投资地区吸收（李子豪和刘辉煌，2012），进而提升投资地区环境技术水平，促使当地政府采取更高的环境规制标准。第三，环保意识与环境规制执行方面。研究表明，较高的人力资本积累有助于地区环保意识提升、环境规制加强和环境技术创新（黄菁，2009）；这就意味着，当地区人力资本较高时，其较高的环保意识和环境规制力度将加大FDI企业环境违规的负面影响和实际成本，促使其更加规范地遵守环境规制，有利于实际规制执行的提升。根据以上三方面分析，本书认为，FDI对环境规制的影响可能存在人力资本门槛效应，即当地区人力资本较高时，FDI有利于地区环境规制提升；反之则反是。

假说 5－2：FDI 对中国环境规制的影响存在人力资本门槛。当地区人力资本较高时，FDI 将提升环境规制；当人力资本较低时，FDI 将降低环境规制。

最后，不同来源地 FDI 对环境规制影响的差异。在 FDI 对中国环境研究，以及环境规制对 FDI 流入影响的研究中，多数文献将来自港澳台地区的 FDI 与来自其他地区的 FDI 视作同质的投资，但部分研究却并不支持此种判断（布鲁等，2013；陈媛媛和李坤望，2010）。因此，本书认为两者对环境规制的影响也可能存在一定差异。这是因为，第一，从社会责任和环境标准角度来看。布等（Bu et al.，2013）的研究表明，相比港澳台 FDI 企业，其他地区的 FDI 企业有更强的社会责任感，环境规制放松对其投资的吸引力并不高；迪恩等（Dean et al.，2009）也得到了类似结论，他们认为，其他地区 FDI 企业更倾向于执行本国或企业统一的高环境规制标准，以避免粗放型生产带来的成本上升，或者帮助企业谋取全面竞争优势。第二，从腐败对环境规制影响角度来看。由于港澳台 FDI 与中国大陆存在较多的宗亲或文化联系，更容易参与环境规制的寻租行为；而其他地区的外资，如来自经济合作与发展组织（OECD）国家或地区的 FDI 受到《禁止在国际商业交易中贿赂外国公职人员公约》、来自美洲国家的 FDI 受到《美洲反腐败公约》等限制，通过腐败行为改变环境政策或者降低环境规制执行都可能面临严厉的法律制裁，其通过腐败渠道对中国环境规制的负面影响可能更小。第三，从 FDI 环境技术溢出方面来看。由于港澳台地区企业多属于价值链低端的加工制造企业，其研发投入、技术水平通常低于其他国家或地区的 FDI 企业，对投资地环境技术溢出和环境标准的提升作用都不会太显著（陈媛媛和李坤望，2010）；而其他国家或地区的 FDI 企业（尤其是欧美日等发达国家 FDI）由于自身的技术优势，以及维护企业自身形象的需要，有能力也更愿意采用环境友好型技术，从而更有利于投资地的环境技术溢出和环境规制标准的提升。综合以上分析，本书认为，与来自港澳台的FDI相比，其他地区的FDI更容易对中国环境规制产生积极影响。

假说5－3：港澳台地区FDI可能对中国环境规制产生负面影响，其他地区FDI可能对中国环境规制产生积极影响。

第三节　计量处理与数据说明

一、计量模型的构建

环境规制影响因素的计量分析，现有文献很少涉及。科尔等（Cole et al.，2006）的国际研究构建了较为完善的实证框架；因此，借鉴他们的思路，本章研究的计量模型框架如下：

$$reg_{i,t} = \alpha_i + \gamma_t + \beta' X + \varepsilon_{i,t} \tag{5-1}$$

其中，i 表示地区，t 表示年份；α_i 表示地区特定效应，γ_t 表示时期特定效应，reg 表示环境规制，X 是解释变量向量，$\varepsilon_{i,t}$ 为随机误差项。

一般认为，地区经济发展水平是环境规制的最重要影响因素（科尔等，2006；黎文靖和郑曼妮，2016）。因为随地区经济增长，居民对环境质量的需求会逐步提升，地区的产业结构也会更加优化，带来地区环境技术标准的上升和实际环境规制强度的加强。因此，本书将地区人均收入（ey）引入模型。

除经济发展外，产业结构对环境规制也具有较强影响（科尔等，2006）。地区产业结构反映了地区的产出、就业结构，地方政府在制定环境规制政策和确定实际规制执行力度时，必然要顾及其本地产出、就业的影响（姚圣和毛子涵，2012）。因此，针对处于发展中国家阶段且以经济建设为中心的中国来说，解释变量引入产业结构

（s）是十分必要的。

研发投入对地区环境规制的影响也值得关注。由于地区环境技术水平是影响当地环境治政策制定、环境标准执行和实际环境监督强度的重要影响因素（拉弗利和波普，2011），地区研发投入则会当地环境技术水平产生直接影响（陈媛媛和李坤望，2010）。而且，地区研发投入水平也是FDI环境技术溢出、FDI投资选址的重要影响因素（李子豪和刘辉煌，2012），为避免变量遗漏的内生性问题，有必要引入研发投入（rd）因素。

人力资本水平也是影响地区环境规制的重要因素。正如假说5－2分析中所述，地区人力资本水平将直接对当地环境技术标准制定、FDI环境技术溢出以及地区环境政策的实际执行力度产生重要影响（李子豪，2015；张，2008；黄菁，2009），模型中应当包括人力资本（h）的影响。

此外，由于腐败对环境规制的影响已为众多研究证实（科尔等，2006；伊万诺娃，2011），地区腐败对环境规制的影响也应当加以考虑。而对中国而言，当前反腐败的形式仍十分严峻，腐败对中国经济增长和环境污染等均已产生十分显著的影响（李子豪和刘辉煌，2013；聂辉华等，2014）。而且，腐败作为对环境规制和FDI均能产生重要影响的变量（李子豪和刘辉煌，2013；马尔辛斯卡和魏，2001），在模型中引入它也是处理内生性偏误的重要手段。因此，本章研究解释变量中应当包括地区腐败（cor）因素。

最后是FDI对环境规制的影响。如理论假说分析，FDI可从环境政策制定、环境标准形成和实际规制执行等多个层面，对环境规制产生重要影响。考虑到此部分研究目的，FDI在中国经济社会发展发挥的重要作用，解释变量中应当加入外商直接投资（fdi）。

根据以上分析，加入主要解释变量后，本章实证分析的基本框架如下：

$$reg_{i,t} = \alpha_i + \gamma_t + \beta_1 ey_{i,t} + \beta_2 s_{i,t} + \beta_3 rd_{i,t} + \beta_4 h_{i,t} + \beta_5 cor_{i,t} + \beta_6 fdi_{i,t}$$

$$+ \varepsilon_{i,t} \qquad (5-2)$$

二、估计方法说明

为对假说 5-1 和假说 5-2 进行检验。采用静态门槛面板估计方法，本章研究将地区腐败程度、人力资本作为门槛变量引入模型（5-2），构建 FDI 对环境规制影响的分段函数如下：

$$reg_{i,t} = \alpha_i + \gamma_t + \beta_1 ey_{i,t} + \beta_2 s_{i,t} + \beta_3 rd_{i,t} + \beta_4 h_{i,t} + \beta_4 cor_{i,t} + \beta_5 fdi_{i,t} I_{i,t}(thr \leqslant \gamma) + \beta_6 fdi_{i,t} I_{i,t}(thr > \gamma) + \varepsilon_{i,t} \qquad (5-3)$$

其中，*thr* 为门槛变量，即地区腐败（*cor*）或人力资本（*h*）；γ 为待估计的门槛值，即具体的腐败程度、人力资本水平；$I(\cdot)$ 为指示函数。模型（3）假设存在单一门槛效应，多重门槛模型可由此扩展得到。

同时，考虑到 *fdi* 与 *reg* 之间的双向因果关系，为避免 *fdi* 内生性影响，借鉴科尔等（Cole et al.，2009）、林季红和刘莹（2013）的做法，本章研究用滞后一期的 *fdi* 作为解释变量。

门槛估计需要解决两个主要问题：一是门槛值 γ 和重要变量 *fdi* 的参数估计；二是对估计得到的门槛值进行显著性和置信区间检验。其中，门槛值 γ 和 *fdi* 的回归系数是通过最小化假定门槛数下普通最小二乘估计的残差得到。相应的参数估计后，需要进一步对门槛效应显著性和门槛值置信区间进行考察。

为对检验假说 5-3 进行验证，本章研究将港澳台 FDI 变量（*fdich*）和其他地区 FDI 变量（*fdiel*）分别加入模型（5-2）中，根据 *fdich*、*fdiel* 估计系数的差异对假说 5-3 进行判断。同样，为剔除 FDI 内生性的影响，也采用滞后一期的 *fdich*、*fdiel* 数据。

既有 FDI 与环境规制研究存在的一大问题就是内生性考虑不足，内生性问题的处理是本书关注的重要方面。整体来说，此部分研究采取了三种措施来消除内生性影响。第一，在模型设计时加入了地区衡量、时间衡量，以消除随地区、时间变化的遗漏变量的影响。第二，在模型中加入了对环境规制和 FDI 均可产生重要影响的腐败程度、人均收入、研发投入和人力资本变量，也有助于消除遗漏变量的影响。第三，在所有估计方程中，均采用滞后一期的 FDI 变量，一定程度上消除 FDI 与环境规制双向因果关系所导致的内生性偏误。

三、变量选择

环境规制方面，现有研究主要选取以下几类指标：环境公约的参与率或环境法规数量（马尔辛斯卡和魏，2001；李永友和沈坤荣，2008；张崇辉等，2013），实际污染排放强度（迪恩等，2009），环境治理投资水平（李永友和沈坤荣，2008；张成等，2011；布鲁等，2013），污染物排放达标率及其综合指数（马尔辛斯卡和魏，2001；朱平芳等，2011；林季红和刘莹，2013；李子豪和刘辉煌，2013；于文超等，2014）。由于国内地区环境法规出台数具有一定随意性，实际污染排放强度更多地体现了环境技术的影响，环境治理投资也比较难以反映实际环境规制，本书舍弃这三类指标。因此，本章研究选择污染物排放达标率指标来反映实际环境规制强度；而且，为更加全面衡量地区环境规制水平，本书用地区不同污染物治理率进行主成分分析构建了相应的综合环境规制指标。具体来说，省区市环境规制指标（*reg*）由工业废水排放达标率、工业二氧化硫去除率和工业固体废弃物利用率三种指标获得，城市环境规制指标（*REG*）由生活废水处理率、工业粉尘处理率和工业固体废弃物处理率三种指标获得。

外商直接投资方面，现有研究用 FDI 存量（陈媛媛和李坤望，2010；许和连和邓玉萍，2012；李子豪和刘辉煌，2013）和 FDI 流量两类来衡量 FDI（马尔辛斯卡和魏，2001；李永友和沈坤荣，2008；朱平芳等，2011）。由于流量指标能比较好地反映外资动态变化的影响，而存量指标则能更加全面衡量 FDI 对当地经济的整体影响。因此，本章同时选用 FDI 的存量和流量指标来考察其影响。具体来说，省级层面，用各省区市实际利用外资数额占 GDP 的比重来衡量流量 FDI（*fdif*）影响，港澳台、外商投资工业企业总产值占地区工业总产值比重来衡量存量 FDI（*fdis*）影响，用港澳台工业企业总产值占规模以上工业企业总产值的比重来衡量港澳台地区 FDI（*fdich*）的影响，用地区外商投资工业企业占规模以上工业总产值比重来表示其他地区 FDI（*fdiel*）的影响。城市层面，用城市实际利用外资占 GDP 比重来衡量城市 FDI（*FDI*）影响，分别用港澳台企业、外商投资企业工业总产值占城市规模上工业占产值比重来衡量其各自影响，分别用 *FDICH*、*FDIEL* 表示。

腐败方面，现有研究主要有两类：一类是主观调查指标，如马尔辛斯卡和魏（Smarzynska and Wei，2001）采用世界竞争力报告（Global Competitiveness Report，GCR）中腐败调查指数，科尔等（Cole et al.，2006）采用国际国家风险指南（International Country Risk Guide，ICRG）中的腐败调查指数；第二类是客观腐败数据指标，如聂辉华等（2014）、弗雷德里克松（Fredriksson et al.，2003）采用各地区单位公职人员的腐败案发数，李子豪和刘辉煌（2013）采用各省区市单位总人口的腐败案件发案数，李子豪和刘辉煌（2013）采用世界银行城市企业平均“旅行和招待费”（Travel and Entertainment Cost，TEC）。考虑到腐败评价指标的主观性，且省级层面难以获得此类指标，本章用各省区市十万总人口的腐败案件发案数来衡量省区市腐败（*cor*）①。城市层面的腐败指标，现有研究尚未涉及；借鉴省区市腐败指标的思路，本章用地级审计局审计出的违规金

① 本书中腐败被定义为“公共权力被用来以违反规则的方式追求个人利益的行为”；本书的省区市腐败案件数是通过翻阅相应年份《中国检察年鉴》中各省区市检察工作报告，手工汇总各省区市检察机关当年立案侦查的贪污、受贿、挪用公款、巨额财产来源不明等几类职务犯罪案件的数量得到。

额来表示[①]。具体来说，本书用手工汇总得到的《中国审计年鉴》中各地级城市审计局以及各市附属区、县审计局审计出的违规总金额除以各市当年 GDP 来衡量城市层面的腐败程度（*COR*）。

人力资本方面，多数学者采用地区人口受教育情况来表示。由于初中以上人力资本能有效地为 FDI 利用（刘渝琳和温怀德，2007），省级层面借鉴詹正宇（2012）的做法，构建了包含地区初中教育、高中教育和大学教育人力资本（h）。城市层面，受数据来源限制，借鉴李子豪和刘辉煌（2012）做法，构建了包括中学和大学在校生城市人力资本（H）指标。

人均收入和产业结构方面，前者借鉴绝大多数做法，用省区市或城市的实际人均 GDP 衡量，分别用 ey、EY 表示。对于后者，由于第二产业生产对中国地区污染的影响强度最大，且中国多数地区仍处于工业化深入阶段。本章用省区市、城市第二产业增加值占当地 GDP 的比重反映此种影响，分别用 s、S 表示。

四、数据说明

考虑到数据的一致性和可得性，本章研究选取 1995 ~ 2010 年全国 29 个省级地区（不包括西藏、重庆和港澳台地区）和 2003 ~ 2013 年中国 203 个地级城市作为研究对象[②]。其中，重庆 1997 ~ 2010 年的数据并入四川处理。书中所有涉及价值形态的数据，均采用相应的价

---

① 根据国家审计署网站资料，中国审计机关的主要工作职责是对政府机关财政预算和其他收支的执行情况、国家事业组织的财政资金和其他收支使用情况、中央银行的收支、国有及国有控股的金融机构和企业的资产负债损益、政府投资项目的预算执行情况、政府管理的基金的财务状况、国外机构组织的援助和贷款财务状况等进行监督，涉及了可能发生“公共权力违规追求个人利益行为”的主要领域。

② 203 个城市中东部城市 85 个，中部城市 77 个，西部城市 41 个，共来自全国 29 个省级行政单位，具有较强的代表性。另外，省区市分 FDI 来源的估计时期为 2001 ~ 2010 年；城市分来源估计时期为 2004 ~ 2013 年。

格指数调整为2000年为基期的不变价值；外商投资数据则以历年人民币对美元年均价换算成人民币处理。数据主要源自《中国统计年鉴》《中国工业经济统计年鉴》《中国环境年鉴》《中国环境统计年鉴》《中国检察年鉴》《中国法律年鉴》《中国审计年鉴》《中国城市统计年鉴》《区域经济统计年鉴》《新中国55年统计资料汇编》。表5-1给出了本章主要解释变量的统计性描述。由表5-1可知，省区市*cor*、*h*均值为3.36、5.75，标准差为1.34、1.53，城市*COR*、*H*均值为12.73、0.82，标准差为64.49、0.34，研究期内各省区市、城市的腐败程度和人力资本存在较大差异，显示了对FDI影响进行门槛估计的必要性。

表5-1　　主要变量的统计性描述

省区	reg	ey	fdif	fdis	fdich	fdiel	cor	h	s	rd
单位	—	万元	%	%	%	%	例	年	%	万元
平均值	32.30	0.97	3.48	20.17	6.33	13.84	3.36	5.75	44.86	7.55
最小值	7.44	0.27	0.09	1.24	0.10	0.21	1.06	2.18	19.74	0.21
最大值	95.69	3.18	24.20	65.81	40.40	53.96	10.35	10.85	61.50	25.97
标准差	13.75	0.63	3.37	17.57	7.49	12.49	1.34	1.53	7.97	4.53
观测值	464	464	464	377	377	377	464	464	464	464
城市	REG	EY	FDI	FDICH	FDIEL	COR	H	S	RD	
单位	—	万元	%	%	%	‰	年	%	%	
平均值	42.54	1.27	2.26	6.55	9.99	12.73	0.82	50.63	0.12	
最小值	2.97	0	0	0	0	0	0.16	15.70	0	
最大值	70.58	5.27	20.11	70.90	84.35	254.17	2.43	85.92	2.00	
标准差	13.83	0.84	2.44	9.27	11.42	64.49	0.34	10.55	0.14	
观测值	2233	2233	2233	2030	2030	2233	2233	2233	2233	

第四节　实证结果与分析

一、省级层面估计

进行门槛估计前，本章对省区市估计变量进行了面板平稳性检验。检验结果表明，绝大部分检验在5%的显著性水平均可拒绝存在单位根的原假设，所有检验值在10%的显著性水平拒绝原假设，可以认为回归变量均为平稳变量。表5-2报告了以模型（5-3）为基础，利用门槛面板估计得到的，外商直接投资（*fdif*、*fdis*）对环境规制（*reg*）腐败门槛效应、人力资本门槛效应的显著性和门槛值置信区间。由表5-2可知，当门槛变量为腐败程度（*cor*）时，*fdif*、*fdis* 对 *reg* 的影响均存在双重门槛效应，前者门槛值分别为1.85、3.09，后者分别为1.85、3.42。当门槛变量为人力资本（*h*）时，*fdif* 对 *reg* 的影响存在单一门槛效应，门槛值为5.92；*fdis* 对 *cha* 影响存在双重门槛效应，门槛值为6.46、9.46。所有门槛值的F检验均至少在5%水平上显著，表明相关门槛效应的显著性。

表5-2　　门槛变量的显著性检验和置信区间估计

门槛	FDI	门槛数	F值	10%	5%	1%	门槛值	95%置信区间
地区腐败（cor）门槛	fdif	单一	11.56**	2.73	4.16	6.80	1.85	（1.79，1.96）
		双重	7.63**	2.71	3.85	5.84	3.09	（3.04，6.18）
		三重	2.31	0.16	3.19	6.44		
	fdis	单一	10.66**	3.24	4.53	8.14	1.85	（1.79，1.90）
		双重	7.13*	2.66	3.55	7.71	3.42	（3.17，3.63）
		三重	1.51	1.09	2.16	5.21		

续表

门槛	FDI	门槛数	F 值	10%	5%	1%	门槛值	95% 置信区间
人力资本（h）门槛	fdif	单一	9.80*	2.81	4.47	9.92	5.92	(5.89, 6.23)
		双重	2.79	2.44	3.12	6.41		
	fdis	单一	15.03**	2.41	3.62	6.44	6.46	(6.43, 6.76)
		双重	8.77**	2.59	3.42	8.68	9.46	(9.37, 9.46)
		三重	2.02	1.48	2.35	4.46		

注：表中的 F 值和 10%、5%、1% 的临界值均为采用“自抽样”300 次得到的结果；*** 和 ** 分别表示在 1% 和 5% 水平显著。

表 5－3 显示了外商直接投资（*fdif*、*fdis*）对环境规制（*reg*）腐败、人力资本门槛效应估计结果。其中，方程 1、方程 2 是的腐败门槛效应估计，方程 3、方程 4 是人力资本门槛效应估计。由表 5－3 可知，ln*ey* 估计系数均显著为正，表明经济发展对环境规制的积极影响。这是因为，伴随经济水平提升，地方政府和民众对环境问题的重视程度不断提高，当地环境政策、技术标准和监管监督也在不断提升，带来环境规制水平的上升（于文超等，2014）。*s* 估计系数显著为负，说明第二产业占比增加不利于地区环境规制提升。这是因为，当前中国工业仍以“粗放型”的资源消耗生产为主，第二产业占比上升必然给当地环境治理和政府环境政策制定带来巨大压力（姚圣和毛子涵，2012）。ln*rd* 估计系数均为正值，但显著性不高，说明研发投入对环境规制的积极影响不甚显著。这可能是，研发投入的提升虽有利于环境技术、环境标准提升，但对环境政策制定、标准落实的积极作用并不明显（陈媛媛和李坤望，2010）。ln*h* 估计系数显著为正，说明人力资本对环境规制有显著正面影响。正如理论假说部分所述，伴随地区人力资本提升，地区环境技术水平、实际环境规制力度、FDI 环境技术溢出都会显著增强，从而对环境规制产生积极影响。ln*cor* 估计系数均显著为负，说明腐败程度上升的确不利于环境规制

加强。理论假说部分分析表明，伴随地区腐败程度上升，环境政策制定会有所扭曲，环境技术进步会受到一定阻碍，实际环境规制强度也会明显下降，从而对环境规制产生不利影响。

表 5-3　　　FDI 腐败门槛和人力资本门槛效应估计

腐败（cor）门槛				人力资本（h）门槛			
方程 1		方程 2		方程 3		方程 4	
lney	40.61***	lney	42.06***	lney	41.02***	lney	40.74***
	(15.72)		(12.13)		(15.44)		(11.64)
s	-0.26***	s	-0.79***	s	-0.65***	s	-0.71***
	(-5.94)		(-6.11)		(-6.75)		(-5.95)
lnrd	1.06*	lnrd	0.80	lnrd	1.32**	lnrd	1.22*
	(1.87)		(1.50)		(2.53)		(1.71)
lnh	22.04***	lnh	35.85***	lnh	18.77***	lnh	24.58***
	(9.17)		(6.76)		(7.80)		(4.79)
lncor	-2.02*	lncor	-2.20**	lncor	-2.24**	lncor	-1.95*
	(-1.92)		(-1.99)		(-2.45)		(-1.78)
fdif	0.57***	fdis	0.48***	fdif	-0.96***	fdis	-0.83***
(cor≤1.85)	(3.32)	(cor≤1.85)	(4.17)	(h≤5.92)	(-5.32)	(h≤6.46)	(-2.72)
fdif	0.28*	fdis	0.13	fdif	0.41**	fdis	0.23**
(1.85-3.09)	(1.78)	(1.85-3.42)	(1.54)	(h>5.92)	(2.05)	(6.46-9.46)	(2.13)
fdif	-0.37**	fdis	-0.22***			fdis	0.43***
(cor>3.09)	(-2.04)	(cor>3.42)	(-3.19)			(h>9.46)	(3.19)

注：( ) 内数字为估计值的 t 检验值，***、**、* 表示 t 检验值在 1%、5%、10% 水平显著；下表同此含义。

FDI 对环境规制的影响是本书关注的重点。表 5-3 显示，在方程 1 和方程 2 中，当 *cor* 小于 1.85 时，FDI 系数显著为正；当 *cor* 处于 1.85～3.09 或 1.85～3.42 时，FDI 的系数仍为正值，但显著性有所下降；当 *cor* 大于 3.09 或 3.42 时，FDI 系数显著为负。这表明，当腐败程度较低时，FDI 有利于环境规制提升，较高时则相反；这就验证了假说 5－1 的存在性。这是因为，当地区腐败程度比较低时，当地环境政策制定的扭曲更少，降低了"高污染、高排放"外资企业进入的可能；而且，较低的腐败程度对地区环境技术的负面影响也比较小，有利于当地吸收 FDI 环境技术溢出提升环境标准（拉弗利和波普，2011）；此外，当地环境规制政策和制度的执行力度也会相对较强，FDI 企业环境治理制度和设施的运行也会更加规范（伊万诺娃，2011），从而提升实际环境规制水平。而当地区腐败程度较高时，地区环境政策的扭曲、环境技术水平的下降和实际环境规制强度的降低则会抑制 FDI 环境积极影响的发挥，降低当地环境规制水平。表 5－3 显示，在方程 3 中，当 *h* 小于 5.92 时，*fdif* 系数显著为负；当 *h* 大于 5.92 时则相反。在方程 4 中，当 *h* 小于 6.46 时，*fdis* 系数显著为负；当 *h* 处于 6.46～9.46 时，*fdis* 显著为正；当 *h* 大于 9.46 时，*fdis* 的系数值和显著性都有所增加。这表明，当人力资本较低时，FDI 降低了环境规制提升，较高时则相反，这就验证了假说 5－2 的存在性。这是因为，当地区人力资本较低时，投资地 FDI 企业的环境技术水平也相对较低，当地企业吸收 FDI 环境技术溢出的可能性相对不高，较低的环保意识也有可能吸引 FDI 企业通过偷排、贿赂等行为来规避排污执法（迪茨和斯特恩，2002），不利于 FDI 对环境规制积极影响的发挥，最终降低环境规制水平。而当地区人力资本较高时，FDI 通过相关渠道对环境规制的积极影响才更容易发挥。

表 5－4 是对不同来源 FDI 对环境规制影响的比较。其中，方程 5、方程 7 是采用固定效应估计的结果，方程 6、方程 8 则是考虑了异方差和序列相关问题存在的可行广义距（FGLS）估计结果。方程 5、方程 6 反映港澳台 FDI 对环境规制的影响；方程 7、方程 8 反映其他来源 FDI 的影响。由表 5－4 中人均收入、产业结构、研发投入、人力资本和腐败程度等因素的估计系数和显著性可知，相关因素对环

境规制的影响与表 5－3 无较大差异，不再解释说明。表 5－4 重点考察 *fdich*、*fdiel* 对环境规制的影响差异。由表 5－4 可知，*fdich* 估计系数显著为负，*fdiel* 估计系数显著为正。这说明，港澳台 FDI 企业对环境规制产生显著的负面影响，其他地区的 FDI 企业则有利于地区环境规制提升。这可能是，对港澳台 FDI 企业来说，其规模普遍不大、技术水平较低（姚战琪，2007），具有通过扭曲环境规制来降低生产成本的需求（迪恩等，2009）；而地方政府受到港澳台 FDI 宗亲、文化联系影响，甚至受到专门政策安排影响，更有可能通过牺牲环境规制来吸引港澳台 FDI（闫安，2011）。此外，港澳台 FDI 的研发投资较少（陈媛媛和李坤望，2010），环境技术水平较低，对投资地环境技术溢出的可能性比较低，大量港澳台 FDI 企业的进入不一定会带来当地环境技术和环境标准的提升。对于其他来源 FDI 企业（尤其是发达国家企业）来说，受自身社会责任、生产技术和管理制度影响，并无降低环境规制的现实需求（迪恩等，2009；布鲁等，2013），反而可能通过自身的规范运行来提升环境政策执行水平。而且，其他来源 FDI 无论是在技术转移倾向、自身技术绩效方面都显著强于港澳台地区 FDI（姚战琪，2007），更有利于 FDI 环境技术溢出发生，带来治污投资的增加。此外，其他来源的 FDI 企业管理更加规范、社会责任意识更强（郑少智和严军，2009；布鲁等，2013），更愿意通过遵守规范的环境规制获得良好声誉和竞争优势（迪恩等，2009）。综合比较发现，*fdich* 显著抑制了中国环境规制提升，*fdiel* 对中国环境规制则产生了显著积极影响，验证假说 5－3 的存在。

表 5－4　　　　不同来源 FDI 的影响比较

	方程 5	方程 6		方程 7	方程 8
	FE	FGLS		FE	FGLS
lney	43.12***	27.94***	lney	42.69***	21.26***
	(11.74)	(7.67)		(11.64)	(5.80)

续表

	方程5	方程6		方程7	方程8
	FE	FGLS		FE	FGLS
s	-0.89***	-0.42***	s	-0.93***	-0.27**
	(-7.15)	(-3.36)		(-7.33)	(-2.06)
lnrd	0.69	2.08**	lnrd	0.66	2.23**
	(0.91)	(2.41)		(0.87)	(2.42)
lnh	35.75***	25.83***	lnh	38.04***	33.34***
	(5.79)	(3.85)		(6.27)	(4.88)
lncor	-3.54**	-5.44***	lncor	-2.84*	-5.59***
	(-2.15)	(-2.92)		(-1.71)	(-2.83)
fdich	-0.80***	-0.92***	fdiel	0.34***	0.26***
	(-3.78)	(-4.73)		(3.72)	(2.27)
F (W)	95	348	F (W)	94	286
	[0.000]	[0.000]		[0.000]	[0.000]

注：() 内数字为估计值的 t 检验值。

二、城市层面的检验

省级层面估计对三个假说进行了实证检验，结果支持了三个理论假设的合理性。但省级层面的估计仍略显宏观，研究时段受到环境规制指标限制也仅更新至 2010 年；区腐败指标用腐败案件数表示，不一定能十分客观地衡量腐败对当地经济生活的影响程度；环境规制指标的构成也基本偏重于工业生产，未能全面兼顾生活污染物规制情况。因此，本章研究用 2003 ~ 2013 年 203 个城市数据，采用更为客观全面的腐败指标和环境规制指标，利用门槛面板估计方法和两类来源地 FDI 估计比较，再次对三个假说进行了检验，以验证地区实证结果的稳健性[①]。

表 5－5 显示了地市层面的估计结果。其中，方程 9 是腐败门槛效应估计，方程 10 是人力资本门槛效应估计，方程 11 和方程 12 是两类来源地 FDI 影响比较估计。同样，由于表 5－5 人均收入、产业结构、研发投入、人力资本和地区腐败程度等因素的估计结果与表 5－3、表 5－4 无较大差异，此处不再重复解释。在方程 9 中，当 *COR* 小于 0.91 时，*FDI* 系数显著为正；当 *COR* 处于 0.91～6.56 时，*FDI* 系数虽为负值，但统计上不甚显著；而当 *COR* 大于 6.56 时，*FDI* 系数显著为负。这表明，当腐败程度较低时，FDI 对城市环境规制提升有显著积极影响；当腐败程度较高时，FDI 则抑制了环境规制提升。在方程 10 中，当 *H* 小于 0.74 时，*FDI* 系数显著为负；在 *H* 大于 0.74 时，*FDI* 系数显著为正。这表明，当地市人力资本较低时，FDI 抑制了环境规制提升；当人力资本较高时，FDI 对环境规制则有显著促进作用。门槛效应的估计与表 5－3 基本一致，验证了省级层面估计的稳健性，也验证了假说 5－1、假说 5－2 在城市层面的存在性。由方程 11 和方程 12 对比发现，*FDIch* 估计系数显著为负，说明港澳台地区 FDI 对城市环境规制有显著的负面影响；*FDIel* 估计系数 10% 水平为正，说明其他地区 FDI 对城市环境规制提升有一定正面影响。此结果与表 5－4 结果基本一致，表明省级层面估计的稳健性，也验证了假说 5－3 在城市层面的存在性。

表 5－5　　城市层面的稳健性检验

方程 9		方程 10		方程 11		方程 12	
lnEY	24.32***	lnEY	24.44***	lnEY	7.63***	lnEY	7.26***
	(17.10)		(17.14)		(11.83)		(10.50)

① 估计前进行了平稳性检验，变量均水平平稳。

续表

方程 9		方程 10		方程 11		方程 12	
S	−0.18**	S	−0.15**	S	−0.21***	S	−0.22***
	(−2.56)		(−2.19)		(−7.00)		(−7.13)
RD	19.91***	RD	20.96***	RD	18.03***	RD	18.49***
	(9.18)		(9.99)		(9.33)		(9.43)
lnH	0.62***	lnH	0.50**	lnH	0.69*	lnH	0.74*
	(2.73)		(2.29)		(1.83)		(1.85)
COR	−0.16*	COR	−0.19**	COR	−0.31*	COR	−0.24*
	(−1.91)		(−2.03)		(−1.92)		(−1.79)
FDI	0.33**	FDI	−0.95***	FDIch	−0.21***	FDIel	0.05*
(COR≤0.91)	(2.52)	(H≤0.74)	(−4.85)		(−7.26)		(1.72)
FDI	−0.14	fdis	0.31*	W	755	W	688
(0.91−6.56)	(−1.35)	(cor>0.74)	(1.69)		[0.000]		[0.000]
FDI	−0.54***						
(COR>6.56)	(−3.32)						

三、扩展分析

由于省级层面门槛估计和 FDI 对比考察更为全面，本章以省级层面的估计结果为基础，进一步深入扩展分析 FDI 对中国环境规制的影响。由门槛估计可知，至少当 $cor \leqslant 3.09$ 时，FDI 才能使环境规制有效提升；或者当 $h > 6.46$ 时，FDI 才有利于地区环境规制加强。因此，本章假定 $cor \leqslant 3.09$ 为低腐败阶段，$h > 6.46$ 为高人力资本阶段。图 5－1 给出了 1995～2013 年低腐败、高人力资本的省区市数量，通过分析两类省区市的数量变化，可以简单分析 FDI 对中国环境规制影响的动态变化。由 cor 变化可知，1998 年之前，只有少数省区市（3

个）属于低腐败阶段；随着 1998 年政府机构改革和诸如《中共党员领导干部廉洁从政若干准则（试行）》等系列规章制度的出台，低腐败省区市迅速上升至 16 个左右；2003 年以后，随着“教育、制度、监督”三位一体反腐体系的建立和公务员工资调整，低腐败省区市数量 2006 年上升到 20 个以上，但 2009 年以后则稳定在 22 个左右。这意味着，随着中国反腐工作的深入，FDI 对环境规制的积极影响不断增强，但当前各地区通过反腐败改善 FDI 环境规制效应的努力仍有待进一步提升。由 h 的变化可知，1999 年以前，处于高人力资本的省区市数量极少，只有 2 个左右（北京、上海）；而随着 1999 年开始的高等教育的快速发展，处于高人力资本的省区市持续快速增长，2007 年开始，全国大多数（16 个）省区市已经跨入高人力资本省区，2013 年甚至达到 24 个。这表明，伴随地区人力资本提升，FDI 对中国环境规制的积极影响不断加深，加大人力资本投入是各地区实现经济和环境和谐发展的有效途径。

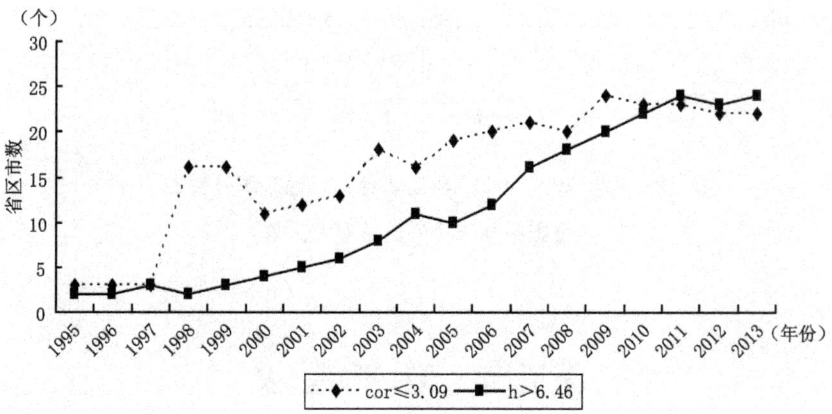

图 5－1 1995～2013 年低腐败（cor）和高人力资本（h）省区市数量的变化

FDI 按照来源分类可知，相比其他地区 FDI，港澳台 FDI 对中国环境规制存在比较显著的负面影响。图 5－2 给出了 1997～2013 年港澳台和其他来源外资占全国实际利用外资总额的比重。由图 5－2 可知，1997 年港澳台外资占比高于其他来源外资 10% 左右；但 1998 年亚洲金融危机之后，其他来源外资占比开始超过港澳台外资，并在 2005 年达到最高水平 65%，此后虽有所下降，但 2009 年之前仍高于港澳台外资；2009 年之后，港澳台外资开始超过其他来源外资并稳步上升，2013 年达到 65%。这意味着，1998～2008 年，FDI 对中国环境规制的影响整体以积极影响为主；但 2009 年之后，伴随港澳台外资占比的提升，FDI 对中国环境规制的负面影响正在不断增强。这表明，2008 年金融危机后，中国外资来源地结构发生了显著变化，加强对引入外资的环境管理和监督变得更加紧要。

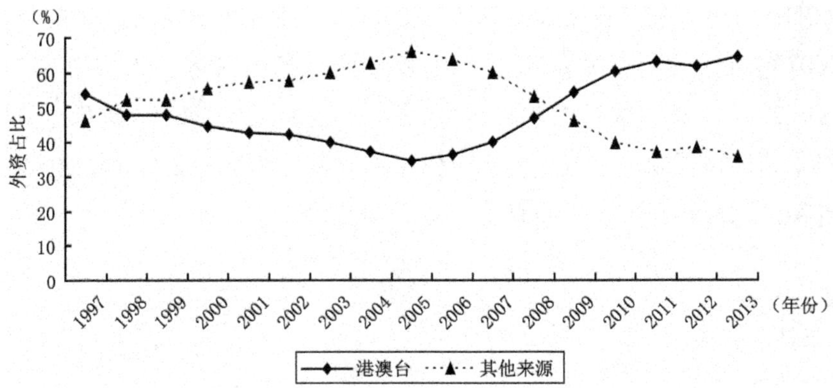

图 5-2　1997～2013 年港澳台和其他来源外资占全国实际利用外资总额的比重

第五节　政策建议

对于“十三五”时期中国腐败治理、人力资本提升、外资利用、产业升级和研发加强以推动地区环境治理提升，本章研究结论具有重要政策含义：

第一，加大反腐败力度，优化地区环境治理的制度环境。研究表明，当腐败程度较高时，FDI 将带来地区环境规制的显著下降。这意味着，要想发挥 FDI 对中国环境规制的积极作用，党和政府必须从自身出发，通过预防教育、制度建设和腐败惩治全面加大地区反腐败力度：深入贯彻“十三五”规划“全面从严治党”的指示精神，落实“三严三实”要求，落实党风廉政建设主体责任和监督责任；加快推进反腐败制度立法，完善惩治和预防腐败体系；继续加强贪污贿赂等职务性犯罪惩治力度，深入开展反腐败斗争，为地区提升环境治理、有效利用外资环境技术溢出创造良好制度环境。

第二，强化人力资本投资，提升地区环境技术和环保监督水平。研究表明，只有当地区人力资本水平较高时，FDI 才能更加有效地促进当地环境规制提升。这意味着，地方政府必须深入贯彻“十三五”规划“建设人才强国”的指示精神，推动人才结构战略性调整，突出环保领域“高精尖缺”人才发展导向，优化人力资本配置，促进环保技术全面提升；继续坚持“科教兴国”战略，加大普通教育和职业教育资金支持力度，全面提高教育质量，为 FDI 环境技术溢出创造良好环境；全面落实《环境保护法》要求，加强环境保护宣传、教育和普及工作，鼓励基层群众性自治组织、社会组织、环境保护志愿者开展环境保护法律法规和环境保护知识的宣传，营造保护环境的良好风气。

第三，完善外资环保监督和保障制度，提升地区外资环境技术水平。研究表明，虽然 FDI 整体有利于地区环境规制提升，当地区发展环境和外资来源不同时，FDI 的影响也存在一定差异。这就意味着，地方政府在坚持“对外开放”基本国策、加大外资引进的同时，必须严格落实《环境保护法》中“禁止引进不符合我国环境保护规定的技术、设备、材料和产品”的外资监管要求，优化完善符合环保要求的外资规模、技术和行业准入制度；在全面实行准入前国民待遇加负面清单管理制度、优化外资发展环境的同时，加强对引进外资企业的环保监督，规范地方政府与外资企业关系，发挥外资企业对环境规制的积极作用，实现“十三五”规划“引资和引技引智并举，发展更高层次的开放型经济”的外资利用新格局。

第四，促进产业和制造业的绿色发展，提升地区环境治理水平。研究表明，第二产业比重上升对地区环境治理具有显著负面影响。这意味着，地方政府要深入贯彻“十三五”规划“更加注重供给侧结构性改革”的要求，积极化解结构性产能过剩，推动产业结构调整升级；全面贯彻《中国制造2025》计划，推进传统制造业绿色改造，建立绿色、低碳、循环的产业体系，鼓励企业工艺技术装备更新改造，推进制造业绿色发展；积极落实《环境保护法》要求，改革环境治理基础制度，实行省级以下环保机构监测监察执法垂直管理制度，建立覆盖所有固定污染源的企业排放许可制，强化企业污染防治和监督。

第五，加大研发投入，推动发展模式和生产模式绿色转型。研究表明，加大研发投入对地区环境治理提升具有显著的积极影响。这意味着，地方政府应当全面深入实施“十三五”规划“创新驱动发展战略”，持续加大研发投入，发挥科技创新在全面创新中的引领作用，强化原始创新、集成创新和引进消化吸收再创新，促进经济发展模式绿色低碳转型；同时，积极贯彻《环境保护法》要求，激励企业在清洁能源、清洁生产领域的研发投入，鼓励企业采用资源利用率高、污染物排放量少的工艺、设备以及废弃物综合利用技术和污染物无害化处理技术，全面减少污染物的产生。

本章小结

从地区腐败程度、人力资本和FDI来源影响角度，本章提出FDI对中国地区环境规制影响的三个理论假说，并且分别以1995～2010年中国29个省级地区和2003～2013年203个地级城市为研究对象，进行了较为系统的实证检验。结论证实了本章的三个理论假说，即FDI 对地区环境规制的影响存在显著的腐败门槛效应、人力资本门槛效应，非港澳台地区 FDI 对地区环境规制才有积极影响。同时，FDI 对中国环境规制影响的动态变化表明，从地区腐败和人力资本门槛视角来看，FDI 对多数地区的环境规制具有正面影响；但从外资来源视角来看，FDI 对地区环境规制的负面影响正在不断加深。本章研究结论，对于“十三五”时期中国腐败治理、人力资本提升、外资利用、产业升级和研发加强以推动地区环境治理提升等重大问题的破解，具有重要政策启示。

第六章　腐败对环境污染的影响

腐败问题由于其存在的普遍性和对经济、社会发展的危害性，长期以来一直是国内外学者关注的重要领域（施莱费尔和维什尼，1993；莫罗，1998；孙刚等，2005；周黎安和陶婧，2009；吴一平和万广华，2012）。然而，腐败问题研究虽有极强的现实性，但腐败行为本身作为一种难以客观衡量的隐性经济行为，长期缺少定量的经济分析（周黎安和陶婧，2009）。20 世纪 90 年代以来，随着一些定量的腐败评价指标的出现，以及转型国家增加所带来的现实冲击，很多学者开始用定量方法考察腐败对经济发展、收入分配和环境资源等的影响（莫罗，1995；莫罗，1998；洛佩兹和米特拉，2000；霍尔和琼斯，2003；杨灿明和赵福军，2004；科尔，2006；雷涛，2010；周黎安和陶婧，2009；吴一平和芮萌，2010；吴一平和万广华，2012）。在相关研究中，腐败对环境污染的影响成为众多学者关注的热点。腐败对环境污染的影响，早期主要是案例性考察，例如，德赛（Desai，1997）发现，部分发展中国家的污染企业通常通过向环境监管人员行贿或向环境法规施加影响，增加了生产地的环境压力；利佩（Lippe，1999）发现，东欧部分城市的环保政策和环境投资受到利益集团的扭曲，使污染治理成效不足。案例性研究虽具有一定现实性，但相关结论的普遍性仍有待深入研究。

第一节　地区腐败、经济增长与环境污染

一、问题的提出

腐败是各国经济发展中面临的共同挑战，不同国家在不同发展阶段不同程度地存在腐败问题。在经济学研究中，腐败被定义为“公共权力被用来以违反规则的方式追求个人利益的行为”（施莱费尔和

维什尼，1993；简恩，2001；周黎安和陶婧，2009），腐败通常来源于市场经济中的政府管制或计划经济下政府对经济的全面控制（施莱费尔和维什尼，1993；孙刚等，2005）。20 世纪 90 年代以来，出现了更多腐败研究素材，国际性的腐败评价指标的出现为定量的腐败研究提供了可能，因此，越来越多的学者开始关注腐败对经济增长、社会发展和自然环境的影响（施莱费尔和维什尼，1993；莫罗，1995；莫罗，1998；洛佩兹和米特拉，2000；简恩，2001；菲斯曼和加蒂，2000；霍尔和琼斯，2003）。研究表明，腐败可以通过扭曲资源配置、增加交易成本、降低政府效率等多种机制对国内投资、外商直接投资和对外贸易模式等产生显著负面影响，进而阻碍一国的经济和社会发展（兰布斯多夫，1999；菲斯曼和斯文松，2000；马尔辛斯卡和魏，2001；杨灿明和赵福军，2004）。除此之外，众多理论和实证研究也表明，腐败能通过降低环境规制，扭曲环境和资源政策，改变外资和对外贸易模式，阻碍经济发展等多种路径对一国的自然环境产生影响（马尔辛斯卡和魏，2001；德玛尼亚等，2003；佩莱格里尼和格拉弗，2005；科尔，2007；雷涛，2010）。

改革开放以来，中国在经济社会发展取得巨大成就的同时，也面临腐败问题严峻和环境污染加剧的双重压力。据耶鲁大学和哥伦比亚大学联合发布的世界环境绩效指数（Environment Performance Index，EPI）显示，2006 年中国 EPI 得分为 56.2，在 133 个国家中排名 94 位；2012 年中国 EPI 得分降至 42.2，在 132 个国家中排名 116 位；中国环境状况不断恶化。多数研究表明，腐败对环境污染具有较为显著的负面影响；那么，当前严重的腐败状况是否加剧了中国的环境污染？此种影响在不同收入水平、不同地区是否存在差异？腐败主要通过何种机制影响中国的环境污染？现有研究均未做出回答。当前，中国的反腐败形势依然严峻，而“科学发展观”则要求实现经济、社会和自然环境的和谐发展。在此种背景之下，研究腐败对中国环境污染的影响具有重要意义。

二、文献评述

腐败与环境关系的研究始于20世纪90年代末，德赛（Desai，1997）对印度、印度尼西亚和泰国等发展中国家的案例分析表明，污染企业通过向环境监管人员贿赂和影响环保立法等手段，显著增加了当地污染。利佩（Lippe，1999）对印度尼西亚和东欧两个城市的研究表明，在城市化进程中，当地政府的环保政策制定和环保投资方向很大程度上受到利益集团的影响，从而延缓了当地环境污染的治理进程。随着研究的深入，一些学者开始系统运用理论模型或实证方法研究腐败对环境污染的影响，而不局限于腐败与污染现象探讨。由于当前国内尚未有文献就腐败的环境污染影响展开分析，此部分的文献梳理主要集中于国外研究；根据研究思路和角度的差异，现有文献可以分为以下三类：

第一类是基于腐败、收入和环境污染的框架，研究腐败对环境影响。格罗斯曼和克鲁格（Grossman and Krueger，1995）发现环境经济增长（人均收入）与污染之间的"环境库兹涅茨曲线"（Environmental Kuznets Curve，EKC）以后，多数经济与环境的研究将EKC理论作为基本研究框架[①]；而腐败对经济发展的负面影响又为众多研究所证实（菲斯曼和斯文松，2000；马尔辛斯卡和魏，2001；兰布斯多夫，1999；杨灿明和赵福军，2004）。因此，部分学者以腐败、收入和环境污染作为基本框架考察腐败对环境的影响。洛佩兹和米特拉（Lopez and Mitra，2000）利用斯塔克博格（Stackberg）模型分析了腐败对EKC的影响，研究表明，无论政府采用与污染企业的合作策略还是采用不合作策略，EKC曲线都存在，但是腐败将提升EKC污

① EKC是指格罗斯曼和克鲁格（Grossman and Krueger，1995）在实证研究中发现的，随着收入水平的增长，环境污染将会逐渐增加，但当收入达到一定水平以后，环境污染将逐渐减少。

染拐点的收入水平。韦尔施（Welsch，2004）认为，腐败可以通过降低环境规制的直接效应和阻碍收入增长的间接效应对环境产生影响；并且利用2001年122个国家的截面数据，检验了腐败对环境的影响。结果表明，腐败对环境的直接效应显著为负，而腐败的间接效应则取决于当地的收入水平。莫尔斯（Morse，2006）利用2002年95个国家的截面数据，分别对腐败与环境、腐败与人均收入的关系进行了实证研究。研究表明，腐败程度与各国环境质量、收入水平均呈现显著的负相关；但剔除收入影响后，腐败对环境的负面影响并不显著。科尔（Cole，2007）基于韦尔施（Welsch，2004）的思路，构造了包含腐败对环境直接效应和间接效应的联立方程，并且利用1987~2000年94个国家的面板数据，检验腐败对环境的影响；结果表明，腐败直接增加了相关国家的空气污染，但是腐败可以通过阻碍收入增长来间接降低污染水平。雷涛（Leitao，2010）利用剔除非线性影响的EKC模型和1981~2000年94个国家的面板数据，实证检验了腐败对EKC的影响。研究表明，腐败抬升了各国的EKC收入拐点，加剧了当地的环境污染；而且，国家的收入水平不同，腐败对其收入拐点和环境的影响也有所差异。

第二类研究侧重考察腐败对环境管制或者环境政策的影响。早期的案例研究发现，腐败会降低环境规制执行力、扭曲环境政策（德赛，1997；利佩，1999），部分学者便侧重此方面的研究。弗雷德里克松和斯文松（Fredriksson and Svensson，2003）利用环境政策形成模型和1993年60个国家截面的数据，考察了政治稳定性、腐败与环境规制之间的关系；结果表明，腐败将带来环境规制的显著降低，但当政治稳定性较差时，此种影响将会逐渐减弱。佩莱格里尼和格拉弗（Pellegrini and Gerlagh，2005）基于EKC模型框架和2001~2002年31个国家的面板数据，实证检验了腐败、民主程度和环境管制之间的关系；结果表明，腐败显著降低了环境规制水平。佩莱格里尼和格拉弗（Pellegrini and Gerlagh，2006）利用1999~2001年22个欧洲国家的面板数据，实证检验腐败对欧洲国家环境政策的影响；研究表明，腐败显著降低了环境政策强度，且腐败程度的差异是解释欧洲国家环境政策差异的最主要原因，其影响力甚至超过收入因素。何等（He，2007）通过双寡头的博弈模型，分析了腐败利益集团的存在如何影响环境政策的制定，并利用 1980 ~ 2005 年 80 个国家的面板数据，实证检验腐败对环境规制的影响。结果显示，腐败利益集团的存在，将使环境政策偏离公众利益，最终降低环境政策强度，实证结果也支持其理论分析的合理性。伊万诺娃（Ivanova，2011）构建了厂商实际污染排放的理论模型，研究了环境腐败程度对环境管制的影响，并且利用 1999 ~ 2003 年 39 个欧洲国家的面板数据，考察了腐败程度对相关国家硫排放的影响。结果表明，腐败的下降将带来环境规制的有效提升和厂商实际污染排放的减少，实证研究也支持该理论分析。

第三类研究主要考察开放条件下腐败对环境的影响。随着全球化对各国影响的加深，腐败对各国贸易和外商直接投资（FDI）的影响也为部分研究所证实（兰布斯多夫，1999），部分学者开始思考开放经济中腐败对环境的影响。马尔辛斯卡和魏（Smarzynska and Wei，2001）在验证 FDI 的“污染天堂”假设时认为，由于东道国的腐败同时降低了当地的环境规制和 FDI 流入，计量模型中纳入腐败因素能更好地消除内生性，更加科学地考察 FDI 对环境的影响。基于 1997 年 24 个转型国家数据的分析表明，腐败显著提升了当地的污染水平，而“污染天堂”现象则在一定程度存在。德玛尼亚等（Damania et al.，2003）通过构建开放经济下的两部门一般均衡模型，考察了贸易自由化和腐败对环境规制的影响，并利用 1982 ~ 1992 年 62 个国家的面板数据，实证检验了理论分析的合理性。研究表明，贸易自由化将带来环境规制的加强，腐败则降低了环境规制强度，而贸易自由化对环境规制的影响取决于该国的腐败程度，其实证结果也验证了这一结论。科尔等（Cole et al.，2006）利用开放经济下小国不完全产品市场模型，分析了 FDI 对东道国环境规制的影响，并且在模型推理的基础上，利用 1982～1992 年 33 个国家的面板数据，实证检验 FDI 和腐败对环境规制的影响。研究表明，FDI 对环境的负面影响取决于当地的腐败程度，即腐败程度越高，FDI 的负面影响越大，实证研究也支持了该论断的合理性。雷曼等（Rehman et al.，2007）利用两部门开放经济的一般均衡模型和 1984～2003 年南亚 4 国的面板实证分析，考察了腐败、贸易开放对环境的影响。理论分析表明，贸易开放有利于环境质量的改善，腐败的加深带来了当地环境质量的显著恶化。实证结果表明，贸易对环境的改善作用受到腐败程度的显著制约，但腐败对环境的负面影响并不明显。

综上所述，腐败对环境污染的影响，现有研究富有成效，但一些方面还有待深入。首先，在研究对象上，现有研究多基于国际数据进行研究，而单一国家腐败对环境污染的实证分析则比较少见，从一国地区层面考察腐败环境影响的研究也有待展开。而各国对腐败问题的认知存在明显的经济文化差异，可能影响估计的可靠性（丁杰尔和古纳普，2006），地区层面的研究将有效改善这一问题。其次，在腐败衡量指标上，现有研究多采用 CPI 指标、世界银行的国际商业（Business International Index，BI）指标和国际国家风险指南（International Country Risk Guide，ICRG）中的腐败指标等主观评价指标，而此类主观评价指标易受各国的认知程度、被调查者的主观判断影响，可能难以客观地衡量腐败水平（马尔辛斯卡和魏，2001；丁杰尔和古纳普，2006；莫尔斯，2006；周黎安和陶婧，2009）；采用一国各地区的腐败发案数等客观指标或许能更客观地考察腐败状况（周黎安和陶婧，2009）。最后，在研究方法上，现有研究多基于单方程模型分析，少数学者考虑了收入、腐败和环境污染的复杂联系，利用联立方程考察腐败对环境污染的影响（科尔，2007；雷涛，2010），但相关研究并未考虑环境污染与收入之间的双向影响，估计结果可能存在显著的内生性偏误，而且不同收入水平时腐败对环境影响的动态变化，腐败对不同地区环境污染的定量评估，现有研究也极少涉及。

鉴于此，基于1993～2008年中国29个省级地区的数据，以各地区腐败案件的发案数作为腐败衡量指标，利用包含腐败状况、收入增长和环境污染复杂关系的联立方程模型，采用两阶段最小二乘法，本节研究较为系统地考察了腐败对中国环境污染的影响，并估计了不同收入阶段和不同地区腐败对环境污染的影响。

三、模型设定、变量说明和计量处理

（一）模型设定

现有研究表明，一方面，腐败可以通过降低环境规制或者扭曲环境政策直接对环境污染产生影响（直接效应）；另一方面，腐败也可以通过降低收入水平而间接对环境污染产生影响（间接效应）（韦尔施，2004；科尔，2007；雷涛，2010）。借鉴科尔（Cole，2007）、雷涛（Leitao，2010）的思路，本节分别构造了包含环境污染和收入水平的联立方程组，以全面考察腐败对中国环境污染的影响。但科尔（Cole，2007）、雷涛（Leitao，2010）的联立模型仅考虑了收入对环境污染的单向影响，而环境污染作为一种投入要素或者产品生产能对经济增长产生显著影响（丁道和坤杜恩，2006；包群和彭水军，2006）；为考察此种影响，本节将环境污染作为收入的方程一个解释变量加以考察。得到本章计量分析的方程组如下：

$$\ln E_{i,t} = \delta_i + \eta_t + \beta_1 \ln Cor_{i,t} + \beta_2 \ln Y_{i,t} + \beta_3 (\ln Y_{i,t})^2 + \beta_4 (\ln Y_{i,t})^3 + \beta_5 Z_{i,t} + \mu_{i,t} \tag{6-1}$$

$$\ln Y_{i,t} = \theta_i + \lambda_t + \chi_1 X_{i,t} + \chi_2 \ln Cor_{i,t} + \chi_3 \ln E_{i,t} + \varepsilon_{i,t} \tag{6-2}$$

其中，i 和 t 分别表示地区和年份，$\ln E$ 、$\ln Y$ 和 $\ln Cor$ 分别表示各地区的污染排放、收入水平和腐败状况。为考察收入与污染排放的非线性关系，方程（6-1）中增加了 $\ln Y$ 的二次项和三次项[①]，Z 为其他影响污染排放的解释变量，借鉴包群和彭水军（2006）、科尔（Cole，2007）和雷涛（Leitao，2010）的做法，主要包括产业结构、对外开放度、人口密度和环境规制水平等。方程（6-2）中的 X 为影响地区人均收入的其他解释变量，借鉴曼昆等（Mankiw et al.，1992）、科尔（Cole，2007）的做法，主要包括人均物质资本、人力资本状况、人口增长率和对外开放水平。δ_i、η_t 和 θ_i、λ_t 分别表示方程（6-1）、方程（6-2）中地区效应和时期效应，$\mu_{i,t}$ $\varepsilon_{i,t}$ 为相应的随机误差项。

（二）变量和数据说明

根据研究目的差异，现有腐败对环境影响的研究主要选用两类环境指标：一类是污染物的排放水平，此类侧重考察腐败对环境质量的影响（马尔辛斯卡和魏，2001；韦尔施，2004；科尔，2007；雷涛，2010）；另一类则选用环境规制强度或环境政策，主要考察腐败对环境政策或规制的影响（弗雷德里克松和斯文松，2003；佩莱格里尼和格拉弗，2005；何等，2007）。此部分研究主要考察腐败对中国环境质量的影响，故用前者；考虑到腐败对不同污染物的影响可能存在差异，用人均工业废水排放（$\ln Ew$）和人均工业二氧化硫排放量（$\ln Es$）作为衡量环境污染水平。

收入水平指标，基于 EKC 的实证研究多选取实际人均 GDP 来表示，本节也以各地区 2000 年不变价格人均 GDP 来表示人均收入水平（$\ln Y$）。

腐败水平的衡量，现有研究主要分为两类：一类是基于调查问卷方式获得主观性的腐败评价指标，如前提到的 CPI 指标、BI 指标和

① 考虑到人均收入与污染物之间可能存在非传统意义的倒“U”型或“U”型线性关系，本章在实证模型中加入了人均收入的三次方项。

ICRG 指标等（马尔辛斯卡和魏，2001；德玛尼亚等，2003；韦尔施，2004；科尔，2007；雷涛，2010）；另一类则选用当地司法机关或者检察机关的腐败案件立案数来衡量（菲斯曼和加蒂，2002；丁杰尔和古纳普，2006；周黎安和陶婧，2009）。由于前者在问卷设置、人员评价方面的主观性，且地区层面难以获得此类数据；本章用后者衡量各地区的腐败水平①。借鉴周黎安和陶婧（2009）的思路，以 1995～2010 年《中国检察年鉴》和《中国法律年鉴》中各省级地区检察院的年度工作报告为基础，统计了各地区检察机关当年立案侦查的贪污、受贿、挪用公款、巨额财产不明等职务犯罪的案件数量，用以表示各地区的腐败案件立案数。由于各地区的政府规模（尤其是党政机关人数）是影响当地腐败案件数的重要影响因素（周黎安和陶婧，2009），为剔除此种影响，本节用单位党政机关人数的腐败案件发案数来衡量各地区腐败程度（$\ln Cor1$）。同时，借鉴菲斯曼和加蒂（Fisman and Gatti，2002）、丁道尔和古纳普（Dincer and Gunalp，2006）的做法，还可以用各地区单位人口的腐败发案数来衡量腐败程度（$\ln Cor2$）。

借鉴多数研究做法，并考虑数据的可得性，用第二产业占 GDP 的比重衡量产业结构（$Indu$）；用各地区进出口贸易总额占 GDP 的比重表征外开放度（Op）；人口密度（$Popg$）为各地区总人口与行政区面积之比；人口增长率（$Popg$）用各地区的人口自然增长率表示；环境规制（Reg）指标用各地区排污费收入占 GDP 的比重表征。

各地区资本存量的估计，以张军等（2004）1990 年各省区市资

① 由于腐败案件数只是被查处的腐败行为，更多的腐败行为是并未观测或查处的。所以采用腐败案例代表各地区腐败水平可能存在两个问题：第一，腐败立案数与实际腐败水平的比例关系是否稳定；第二，各地区执法水平对腐败案件数的影响。韦德曼（Wedeman，2008）对中国 1984～2006 年腐败问题的研究表明，腐败立案数比较稳定地反映了不同时期腐败水平的变化；而周黎安和陶婧（2009）的研究则表明，各地区执法力度的差异对腐败案件并无显著影响。所以用各地区腐败案件数衡量其腐败水平是比较客观的。

本存量的估计为基础，利用同样的永续盘存处理方法，笔者估算了1991～2008年各省区市的资本存量，并利用固定资产价格指数转换成2000年价格的不变值，除以当地人口总数得到各地区的人均物质资本（K）。

人力资本方面，本节用各地区人口的受教育情况衡量。借鉴王志鹏和李子奈（2004）、刘厚俊和刘正良（2006）的做法，用各类在校生占总人口的比重衡量；为全面考察各地区人力资本状况，且考虑到不同层次人力资本的差异，本章构造了各地区的人力资本指标（H）如下：

$$H = \sum \left(\frac{pri}{pop} \times 9 + \frac{mid}{pop} \times 9 + \frac{hig}{pop} \times 12 + \frac{\sec}{pop} \times 12 + \frac{col}{pop} \times 16\right) \tag{6-3}$$

其中，pri、mid、hig、$\sec$、col和pop分别表示各地区职业初中、初级中学、高级中学、中等职业学校、高等学校在校生人数和地区总人口数①；9、10和16是根据受教育年限而赋的权重。

除以上联立方程中直接体现的变量外，方程（6－2）中腐败因素的存在使对其估计必须考虑内生性偏误问题，也就是必须选择适当的腐败工具变量进行估计②。霍尔和琼斯（Hall and Jones，2003）认为，欧洲国家的影响是各国腐败程度的重要影响因素，且与各国经济发展无必然联系；所以他们用各国与赤道的距离、各国以欧洲语言作为母语的人口比例作为腐败工具变量，科尔（Cole，2007）、雷涛（Leitao，2010）也主要采用这两类指标作为腐败工具变量。但对中国地区腐败研究时，这两类变量丧失了其作为工具变量合理性。坦齐和达乌迪（Tanzi and Davoodi，1997）、莫罗（Mauro，1998）在对腐

---

① 曼昆等（Mankiw et al.，2002）的研究表明，用中学入学率作为人力资本解释了80%的跨国收入差距，故本章没有考虑各地区小学教育的影响；但研究期内难以获得一致的各层次入学率数据，本章用各地区中学以上教育的在校生比率来表示各地区人力资本。

② 莫罗（Mauro，1995）、霍尔和琼斯（Hall and Jones，2003）、周黎安和陶婧（2009）的研究表明，经济发展本身是腐败程度的重要解释变量。所以方程（6－2）将腐败因素作为人均收入（经济发展）的解释变量将导致内生性问题的存在。

败与政府支出关系研究时发现，政府支出占 GDP 比重的提高将为政府提供更多的腐败机会；特瑞斯曼（Treisman，2000）、周黎安和陶婧（2009）在研究政府支出结构对腐败的影响时发现，科学教育、文化、卫生保障类公共支出的提高可以显著降低腐败水平；雷涛（2010）在使用它们作为稳健工具变量时发现，两者与人均收入增长均无稳定关系。斯瓦米等（Swamy et al.，2001）、戈茨（Goetz，2007）对性别与腐败关系的研究表明，女性官员比例的提升会带来腐败水平的显著下降，且女性官员比例与收入水平并无稳定关系。因此，笔者认为，以上三类变量作为各地区腐败的工具变量是比较合适的。而且，为更好地剔除收入增长的影响，借鉴黎安和陶婧（2009）的做法，本节研究用各地区 1978 年政府支出占 GDP 的比重（*govex*）、政府科教文卫支出占政府支出的比重（*eduex*）和 1988 年各地区党政机关中女性人员的比重（*fem*）作为腐败工具变量①。图 6－1、图 6－2 和图 6－3 分别给出了工具变量 *govex*、*eduex*、*fem* 与腐败变量（*cor*1）的散点图。由图 6－1可知，本文工具变量的选取是比较合适的。

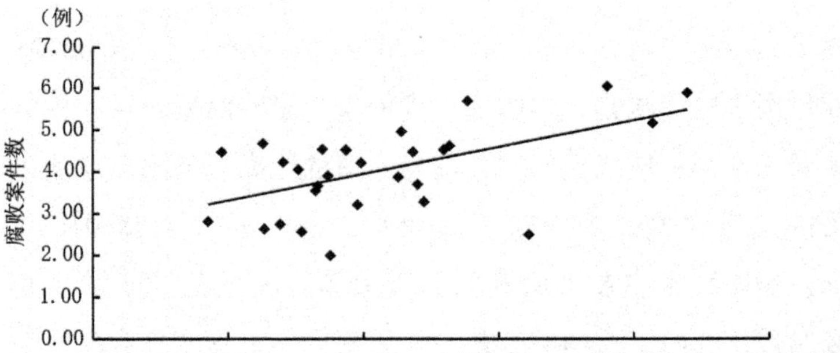

图 6－1　政府支出占 GDP 比重（*govex*）与腐败案件（*cor*1）的散点图

① 受数据可得性限制，其中山东省的 *govex* 和 *eduex* 为 1979 年数据；图 6－1、图6－2和图 6－3 给出了相应工具变量与腐败变量（*cor*1）关系的散点图；由于本章的工具变量为改革开放前或研究期前几年的数据，可以认为它们受研究期内收入水平的影响不大。

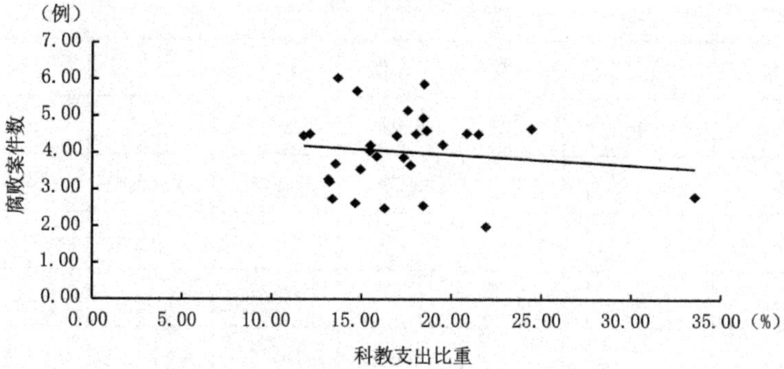

图6-2　科教支出占政府支出比重（*eduex*）与腐败案件（*cor*1）的散点图

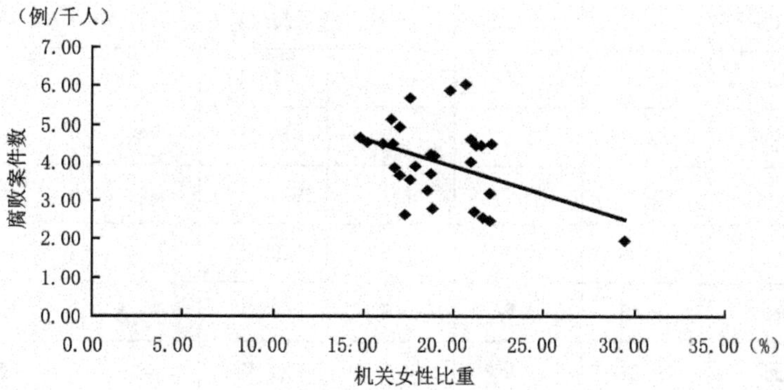

图6-3　党政机关女性比重（*fem*）与腐败案件（*cor*1）的散点图

考虑数据可得性和一致性，本节研究对象为1993～2008年中国29个省级地区（不包括西藏、重庆和港澳台地区），1997～2008年重庆的数据并入四川处理。书中所有涉及价值形态的数据，均采用相应的价格指数调整为2000年为基期的不变值；进出口数据则以历年人民币对美元年均价换算成人民币处理。数据主要源自《中国统计年鉴》《中国环境年鉴》《中国检察年鉴》《中国法律年鉴》《中国劳动统计年鉴》《新中国55年统计资料汇编》。表6-1给出了变量的基本统计性描述。

表 6 – 1　　变量的统计性描述

变量	均值	标准差	最小值	最大值	单位	样本数
Ew	17. 46	11. 20	3. 08	98. 93	吨/人	464
Es	145. 64	92. 09	22. 73	579. 47	kg/人	464
Y	0. 93	0. 61	0. 23	3. 18	万元/人	464
Cor1	4. 03	2. 05	0. 91	31. 68	例/千人	464
Cor2	3. 63	1. 53	1. 06	10. 35	例/十万人	464
Indu	44. 37	7. 83	19. 74	61. 50	%	464
K	4. 37	4. 12	0. 58	27. 44	万元/人	464
H	0. 76	0. 22	0. 33	1. 31	年	464
Popg	6. 92	3. 87	–1. 90	15. 75	‰	464
Popd	359	466	1	2978	人/km^2	464
Op	31. 60	41. 79	3. 20	220. 30	%	464
Reg	6. 43	4. 06	0. 37	48. 29	万分之一	464
fem	19. 23	2. 90	14. 80	29. 48	%	29
govex	20. 93	9. 50	8. 52	44. 46	%	29
eduex	16. 95	4. 34	11. 76	33. 53	%	29

（三）计量处理

对由方程（6 – 1）和方程（6 – 2）构成的联立方程模型（SEM），本节研究采用两阶段最小二乘（Three – Stage Least Squares，2SLS）进行估计。除 2SLS 外，三阶段最小二乘（Three – Stage Least Squares，3SLS）和广义矩估计（Generalized Method of Moments，GMM）等系统估计法也是 SEM 的常用估计方法；而且，在模型设定正确且满足秩条件下，这两类系统估计法优于 2SLS 结果。但是，方程（6 –2）中腐败的内生性导致方程在 SEM 估计时使用不同的工具变量，使方程同方差的假设不再成立，此时使用 3SLS 得到结果的有效性和渐进性很差（伍尔德里奇，2001）。加权的 GMM 虽有助于此问题的解决，但本章的样本截面仅为 29 个地区（N），与 GMM 所擅长的大样本截面数存在一定差距，导致在 GMM 时工具变量数很容易超过 29 个，无法满足 GMM 的要求。另外，本章关注的是方程(6－1)的估计结果，方程（6－2）中主要包含腐败因素的影响系数，与系统估计相比，采用单方程的 2SLS 能更严谨地考察腐败对中国环境污染的影响。同时，为科学考察此种影响，本章给出了腐败为外生变量和内生变量的两种估计结果；分析时主要以内生估计结果为准，外生估计作为参照。

在方程估计中，两个问题值得关注：第一，对于方程（6－2），由于工具变量中存在不随时间变化的工具变量，使对其估计必须采用随机效应模型；而方程（6－1）的估计模型则根据 Hausman 检验进行选择。第二，对于方程（6－1），必须对 $(\ln Y)^2$ 和 $(\ln Y)^3$ 赋予相应的工具变量；借鉴伍尔德里奇（Wooldridge，2001）的思路，笔者用人均收入对所有外生变量回归得到的拟合值的二次方值和三次方值作为它们的工具变量。

由于腐败可以通过直接效应和间接效应对环境污染产生影响，腐败对环境的总效应为直接效应和间接效应之和。根据联立方程，腐败对环境的总效应可表示如下：

$$\frac{dE}{dCor} = \frac{\delta E}{\delta Cor} + \frac{\delta E}{\delta Y}\frac{\delta Y}{\delta Cor} \tag{6－4}$$

其中，方程（6－4）左边式子表示腐败对环境的总效应，方程(6－4）右边第一个、第二个式分别表示腐败对环境的直接效应和间接效应。而且，由于方程（6－1）中包含人均收入的二次项和三次项，这意味着 $\delta E/\delta Y$ 将随着人均收入水平的不同而变化，而腐败对环境的总效应也可能会随收入的变化而有所差异。

四、估计结果和分析

（一）变量的平稳性检验

雷涛（Leitao，2010）对基于 EKC 框架的研究进行评述时指出，多数研究未对变量的平稳性进行检验而直接进行估计，导致此类研究中“伪回归”现象的普遍存在。因此，笔者在计量估计前，对模型变量的平稳性进行检验。考虑到面板单位的单位根可能存在的差异，用 LLC 检验和 ADF – Fisher 检验两种方法。各变量平稳性检验结果见表 6 – 2，由表 6 – 2 可知，绝大部分变量在 1% 的显著性水平均可拒绝单位根存在；所有变量在 5% 的显著性水平上均可拒绝单位根存在。

表 6 – 2　　　变量的平稳性检验

变量	检验形式	LLC 检验		ADF – Fisher 检验	
		统计量	概率值	统计量	概率值
lnEw	（0，0，3）	–3.867	0.0001	107.901	0.0001
lnEs	（c，t，2）	–3.309	0.0005	76.914	0.0489
lnY	（c，t，2）	–4.120	0.0000	108.103	0.0001
$(\ln Y)^2$	（c，t，2）	–5.297	0.0000	124.586	0.0000
$(\ln Y)^3$	（c，t，2）	–4.830	0.0000	178.559	0.0000
lnCor1	（c，t，2）	–9.830	0.0000	134.437	0.0000
lnCor2	（c，t，2）	–8.818	0.0000	118.770	0.0000
Indu	（c，t，1）	–5.056	0.0000	114.930	0.0000
lnK	（c，t，2）	–7.255	0.0000	93.181	0.0023
lnH	（c，0，2）	–9.987	0.0000	97.898	0.0008

续表

变量	检验形式	LLC 检验		ADF - Fisher 检验	
		统计量	概率值	统计量	概率值
lnPopd	(c, 0, 2)	-180.941	0.0000	410.712	0.0000
Popg	(0, 0, 3)	-12.377	0.0000	258.314	0.0000
Op	(c, t, 2)	-2.717	0.0033	80.681	0.0261
Reg	(c, 0, 2)	-5.794	0.0000	120.094	0.0000

注：c，t，l 分别表示带有常数项、趋势项和滞后阶数。

（二）腐败对环境影响的估计

表6－3显示了腐败对人均收入的影响。其中，Y1、Y2和Y3、Y4分别是以人均工业废水和人均工业二氧化硫排放为解释变量的估计结果。由表6－3可知，无论把腐败视为外生变量或者为内生变量，腐败与人均收入水平均显著负相关；但当腐败作为内生变量时，其弹性系数和显著性水平均有所提高。这与兰布斯多夫（Lambsdorff，1999）、科尔（Cole，2007）和雷涛（Leitao，2010）等国际经验一致，也与杨灿明和赵福军（2004）对中国的研究类似，表明腐败增加将带来地区收入的显著下降。资本存量、人力资本与收入水平显著正相关，符合理论预期，也与包群和彭水军（2006）的估计类似，说明物质、人力资本的提升将带来地区收入的显著增长；人均废水和人均二氧化硫排放显著促进了各地收入水平的提升，表明当前我国经济仍以“粗放型”的增长模式为主，经济增长是以牺牲环境质量为代价实现的。人口增长对增长有一定负面影响，但统计上并不显著（除Y1外）。对外开放度与人均收入显著正相关，说明对外开放显著促进了地区经济增长，符合我国长期以对外贸易拉动经济的现实。Sargan过度性识别检验未拒绝原假设，验证了相关工具变量的外生性；污染排放和腐败对工具变量的Wald检验表明，相关工具变量并非弱工具变量。

表 6-3　　　　腐败对收入影响的估计

	Y1		Y2		Y3		Y4	
lnCor1	-0.040**	(-2.19)	-0.427***	(-2.65)	-0.056***	(-3.05)	-0.704***	(-4.28)
lnK	0.336***	(16.56)	0.492***	(9.24)	0.336***	(14.88)	0.585***	(8.77)
lnH	0.164***	(3.51)	0.308***	(4.35)	0.229***	(4.54)	0.232**	(2.08)
lnEw	0.088**	(2.42)	0.149*	(1.71)				
lnEs					0.094***	(2.71)	0.069*	(1.93)
Popg	-0.017**	(-2.23)	-0.002	(-0.44)	-0.004	(-0.97)	-0.009	(-1.26)
Op	0.005**	(2.31)	0.003***	(8.39)	0.002***	(3.79)	0.003***	(5.91)
ad - R^2	0.85		0.80		0.76		0.72	
Sargan	1.12	[0.57]	2.60	[0.63]	2.18	[0.33]	3.41	[0.49]
W - lnE	176	[0.00]	156	[0.00]	401	[0.00]	394	[0.00]
W - lnCor1	317　[0.00]				317　[0.00]			

注：其中，Y1、Y3 是腐败为外生变量的估计结果，Y2、Y4 为腐败为内生变量的估计结果；( ) 内数值为估计值的 z 值，[ ] 内数值为相应检验的 P 值，***、** 和 * 分别表示在 1%、5% 和 10% 的水平下显著，下同；W - lnE 和 W - lnCor1 分别表示 lnE、lnCor1 对工具变量回归的 Wald 检验。

表 6-4 给出了腐败对环境污染影响的估计。其中，E1、E2 和 E3、E4 分别是以人均工业废水排放和人均工业二氧化硫排放为被解释变量的估计。Hausaman 检验表明，所有的模型均采用随机效应形式；Sargan 检验和 Wald 检验表明，工具变量的选取是合适的。由表 6-4 知，在所有估计模型中，腐败与污染排放均显著正相关，这与韦尔施（Welsch，2004）、科尔（Cole，2007）和雷涛（Leitao，2010）的研究类似，即腐败可能通过降低环境规制强度或扭曲环境政策带来了污染水平的直接上升。收入对腐败的影响则相对复杂，由于一次项和三次项的弹性系数为正，二次项的弹性系数为负，表明收

入与环境污染之间呈现“N”型关系，即环境污染随收入增长先上升，再下降，最后再上升，这与包群和彭水军（2006）的研究类似。可能是因为，人们在发展初期对增长更加重视，且具有较强的环境承载力；但达到一定收入水平后，人们对环境质量的偏好开始增强，迫使政府或企业通过环境规制、结构调整和技术创新等渠道实现经济与环境的协调发展；但随着经济的发展，环境规制、结构调整和技术创新的“瓶颈”作用会逐渐显现，收入对环境的负面影响将再次出现（科普兰和泰勒，2003）；袁鹏和程施（2011）收入增长与环境技术绩效间的倒“U”型关系的研究也印证了此种分析。

在表6－4中，第二产业比重与环境污染显著正相关，这与多数研究一致，说明产业结构是影响环境质量的关键因素，而工业化进程往往带来了环境质量的下降。对外开放与环境污染负相关，但E2、E3方程中的系数并不显著；表明对外开放虽可以通过环境贸易壁垒或贸易技术溢出带来环境污染的下降（包群和彭水军，2006），但此种影响对中国并不稳定。人口密度与环境污染间呈现较为显著的正相关，这与雷涛（Leitao，2010）的研究结果一致；这可能是，高人口密度增加对环境规制的强化作用并未显现，反而加大了我国的环境压力（袁鹏和程施，2011）。环境规制的影响系数为负，但对两类污染物的抑制影响却有所差异：环境规制显著降低了废水排放，但对二氧化硫的控制作用并不显著。这可能是，各地区对两类污染的承载力、关注度的差异所致，与气体污染相比，水体污染的直接效果更为人们所重视和关注（科普兰和泰勒，2003）。

结合表6－3和表6－4的估计，表6－4最后三行给出了不同估计下，当以人均收入的样本均值（0.93万元）衡量收入时，腐败对环境污染的直接效应、间接效应和总效应。结果表明，腐败直接带来了环境污染的恶化，而腐败则通过收入渠道带来了环境质量的改善，但总体上腐败还是加剧了中国的环境污染；但作为内生变量时，腐败对环境的负面影响显著低于外生变量时的估计，这是两种估计下腐败间接影响的差异所致。

表 6-4　　　　腐败对环境污染的影响估计

	lnEw				lnEs			
	E1		E2		E3		E4	
lnCor1	0.470***	(3.05)	0.556***	(3.70)	0.793**	(2.37)	1.257**	(2.58)
lnY	1.128**	(2.08)	1.083***	(4.15)	1.887*	(1.72)	1.563*	(1.92)
$(\ln Y)^2$	-0.164***	(-2.91)	-0.236***	(-3.46)	-0.316**	(-2.48)	-0.342***	(-3.25)
$(\ln Y)^3$	0.021***	(3.16)	0.005*	(1.87)	0.039***	(4.95)	0.026***	(2.91)
Indu	0.013**	(2.56)	0.032***	(4.89)	0.017***	(3.13)	0.044***	(5.05)
Op	-0.004*	(-1.87)	-0.002	(-1.25)	-0.001	(-0.62)	-0.002*	(-1.93)
lnPopd	0.033	(1.13)	0.063**	(2.18)	0.067**	(2.22)	0.047*	(1.84)
Reg	-0.021**	(-2.05)	-0.029**	(-2.23)	-0.004	(-1.04)	-0.003	(-1.05)
ad-R^2	0.31		0.29		0.47		0.50	
Hausman	10.97 [0.21]				7.22 [0.52]			
Sargan	1.61	[0.45]	1.82	[0.40]	0.95	[0.72]	0.76	[0.68]
W-lnY	423	[0.00]	411	[0.00]	556	[0.00]	513	[0.00]
W-$(\ln Y)^2$	240	[0.00]	372	[0.00]	446	[0.00]	467	[0.00]
W-$(\ln Y)^3$	171	[0.00]	173	[0.00]	275	[0.00]	187	[0.00]
direct	0.470		0.556		0.793		1.257	
indirect	-0.045		-0.476		-0.109		-1.136	
total	0.425		0.080		0.684		0.121	

注：E1、E2、E3、E4 分别对应表 6-3 中的 Y1、Y2、Y3、Y4 估计；W-lnY、W-$(\ln Y)^2$、W-$(\ln Y)^3$ 分别表示 lnY、$(\ln Y)^2$、$(\ln Y)^3$ 对工具变量回归的 Wald 检验，direct、indirect、total 分别表示人均收入为样本均值时，腐败对各种污染物直接效应、间接效应和总效应的弹性系数，下同。

（三）腐败对环境影响的动态变化和区域差异

表 6-4 给出了均值收入时腐败对中国环境污染的影响，但根

据方程（6-4）和表6-4的估计结果，腐败对环境的影响是收入水平的函数，即腐败对环境的影响是一个动态过程，不同发展阶段腐败对环境的影响可能存在差异。为更好考察腐败对中国环境的影响，图6-4显示了不同收入水平时腐败对废水和二氧化硫排放的影响。

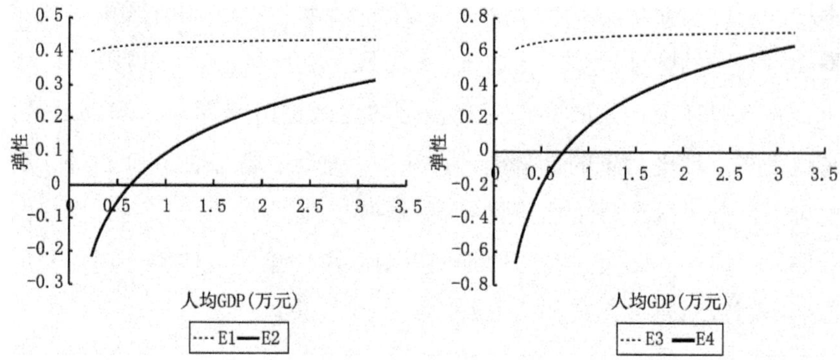

图6-4　腐败对工业废水、二氧化硫影响的动态变化

图6-4中的E1、E2、E3和E4曲线，是根据表6-4中相应方程的估计结果拟合得到。其中，收入水平是根据样本的最小值0.23万元（1993年贵州）和最大值3.18万元（2008年上海）划定。由图6-4可知，当腐败为外生时，不同收入水平腐败对环境污染的负面影响基本稳定。但当内生估计时，腐败对环境污染的影响则呈现显著的动态变化：一方面，随着收入水平的提升，腐败对环境的污染的负面影响逐步加强，但增势逐渐放缓；另一方面，腐败的影响方向在不同阶段也有所差异，当收入较低（0.65万元或0.75万元以下）时，腐败对环境具有改善作用，当较高时则相反。这可能是本书收入与环境污染的关系所致：在低收入阶段，虽然腐败和收入增长均直接带来环境污染的加剧，但腐败间接阻碍了收入增长，当此种影响较强时甚至带来环境质量的改善；而在收入水平到达一定高度后，收入对环境的改善作用开始显现，此时腐败对环境的直接和间接效应均为负面，腐败将带来环境污染的加剧；但随着收入环境改善“瓶颈”的出现，此种

负面影响会逐渐趋于稳定。韦尔施（Welsch，2004）、科尔（Cole，2007）的研究表明，当收入水平较低时，腐败可能对环境具有改善作用；雷涛（Leitao，2010）的研究表明，腐败对高收入国家的负面影响显著大于低收入国家；他们的结果某种程度也验证了以上分析。

为考察腐败对中国不同地区环境污染影响的差异，根据2008年各地区不变价格的人均收入水平，表6－5给出了不同省区市两类污染物对腐败的弹性系数。由表6－5可知，受地区经济发展差异的影响，腐败对环境污染的影响存在显著的地区梯阶差异：在东部地区，腐败带来了环境污染的显著提升；在中部地区，除安徽和江西外，腐败对大部分省区市环境污染均有负面影响，但强度小于东部；而在西部地区，贵州、云南、甘肃等地腐败对环境污染具有改善作用，其他省区市腐败对环境污染的负面影响也相对较小。

表6－5　不同省区市两类污染物对腐败的弹性系数（2008年）

省区市	lnEw	lnEs	省区市	lnEw	lnEs	省区市	lnEw	lnEs
北　京	0.287	0.582	山　西	0.069	0.099	内蒙古	0.161	0.314
天　津	0.261	0.530	吉　林	0.099	0.169	四　川	0.021	-0.022
河　北	0.096	0.162	黑龙江	0.083	0.131	贵　州	-0.106	-0.355
辽　宁	0.155	0.301	安　徽	-0.001	-0.076	云　南	-0.030	-0.153
上　海	0.317	0.641	江　西	0.003	-0.067	陕　西	0.047	0.044
江　苏	0.201	0.403	河　南	0.061	0.079	甘　肃	-0.038	-0.173
浙　江	0.213	0.429	湖　北	0.064	0.087	青　海	0.037	0.019
福　建	0.147	0.283	湖　南	0.039	0.023	宁　夏	0.042	0.031
山　东	0.166	0.326				新　疆	0.063	0.084
广　东	0.190	0.380				广　西	0.005	-0.061
海　南	0.034	0.011						

注：第1、第2和第3列省区市分别为东部、中部和西部地区；且以腐败内生的回归结果算得。

（四）稳健性检验

为考察估计结果的稳健性，本章用各地区单位人口的腐败发案数（ln*Cor*2）表示腐败程度，采用同样的方法估计腐败对中国环境污染的影响，结果见表6－6[①]。由表6－6可知，腐败对环境污染的直接效应、间接效应和总效应的影响方向与表6－4无较大差异。其他影响因素，收入与环境污染之间仍呈现显著的“N”型曲线关系，第二产业比重的负面影响仍十分显著，环境规制对两种污染物影响的差异依然显著存在。对外开放和人口密度对环境的影响的显著性有所减弱，但方向并无较大变化。

表6－6　　不同腐败变量的稳健性检验

	lnEw				lnEs			
	1		2		3		4	
lnCor2	0.684***	(4.33)	0.832***	(6.04)	1.053**	(2.40)	1.196***	(3.62)
lnY	1.294***	(3.07)	1.129***	(5.96)	1.683**	(2.11)	1.514**	(2.31)
$(\ln Y)^2$	−0.232***	(−3.03)	−0.175**	(−1.98)	−0.409***	(−4.68)	−0.392***	(−3.23)
$(\ln Y)^3$	0.051**	(2.25)	0.008*	(1.72)	0.045***	(3.01)	0.052**	(2.12)
Indu	0.015***	(3.17)	0.037***	(6.02)	0.022**	(2.16)	0.027***	(3.77)
Op	−0.002*	(−1.71)	−0.001	(−0.98)	−0.001	(−0.15)	−0.003	(−1.59)
lnPopd	0.032	(1.19)	0.047*	(1.91)	0.041**	(2.49)	0.024	(1.61)
Reg	−0.041**	(−2.02)	−0.025*	(−1.69)	−0.004	(−1.07)	−0.003	(−0.85)
ad－R^2	0.33		0.28		0.52		0.51	
direct	0.684		0.832		1.053		1.196	
indirect	−0.110		−0.800		−0.168		−0.966	
total	0.574		0.032		0.885		0.230	

注：第1、第3列对应的是收入方程中lnCor2为外生变量的估计结果，第2、第4列对应的是lnCor2为内生变量的估计结果。

① 表6－6和表6－7的估计结果均以收入水平为0.93万元时算得，表6－7也提供了不同工具变量估计下腐败影响效应的测算结果。

除了解释变量的差异外，工具变量的变化也可能对估计结果产生影响。为剔除此种影响，借鉴科尔（Cole，2007）的做法，本章估计了不同工具变量组合下腐败对两种污染物的影响，具体结果见表6－7。由表6－7可知，在不同工具变量组合下，腐败对两类污染物的直接效应、间接效应和总效应与表6－4中E2、E4的估计结果虽有所差异，但影响方向和强度并无较大变化，进一步证明了估计结果的稳健性。

表6－7　　不同工具变量的稳健性检验

污染物	工具变量	direct	indrect	total
lnEw	fem，govex	0.551	－0.478	0.073
	fem，eduex	0.535	－0.431	0.104
	govex，eduex	0.610	－0.486	0.124
lnEs	fem，govex	1.225	－1.141	0.083
	fem，eduex	1.334	－1.128	0.206
	govex，eduex	1.305	－1.118	0.187

五、主要结论和启示

利用1993～2008年中国29个省级地区的面板数据，通过在经济增长与环境污染相互影响的联立模型中引入腐败因素，并选用合适的工具变量以剔除腐败内生影响，本节考察了腐败对中国环境污染的直接和间接影响。研究表明，在腐败通过影响环境规制或扭曲环境政策等直接途径加剧中国的环境污染同时，腐败也可以通过阻碍经济增长间接改善或加剧中国的环境污染，但总体来说，腐败加剧了中国环境污染。不同收入水平下，腐败对环境的影响存在较大差异：在经济发展初期，腐败对环境质量具有积极作用；但随着收入的增长，腐败对环境的负面影响开始显现并不断强化，直至达到相对稳定水平。腐败对环境的影响也存在显著的梯阶差异：腐败对东部地区的环境污染具有显著的负面影响，对中部地区环境的负面影响则相对较小，而对西部地区的影响方向则并不一致。

本节结论对研究中国腐败、收入与环境污染之间的关系，实现经济、社会和环境的和谐发展具有重要启示。首先，腐败对环境污染的影响方面，现实性的案例研究表明，腐败通常通过降低规制、扭曲环境政策等带来环境污染的加剧。但本节研究表明，腐败也可能通过阻碍收入增长来改善环境质量；且在不同收入水平下，腐败对环境的影响方向也存在差异。因此，腐败对中国环境的影响必须结合具体发展水平来判断。其次，腐败对地区收入的影响方面，本节研究证实了腐败对各地区人均收入的抑制作用。这表明，腐败并没有通过减少资源扭曲实现经济的“次优发展”，而是显著阻碍了地区经济的发展。因此，加大反腐力度将有利于中国经济的稳定增长。最后，本节研究表明，对当前大部分省区市而言，腐败同时带来了地区污染的加剧和收入的下降。因此，各地区须继续加大反腐力度，努力消除各地区尤其是高收入地区的腐败现象，将有利于实现经济增长、社会进步和环境改善的协调发展。

第二节　腐败对环境污染影响的中国经验

现有研究虽然在腐败对环境污染影响方面做了较为全面的框架和实证考察，但是都忽略了典型样本。据数据显示，1990 年以来，中国的腐败主观指数（CPI）一直处于 5.0 以下[①]；环境保护部发布的《2011 中国环境质量公告》显示，中国 39% 的江河水为轻度污染以上，54% 的湖水为富营养化状态，55% 的地下水水质较差，环境污染

① CPI 指数采用 10 分制，10 分表示最廉洁，0 分表示最腐败。其中，8.0 ~ 10 表示比较廉洁，5.0 ~ 8.0 表示轻微腐败，2.5 ~ 5.0 表示腐败比较严重，0 ~ 2.5 表示极端腐败。

态势严峻。因此，作为一个地区腐败水平和污染状况严重且存在较大差异的发展中大国（周黎安和陶婧，2009；吴一平和芮萌，2010；包群和彭水军，2006），研究腐败对中国环境的影响极具现实意义。本节研究主要回答以下三个问题：第一，1989～2008 年，腐败对中国环境污染的影响如何？第二，不同时期，腐败对环境污染的影响有何种差异？第三，腐败对环境污染的影响是否因各地区环境规制和外资水平的差异而有所不同？本节研究的创新主要体现在以下几个方面：第一，在思路上，本节主要考察了中国地区腐败差异对环境污染的影响，对以往国际层面的研究是十分有益的扩展补充[①]；而且，本节研究进一步考虑政府机构改革、地区环境规制和外资水平存在差异时，腐败对环境污染的影响。第二，在方法上，不同于以往的单方程和两联立方程分析，本节构造了收入、环境污染和腐败三联立方程来考察腐败对环境污染的影响，通过联立方程来解决腐败的内生性问题；而且，采用的三阶段最小二乘（Three - Stage Least Squares，3SLS）的系统估计法比以往的单方程估计更加有效[②]。第三，在数据上，本节采用各地区的腐败案件发案数和城市的企业层面平均“旅行和招待费用”（Travel and Entertainment Cost，TEC）来衡量各地区的腐败水平，同以往的主观性评价指标，如 CPI 指标、世界银行的国际商业（Business International Index，BI）指标和国际国家风险指南

① 现有研究多基于国际层面的截面数据或面板数据研究，而各国对腐败问题的认知存在较为明显的经济文化差异，可能影响估计结果的可靠性（丁杰尔和古纳普，2006），一国地区层面的研究将有效改善这一问题。

② 由于 3SLS 是两阶段最小二乘（2SLS）和似乎不相关回归的结合，考虑了方程的联立性偏误，也考虑了误差项的异方差性和同期相关问题，是一种更加有效的估计方法；而已有的研究由于采用工具变量法处理腐败在收入方程中的内生性，无法满足 3SLS 估计的必要条件（伍尔德里奇，2001）。

（ICRG）中的腐败指标等相比，能更加客观地反映地区腐败水平[①]。

一、典型事实与理论假设

改革开放以来，在中国经济迅速发展的同时，腐败、环境污染等现实问题也日益凸显。“透明国际”组织2011年对全球182个国家CPI的调查显示，中国腐败程度位居第75，同巴西、秘鲁和墨西哥等拉美国家相当，而该组织2011年对28个主要经济体的行贿指数（Bribe Payers Index，BPI）的调查表明，中国得分仅为6.5，位居第27[②]。中国的环境污染形势也不容乐观，世界卫生组织（WHO）2011年对全球1100个主要城市空气质量的排名显示，中国入选的31个城市最高排名仅为841位，绝大多数城市排名处于940位以后；国际研究表明，腐败在某些情形下会通过减少规制执行、扭曲政策方向、影响收入增长、阻碍外资或贸易的积极作用等途径对一国环境产生负面影响，而腐败对中国环境的影响如何呢？图6－5给出了1989~2008年腐败与环境污染的散点图，由图可知，腐败与环境污染呈较为显著的正相关关系。因此，我们可以推知，腐败对环境中国的环境产生了负面影响。

假设6－1：腐败加剧了中国的环境污染。

改革开放初期，由于计划和市场同时对资源配置发挥作用，且政府机关、国有企事业单位的权利约束机制也不甚健全，使社会产生了大量的寻租机会和腐败现象。但此时的腐败治理主要依靠道德教育、

---

① 现有的几种腐败主观评价指标易受各国的认知程度、被调查者的主观判断等影响，可能难以客观地衡量腐败水平（马尔辛斯卡和魏，2001；丁杰尔和古纳普，2006）；采用一国各地区的腐败发案数等客观指标能更客观地考察腐败状况（周黎安和陶婧，2009；董和托尔格勒，2010）。

② CPI是某组织每3年左右对全球主要国家进行的行贿可能性调查，其中，0表示经常行贿，10表示没有行贿。1999年、2002年、2006年、2008年中国BPI分别为3.1、3.5、4.94、6.5、6.5，排位分别为19/19、21/21、29/30、21/22。

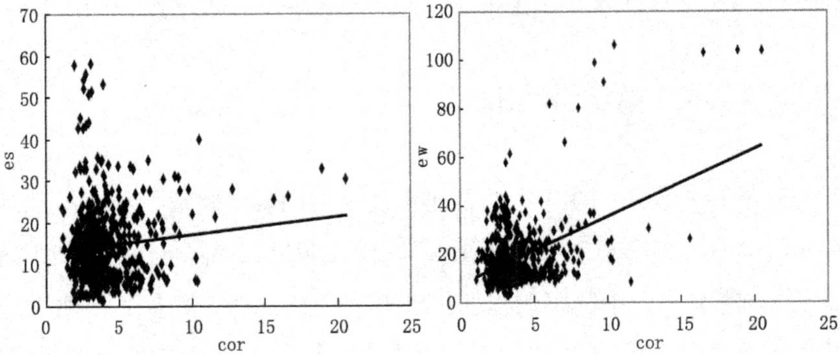

图 6-5　1989~2008 年腐败与环境污染的散点图

注：其中，cor 为地区腐败发案数，es、ew 为地区人均工业二氧化硫、人均工业废水排放强度。

单个案件的查处或者运动式的腐败惩治，尚缺乏系统的反腐败法律制度。党的十五大，提出了“标本兼治，以防为主”的反腐新思路，并颁布了《中国共产党党员领导干部廉洁从政若干准则（试行）》《党中央、国务院关于军队、武警部队和政法机关不再从事经商活动的决定》《招标投标法》《政府采购法》等一系列规章制度；1998 年，为适应市场经济需要，政府进行了一次大规模的政府机构改革，精简政府规模，提高政府效率。研究表明，法律制度和政府规模是腐败水平的重要影响因素（特瑞斯曼，2000；吴一平和万广华，2012），而 1998 年前后政府在法律制度和政府规模上的重大改革也势必会对腐败状况产生影响。图 6-6 显示了 1989~2010 年中国腐败程度，1989~1998 年中国的腐败程度整体呈上升状况，且变化幅度较大；1998 年以后，中国腐败程度有所改善并呈稳定态势。基于现有研究的经验，本章认为，1998 年后，相对稳定的腐败态势和较低的腐败水平，可能会减弱腐败对环境的负面影响。

假设 6-2：1998 年以后，腐败对中国环境的负面影响会有所减弱。

中国是一个发展中大国，各地区经济社会的差异性较大，此种差

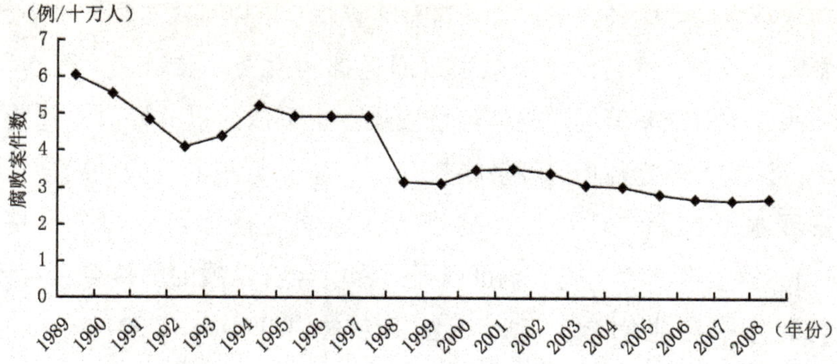

图 6－6　中国腐败程度变化 1989～2008 年

注：数据为报告期内 29 各省区市年均腐败案例数，源于 1991～2010 年《中国检察年鉴》。

异也可能影响腐败对环境污染的作用机制，使腐败对环境的影响有所不同。综合现有研究，各地区环境规制和外资水平可能是影响腐败环境效应的重要因素。韦尔施（Welsch，2004）、伊万诺娃（Ivanova，2011）认为，腐败对环境的负面影响主要通过降低环境规制产生；所以环境规制提升后，很可能会弱化腐败对环境的负面影响。另外，阿尔博诺兹等（Albornoz et al.，2009）、李子豪和刘辉煌（2011）的研究表明，FDI 增加将通过水平或垂直技术溢出来而提升投资地环境技术；马尔辛斯卡和魏（Smarzynska and Wei，2001）、科尔等（Cole et al.，2006）认为，FDI 增加也会通过提升当地社会发展和环保意识提升而加强环境规制。这意味着，FDI 增加可能弱化腐败对环境的负面影响。

假设 6－3：外资和环境规制水平的提升将弱化腐败对环境的负面影响。

二、计量模型与数据说明

一方面，由于引言部分综述可知，腐败可以通过降低规制执行、扭曲政策方向等途径加剧污染，这意味着腐败可以直接对环境污染产生影响；另一方面，由于腐败可以通过抑制投资、限制人力资本积累、减少政府效率等渠道阻碍经济发展，也可以通过放松政府管制、减少排队成本等途径促进经济增长（万广华和吴一平，2012）。而经济发展水平是影响环境污染的最重要因素（格罗斯曼和克鲁格，1991），这就意味着，腐败也可以通过影响经济发展的间接渠道对环境污染环境产生影响。所以借鉴韦尔施（Welsch，2004）、科尔（Cole，2007）、雷涛（Leitao，2010）等研究，本节构建了收入水平和环境污染的影响方程，并将腐败因素分别纳入，以更全面地考察腐败对环境污染的影响。特瑞斯曼（Treisman，2000）、德尔曼蒂和帕普朗尼（Del Monte and Papaogni，2007）、万广华和吴一平（2012）等研究表明，收入水平作为社会发展的综合体现，也是腐败水平的重要影响因素。所以本节也构造了腐败的影响方程，并将收入作为重要解释变量，以消除污染方程中腐败内生性的影响。

收入方程方面，科尔（Cole，2007）、雷涛（Leitao，2010）主要考虑了物质资本、人力资本、人口增长率、腐败的影响；包群和彭水军（2006）认为，污染作为一种投入要素或产品生产能对经济增长产生显著影响。因此，本节用人均物质资本、人力资本水平、人口增长率、腐败水平和污染排放强度作为收入水平的解释变量。具体来说，人均收入水平（ey）用各地区2000年不变价格的人均GDP表示，人均物质资本（k）用各地区固定资产存量与三次产业就业人数之比表示[①]，人力资本水平（h）用各地区人均受教育年限表示，人口增长率（$popg$）为各地区人口自然增长率，腐败水平（cor）

① 以张军等（2004）各省区市1990年资本存量的估计为基础，利用同样的永续盘存法，本章估算了1991~2008年各省区市的资本存量，并利用固定资产价格指数转换成2000年价格的不变值。

用各地区每十万人腐败案件的发案数表示①，污染排放强度（*e*）分别用各地区人均工业废水排放（*ew*）和人均工业二氧化硫排放（*es*）表示。

污染方程方面，格罗斯曼和克鲁格（Grossman and Krueger，1991）认为，经济活动主要通过规模、结构和技术效应对环境产生影响；科尔（Cole，2007）、雷涛（Leitao，2010）的污染方程主要包括人均收入、产业结构、对外开放和环境规制因素。由于FDI对环境技术的影响已为多数研究证实，且环境规制也是影响环境技术的重要因素。所以本节研究也主要考察规模（收入水平）、结构（产业结构）和环境技术（FDI、环境规制）因素对环境污染的影响②。其中，污染、收入与收入方程中相同，产业结构（*s*）用各地区第二产业产值占GDP的比重衡量，外资水平（*fdi*）用各地区实际利用外资水平占GDP的比重衡量，环境规制（*reg*）用各地区排污费占GDP的比重衡量（曾贤刚，2010）。

腐败方程方面，周黎安和陶婧（2009）、吴一平和芮萌（2010）、万广华和吴一平（2012）等研究主要包括政府规模、经济发展水平、公务员工资和人力资本等影响因素。借鉴他们的做法，本节研究也主要包括以上四种因素。具体解释变量是：用各地区扣除科教文卫支出的财政预算占GDP的比重（*govex*）表示财政规模，用各地区党政机关人数占地区总人口的比重（*govp*）表示人员规模，用地区国家公职人员平均工资与地区平均工资之比（*wage*）表示公务员工资，经济发展水平用前面的人均收入，人力资本与前相同。

---

① 借鉴吴一平和芮萌（2010）、董和托尔格勒（Dong and Torgler，2010）的做法，本章用1991~2010年《中国检察年鉴》和《中国法律年鉴》中各地区检察院的年度工作报告为基础，手工统计了各地检察机关当年立案侦查的贪污、受贿、挪用公款、巨额财产不明等职务犯罪的案件数量，以表示各地的腐败案件立案数。

② 当然，进出口数据或许能够更好地体现对外开放的影响，科尔（Cole，2007）、雷涛（Leitao，2010）等采用进出口总额占GDP的比重衡量对外开放的影响，但由于后面城市层面的贸易数据难以获得，本章采用地区外资水平。

根据以上分析，本节研究的基本计量模型如下：

$$\ln ey_{i,t} = \theta_i + \varphi_t + \alpha_1 \ln k_{i,t} + \alpha_2 h_{i,t} + \alpha_3 popg_{i,t} + \alpha_4 \ln cor_{i,t} + \alpha_5 \ln e_{i,t} + \varepsilon_{i,t} \quad (6-5)$$

$$\ln e_{i,t} = \delta_i + \gamma_t + \beta_1 \ln ey_{i,t} + \beta_2 (\ln ey_{i,t})^2 + \beta_3 \ln cor_{i,t} + \beta_4 s_{i,t} + \beta_5 fdi_{i,t} + \beta_6 reg_{i,t} + \mu_{i,t} \quad (6-6)$$

$$\ln cor_{i,t} = \psi_i + \pi_t + \eta_1 \ln ey_{i,t} + \eta_2 (\ln ey_{i,t})^2 + \eta_3 govex_{i,t} + \eta_4 \ln govp_{i,t} + \eta_5 wage_{i,t} + \lambda_{i,t} \quad (6-7)$$

其中，i 和 t 分别表示地区和年份，θ_i 和 φ_t 、δ_i 和 γ_t 、ψ_i 和 π_t 分别表示方程（6－5）、方程（6－6）、方程（6－7）中地区效应和时期效应，$\mu_{i,t}$ 、$\varepsilon_{i,t}$ 和 $\lambda_{i,t}$ 为随机误差项。为检验收入与环境污染之间是否存在EKC关系，以及收入与腐败之间是否存在非线性关系[①]，在方程（6－5）、方程（6－7）中引入 $(\ln ey_{i,t})^2$ 。

为检验是假说6－2是否成立，本节将全部样本分为1989～1998年和1999～2008年两个阶段，通过分阶段的比较来验证该假说的存在性。为检验假说6－3是否成立，本节在方程（6－6）中分别引入了腐败与环境规制的交叉项（$cor \times reg$）和腐败与外资的交叉项（$cor \times fdi$），通过分析交叉项估计系数的方向来验证其成立与否。吴一平和芮萌（2010）的研究发现，腐败对东、中、西部经济增长的影响存在一定差异；为考察此种差异对腐败环境效应的影响，本节研究在全国估计后又进行了分地区估计[②]。

考虑到数据可得和研究口径的一致，本节研究对象为1989～2008年29个省级地区（不包括西藏、重庆和港澳台地区），1997年

---

① 德尔曼蒂和帕普朗尼（Del Monte and Papagni，2007）、万广华和吴一平（2012）对意大利、中国地区腐败水平决定因素的研究表明，腐败与收入水平之间呈现先增加后下降的倒“U”型曲线关系。

② 借鉴吴一平和芮萌（2010）的分类，东部包括辽宁、河北、北京、天津、山东、江苏、上海、浙江、福建、广东、海南11个省市，中部包括吉林、黑龙江、山西、安徽、江西、河南、湖北、湖南8个省，西部包括内蒙古、陕西、青海、宁夏、新疆、甘肃、贵州、云南、四川和广西10省区。

后重庆的数据并入四川。所有涉及价值形态的数据，均采用相应的价格指数调整为2000年为基期的不变值；外资数据则以历年人民币对美元年均价换算成人民币处理。数据主要源自《中国检察年鉴》《中国法律年鉴》《中国劳动统计年鉴》《中国环境年鉴》《中国统计年鉴》《新中国60年统计资料汇编》。表6－8是主要变量的统计性描述，其中最后四列分别给出了不同变量在东部地区、中西部地区、1989～1998年和1999～2008年的样本均值。

表6－8　　　　变量的统计性描述

变量	单位	平均值	最小值	最大值	标准差	东部	中西部	1989～1998	1999～2008
ew	吨/人	18.66	3.08	106.3	12.91	25.56	14.44	20.71	16.61
es	Kg/人	14.60	1.51	57.95	9.18	14.66	14.55	13.76	15.42
ey	万元/人	0.83	0.22	3.18	0.58	1.31	0.54	0.70	0.97
cor	例/十万人	3.93	1.06	20.50	2.07	3.79	4.16	4.81	3.05
k	万元/人	3.75	0.38	27.44	3.90	5.68	2.57	1.82	5.68
h	年	0.71	0.32	1.31	0.22	0.75	0.68	0.54	0.88
popg	‰	8.07	－1.90	20.75	4.55	6.01	9.33	10.41	5.73
s	%	43.81	19.71	66.93	8.16	46.57	42.12	42.43	45.19
fdi	%	3.29	0.01	24.26	3.69	6.12	1.57	3.40	3.19
reg	万分之一	6.96	0.37	48.29	4.00	6.22	7.41	7.47	6.44
govex	%	10.55	3.14	32.74	4.61	8.13	12.03	8.78	12.32
govp	个/千人	9.45	1.43	30.47	2.94	9.77	9.26	9.54	9.36
wage	—	1.12	0.83	1.91	0.16	1.18	1.09	1.06	1.19

三、回归结果与分析

对由方程（6－5）～方程（6－7）构成的联立方程组，本节用

3SLS 的系统估计法进行估计，相比于以往的两阶段最小二乘估计，当方程设定正确且满足秩条件时，3SLS 更好地考察了方程间的联系，其估计值也更加渐进有效。广义矩估计（Generalized Method of Moments，GMM）虽然也是比较有效的系统估计方法，但本节的样本截面仅为 29 个地区（N），与 GMM 估计擅长的大样本截面存在一定差距，导致 GMM 估计时工具变量数很容易超过 29 个，无法满足其要求。所以本节研究采用 3SLS 估计。估计前需要对模型识别性检验，检验发现，本节三个方程的阶条件和秩条件均满足，可以进行联立估计。

（一）全国和分地区的回归结果

全国层面腐败对两类污染物的影响见方程Ⅰ和方程Ⅱ（见表 6－9）。其中，在收入方程中，ln*cor* 在Ⅰ、Ⅱ中系数分别为－0.582 和－0.458，且至少在 5% 水平显著，表明腐败抑制了各地收入提升，这与科尔（Cole，2007）、雷涛（Leitao，2010）结论类似；但与吴一平和芮萌（2010）不同，可能是估计模型和变量差异所致。ln*k* 系数分别为 0.336 和 0.067，且在 5% 水平显著，说明资本积累是收入增长的重要动力；*h* 系数分别为 0.494 和 0.228，至少在 10% 水平显著，说明人力资本提高有利于各地收入增长；*popg* 系数为－0.005 和－0.004，且均在 1% 水平显著，说明人口增长仍是抑制收入的重要因素；ln*ew* 和 ln*es* 系数为 0.411 和 0.223，至少在 5% 水平显著，与包群和彭水军（2006）的估计类似，表明中国增长很大程度是依靠牺牲环境实现的。

在污染方程中，ln*cor* 系数分别为 0.307 和 0.509，统计上也比较显著，这与多数研究类似，即腐败可能通过降低环境规制或扭曲环境政策，直接加剧了中国环境污染（韦尔施，2004；佩莱格里尼和格拉弗，2006；伊万诺娃，2011）。除直接影响外，腐败也可以通过影响收入而对污染产生间接影响，结合收入方程中 ln*cor* 系数、污染方

表 6-9 全国和分地区的回归结果

	I (ew)			II (es)			III (esat)			IV (cen-west)		
	lney	lnew	lncor	lney	lnes	lncor	lney	lnes	lncor	lney	lnes	lncor
C	0.173** (2.62)	-0.031** (-2.43)	-0.141*** (-3.47)	0.055*** (5.64)	0.012 (0.40)	-0.132*** (-3.68)	0.081*** (4.92)	-0.044* (-1.73)	-0.112*** (-3.08)	0.054*** (6.89)	0.005 (0.10)	-0.188*** (-5.35)
lnk	0.336** (2.14)			0.067** (1.99)			0.118*** (2.81)			0.004** (2.07)		
h	0.494* (1.81)		-0.891* (-1.86)	0.228*** (3.15)		-0.882* (-1.95)	0.472*** (2.76)		-1.018*** (-2.67)	0.323** (2.22)		-0.493 (-1.10)
popg	-0.005** (-2.56)			-0.004** (-2.14)			-0.003 (-1.33)			-0.006*** (-3.44)		
lnew	0.411*** (3.03)											
lnes				0.223** (2.05)			0.193* (1.96)			0.276*** (3.69)		
lncor	-0.582** (-2.32)	0.307** (2.17)		-0.458*** (-5.24)	0.509* (1.91)		-0.490*** (-4.57)	0.463* (1.76)		-0.274*** (-6.36)	0.695*** (2.97)	
lney		0.296* (1.93)	0.939*** (4.40)		0.336** (2.60)	1.307*** (3.81)		0.877** (2.37)	1.356*** (5.27)		0.991*** (3.69)	2.475** (2.25)

续表

	I (ew)			II (es)			III (esat)			IV (cen - west)		
	lney	lnew	lncor	lney	lnes	lncor	lney	lnes	lncor	lney	lnes	lncor
$(\text{lney})^2$		-0.133** (-2.20)	-0.526* (-1.70)		-0.145* (-1.79)	-0.658** (-2.07)		-0.531** (-2.12)	-0.769*** (-3.88)		-0.317* (-1.84)	-1.047 (-1.42)
s		0.012** (2.18)			0.051 (1.40)			0.028** (2.52)			0.079** (1.88)	
fdi		-0.008 (-1.57)			-0.026** (-2.46)			-0.094*** (-3.32)			-0.003 (-0.92)	
reg		-0.004** (-2.17)			-0.017* (-1.91)			-0.020*** (-2.86)			-0.011 (-1.21)	
govex			0.029*** (3.65)			0.036*** (2.77)			0.013 (1.58)			0.043*** (3.09)
lngovp			0.062 (1.20)			0.014** (2.16)			0.012 (0.34)			0.301** (2.49)
wage			-0.122*** (-3.63)			-0.141*** (-3.75)			-0.169*** (-5.38)			-0.129** (-2.19)
R^2	0.7755	0.5847	0.3791	0.7163	0.6273	0.4109	0.6992	0.6984	0.4355	0.8156	0.5730	0.3942

注：( ) 内的数值为估计值的 z 值，***、** 和 * 分别表示在 1%、5% 和 10% 的水平下显著，下同。

程中 $\ln ey$、$(\ln ey)^2$ 系数和表6-9中人均收入均值，可求得方程Ⅰ和方程Ⅱ中腐败对环境污染的间接影响系数为-0.207和-0.166；这意味着，腐败通过抑制收入增长间接降低环境污染，这可能是，目前中国的发展水平仍比较低，经济增长主要靠牺牲环境实现，腐败通过阻碍经济增长间接降低了环境污染。综合腐败对环境的直接和间接影响，腐败对废水、二氧化硫排放的总影响系数分别为0.120、0.343，说明腐败整体仍加剧了中国环境污染，初步验证了假设6-1。$\ln ey$ 系数均为正值，$(\ln ey)^2$ 系数均为负值，且至少在10%水平显著，说明收入与环境污染存在EKC关系，且收入拐点分别为3.04万元和3.19万元；s 系数分别为0.012和0.051，但统计上不甚显著，说明工业生产一定程度增加了中国环境压力；fdi 系数分别为-0.008和-0.026，但前者并不显著，说明外资可能并未加剧中国污染；reg 系数分别为-0.004和-0.017，且比较显著，说明环境规制有效地控制了环境污染。

在腐败方程中，$\ln ey$ 系数为0.939、1.307，$(\ln ey)^2$ 系数为-0.526、-0.628，均比较显著，说明收入与腐败间呈现倒“U”型关系；这与万广华和吴一平（2012）的估计类似，这是因为，初始的收入提升将为腐败提供更多机会，但收入达到较高水平后，社会监督、法律体系和公民意识的增强将带来腐败下降（Bardhan，1997）；h 系数为负值，且在10%水平显著，说明人力资本提升对腐败有抑制作用；$govex$ 系数为0.029和0.036，均在1%水平显著，说明财政规模扩大将导致腐败提升；这与周黎安和陶婧（2009）、万广华和吴一平（2012）的估计类似，因为非科教文卫支出的财政支出能提供了更多的腐败机会（莫罗，1998；周黎安和陶婧，2009）；$\ln govp$ 系数为0.062、0.014，但前者不显著，说明政府人员规模扩大可能带来腐败提升；$wage$ 系数为-0.122、-0.141，且在1%水平显著，说明公务员工资提升可以显著抑制腐败。

表6－9中方程Ⅲ和方程Ⅳ分别是对东部、中西部地区的估计①。从整体看，收入、腐败方程的结果与方程Ⅰ、方程Ⅱ类似，但部分变量系数存在显著地区差异。本节重点关注腐败对环境污染的影响，方程Ⅲ的污染方程中 $\ln cor$ 的估计系数为0.463，仅在10%水平显著；而方程Ⅳ中对应的 $\ln cor$ 为0.695，且在1%水平显著；这表明，东部腐败对环境的直接负面影响小于中西部，可能是东部较高的发展水平和官员收入减少了官员的规制寻租行为（德赛，1997）。由方程Ⅲ、方程Ⅳ污染方程中 $\ln ey$ 、$(\ln ey)^2$ 系数可知，收入与污染之间依然存在EKC关系，且东部的收入拐点略低于中西部，可能是东部较低的腐败水平降低了EKC拐点（洛佩兹和米特拉，2000；雷涛，2010）。在方程Ⅲ和方程Ⅳ收入方程中，$\ln cor$ 系数分别为－0.731和－0.434，且均在1%水平显著，说明腐败对东部收入的抑制作用显著大于中西部。这可能是，东部制度环境相对较好，腐败对经济发展的负面作用比较明显；而中西部的制度环境相对较差，腐败某种程度“润滑”了制度对经济的扭曲，其对经济的负面作用相对较小（吴一平和芮萌，2010）。同样，综合腐败对环境的直接、间接影响，方程Ⅲ、方程Ⅳ中腐败对二氧化硫的总影响系数为0.104和0.326，说明腐败同时加剧了两类地区的环境污染。综合表6－9估计可知，腐败总体加剧了中国的环境污染，从而验证了假设6－1的存在。

（二）分时段和加入交叉项的回归结果

表6－10显示了全国分时段和加入交叉项后腐败对环境污染的影响。其中，方程Ⅴ、方程Ⅵ是对1989～1998年、1999～2008年样本的估计，方程Ⅳ、方程Ⅶ是加入 $\ln cor \times reg$ 、$\ln cor \times fdi$ 的估计。从整体来看，方程Ⅴ和方程Ⅳ估计验证了假设6－2。在两个方程中，腐

① 分开对中、西部地区的回归结果很不显著，故将中西部合并在一起进行估计；另外，由于篇幅限制，本章分地区、分时段以及加入交叉项的联立方程估计中，只给出污染物为工业二氧化硫的回归结果，以工业废水为污染物的估计结果与其类似。

败对环境污染的影响有显著的时期差异：根据污染方程中 ln*cor* 系数和显著性可知，研究期内腐败直接加剧了中国环境污染，但 1999～2008年腐败的直接负面影响有所减弱；由污染方程中 ln*ey*、$(\ln ey)^2$ 系数和显著性可知，收入与污染之间仍然存在倒“U”型关系，两个时期的收入拐点分别为4.08万元和2.86万元，后者明显低于前者，可能是后一时期腐败水平显著下降所致。在收入方程中，ln*cor* 系数为 -0.351和 -0.519，且统计上十分显著，说明腐败显著阻碍了中国收入增长，且此种负面影响有所增强；可能是，随着市场经济和制度环境的完善，腐败对经济的“润滑”作用逐渐减少，负面影响则日益凸显（吴一平和芮萌，2010）。根据系数的估计结果，方程Ⅴ和方程Ⅳ中，腐败对二氧化硫的总影响系数分别为0.457、0.075；说明腐败对污染的影响在1998年后有明显减弱。

由方程Ⅶ和方程Ⅷ的结果可知，*reg* 和 *fdi* 提升弱化了腐败对环境的负面影响，证明了假设6-3的合理性。在方程Ⅶ的污染方程中，ln*cor* × *reg* 系数为 -0.027，且在1%水平显著，表明环境规制提升能在一定程度弱化腐败对环境的负面影响。这是因为，规制提升抵消了腐败通过贿赂监管人员或扭曲环境政策带来的负面影响（伊万诺娃，2011）。在方程Ⅷ的污染方程中，ln*cor* × *fdi* 系数为 -0.133，且在5%水平显著，说明腐败对环境的负面作用会随着外资水平的提升而逐步减弱。这可能是，FDI增加提升了当地的环境技术水平（李子豪和刘辉煌，2011），抵消了腐败对环境的负面影响；而且，FDI进入促进了投资地社会发展和环保意识提升，进而增强环境规制，减弱了腐败的消极作用（马尔辛斯卡和魏，2001）。

（三）城市层面的稳健性检验

以上研究表明，腐败显著加剧了中国的环境污染。但考察略显宏观，腐败指标也仅以腐败发案数衡量。为更加微观地考察腐败对中国环境的影响，在并验证以上结论的稳健性，本书以2004年中国120

个地级城市为对象①，用世界银行（World Bank）（2007）《中国城市政府治理、投资环境和和谐社会报告》中相关城市的企业平均“旅行和招待费用”占企业销售总收入比例来表示各城市腐败水平（*TEC*）②，再次考察腐败对环境污染的影响。变量方面，城市人均资本存量（*K*）用各城市2000年价格的全社会固定资产投资额与总就业人口之比表示，政府人员规模（*GOVP*）用各城市公共管理和社会组织从业人员数与城市总人口之比表示，环境规制强度（*REG*）借鉴朱平芳等（2011）的做法构建了相应的无量纲指标，FDI指标（*FDI*）用各城市“三资”工业企业产值占当地工业总产值的比重表示，其他指标构造与省区市相同③。计量处理方面，仍然用3SLS估计，具体估计结果见表6－11。

方程Ⅸ和方程Ⅹ是未考虑交叉项时腐败（*TEC*）对*EW*、*ES*影响的估计，污染方程中*TEC*的估计系数分别为0.468、0.617，且在1%水平显著，与省区市结果一致，说明腐败将直接加剧环境污染；根据收入方程中*TEC*系数和污染方程中$\ln EY$、$(\ln EY)^2$系数，可以求得样本城市人均收入均值时（1.91万元水平），TEC对工业废水、工业废气的总影响系数为$100\times[0.468-1.552\times(0.346-0.219\times0.65)]$、$100\times[0.617-1.074\times(0.596-0.303\times0.65)]$，即15.1、18.8；这意味着，TEC每提升一个单位，将导致城市污染水平提升15.1%或18.8%，证明了腐败对中国的环境的负面影响，再次验证了假设6－1。方程Ⅺ和方程Ⅻ是加入*TEC*与*REG*、*FDI*交叉项的估

---

① 120个地级城市分布于30个省级地区（除西藏地区），其中东南沿海32个，东北地区11个，渤海湾地区19个，中部地区29个，西南地区15个，西北地区14个，具有较强的代表性。

② 蔡等（Cai et al.，2005）在分析时指出，企业会计账户中TEC项目除了包含合法的商务旅行支出外，主要用来统计企业以各种形式贿赂政府官员、主要客户和供应商的支出；用以衡量腐败水平虽存在一定误差，但整体仍是较好的微观腐败衡量指标；根据世行报告，120城市的TEC数值处于0.3～2.4之间，均值为1.15。

③ 城市估计中所有变量的符号全部变为大写字母，以示区别；由于没有找到合适指标的表征地区公务员相对工资水平，腐败方程的解释变量中没有相对工资。

表 6－10　　分时段和加入交叉项的回归结果

	V（1989～1998 年）			VI（1999～2008 年）			VII（reg）			VIII（fdi）		
	lney	lnes	lncor	lney	lnes	lncor	lney	lnes	lncor	lney	lnes	lncor
C	0.054 *** （3.68）	－0.017 （－0.35）	－0.218 *** （－3.04）	0.043 *** （3.83）	0.012 （0.33）	－0.123 *** （－4.91）	0.036 *** （6.16）	－0.101 *** （－5.96）	－0.368 *** （－3.72）	0.042 *** （6.34）	－0.010 （－0.27）	－0.154 *** （－4.13）
lnk	0.036 ** （2.37）			0.188 *** （4.96）			0.069 ** （2.51）			0.056 ** （2.08）		
h	0.154 （1.22）		0.361 （0.42）	0.451 *** （3.84）		－1.159 ** （－2.57）	0.166 *** （2.70）		－0.662 * （－1.97）	0.219 ** （2.13）		－0.957 ** （－2.61）
popg	－0.015 ** （－2.22）			－0.001 （－0.34）			－0.002 * （－1.85）			－0.006 ** （－2.09）		
lnes	0.418 *** （3.39）			0.035 （1.41）			0.323 *** （6.80）			0.262 *** （4.78）		
lncor	－0.351 *** （－2.97）	0.658 *** （2.68）		－0.519 *** （－3.80）	0.491 * （1.89）		－0.395 *** （－4.23）	0.641 ** （2.58）		－0.422 *** （－6.80）	0.710 *** （3.14）	
lney		0.509 *** （3.06）	3.082 ** （2.49）		0.791 *** （2.77）	1.078 *** （4.16）		0.378 *** （7.62）	2.201 ** （2.11）		0.434 *** （4.82）	1.835 *** （2.90）
lney2		－0.181 ** （－2.06）	－1.071 （－1.59）		－0.376 * （－1.96）	－0.660 ** （－2.41）		－0.139 * （－1.83）	－0.941 *** （－3.75）		－0.190 ** （－2.05）	－0.948 （－0.96）

续表

	V（1989～1998年）			VI（1999～2008年）			VII（reg）			VIII（fdi）		
	lney	lnes	lncor	lney	lnes	lncor	lney	lnes	lncor	lney	lnes	lncor
s		0.088*** (3.92)			0.034** (2.39)			0.044*** (3.31)			0.052*** (4.19)	
fdi		-0.009 (-0.67)			-0.068*** (-2.75)			-0.038 (-1.48)			-0.475** (-2.12)	
reg		-0.008 (-1.61)			-0.018*** (-3.94)			-0.097** (-2.21)			-0.019** (-2.26)	
govex			0.075*** (3.71)			0.013** (2.32)			0.093** (2.04)			0.022 (1.36)
lngovp			0.028*** (2.73)			0.003 (1.02)			0.391 (1.40)			0.043* (1.70)
wage			-0.431*** (-3.22)			-0.193*** (-2.93)			-0.318** (-2.28)			-0.326*** (-2.07)
lncor × reg								-0.027*** (-4.18)				
lncor × fdi											-0.133** (-2.25)	
R^2	0.7588	0.6004	0.4081	0.6739	0.6707	0.4202	0.7619	0.6311	0.4025	0.7513	0.6295	0.4072

表 6－11　　城市层面的稳健性检验

	IX（EW）			X（ES）			XI（REG）			XII（FDI）		
	lnEY	lnEW	TEC	lnEY	lnES	TEC	lnEY	lnES	TEC	lnEY	lnES	TEC
C	1.243**	6.940***	1.175***	1.064**	－0.519	1.182***	－0.414	－0.482	0.918***	－0.571*	－0.449	0.838***
	(2.21)	(4.22)	(10.70)	(2.25)	(－0.35)	(9.89)	(－1.59)	(－0.25)	(6.51)	(－1.78)	(－0.20)	(5.65)
lnK	0.282*			0.366***			0.418***			0.456***		
	(1.73)			(2.72)			(5.26)			(5.43)		
H	0.642***		－0.356***	0.544***		－0.568***	0.668***		－0.448***	0.732***		－0.370**
	(3.94)		(－3.13)	(3.53)		(－3.76)	(5.33)		(－2.64)	(5.35)		(－2.14)
POPG	－0.032**			－0.038***			－0.042***			－0.045***		
	(－2.02)			(－2.70)			(－3.49)			(－3.26)		
lnEW	0.059***											
	(3.62)											
lnES				0.081**			0.135***			0.096**		
				(2.15)			(3.09)			(2.48)		
TEC	－1.552***	0.468***		－1.074***	0.617***		－0.917***	0.744***		－0.796***	1.105***	
	(－4.98)	(4.04)		(－5.03)	(3.55)		(－5.68)	(2.75)		(－3.77)	(2.83)	
lnEY		0.346***	0.526**		0.596***	0.714***		0.954***	0.594***		1.080***	0.364*
		(3.28)	(2.46)		(3.57)	(4.78)		(2.93)	(2.97)		(3.47)	(1.92)

续表

	IX（EW）			X（ES）			XI（REG）			XII（FDI）		
	lnEY	lnEW	TEC	lnEY	lnES	TEC	lnEY	lnES	TEC	lnEY	lnES	TEC
$(\ln EY)^2$		−0.219* (−1.75)	−0.191** (−2.58)		−0.303* (−1.83)	−0.311*** (−2.69)		−0.398** (−2.06)	−0.351 (−1.24)		−0.554* (−1.90)	−0.167*** (−4.29)
S		0.035* (1.88)			0.021 (1.18)			0.024 (1.21)			0.014 (0.81)	
FDI		−0.039 (−1.19)			−0.074 (−2.33)			−0.066 (−2.76)			0.084 (1.70)	
REG		−0.846*** (−8.39)			−0.839 (−7.71)			−0.699 (−2.39)			−0.745 (−5.58)	
GOVEX			0.035** (1.99)			0.026 (1.61)			0.056*** (2.82)			0.068*** (3.39)
GOVP			0.006 (0.99)			0.004 (0.53)			0.006 (1.54)			0.006 (0.51)
TEC × REG								−0.076** (−2.09)				
TEC × FDI											−0.008*** (−1.77)	
R^2	0.7974	0.5920	0.3555	0.7758	0.5133	0.3296	0.7617	0.5209	0.3348	0.7526	0.5104	0.3422

计，污染方程中 $TEC \times REG$ 系数为 -0.076，且在5%水平显著，说明规制提升抑制了腐败对环境的负面作用；$TEC \times FDI$ 系数为0.042，在10%水平显著，说明外资提升有利于降低腐败对环境的消极影响；与省区市估计一致，再次验证了假设6-3。

四、结论和政策含义

严峻的环境污染形势已经成为实现“美丽中国”构想的重要障碍，各级政府虽然在污染治理方面做出了诸多努力，但中国环境污染恶化的态势并无根本性扭转。现有文献从经济、社会和技术发展等多角度对中国环境污染做了大量分析，但腐败对中国环境的影响尚无研究涉及。本节研究用手工搜集的1989~2008年29省区市的腐败发案数和2004年120个城市的*TEC*数据表征腐败水平，通过构建包含收入增长、环境污染和地区腐败相互影响的联立方程，较为系统地考察了腐败对中国环境污染的影响。研究表明，腐败是中国环境污染加剧的重要原因；而且，腐败对中国环境污染的影响存在显著的地区差异和时期差异，地区环境规制或利用外资的提升均会减弱腐败对环境的负面影响。

本节研究结论对中国实现经济、社会和环境的协调发展具有重要意义。首先，污染方程的估计表明，腐败显著加剧了中国的环境污染，而政府机构改革、法律制度健全、环境规制和外资水平的提升都会减少了腐败对环境的负面影响。这表明，继续加大政治和政府改革力度，健全反腐制度体系，完善各地区的环保法规并提升环保监督力度，充分利用外资在环保意识和环境技术方面的积极影响，都是改善中国环境质量的重要途径。其次，收入方程显示，腐败对收入增长具有显著的抑制作用。这意味着，要实现经济的持续稳定快速发展，地方政府必须加大反腐力度，减少腐败对资源的配置扭曲。最后，由腐败方程可知，收入增长与腐败呈倒“U”型曲线关系，且工资提升、民生支出（科教文卫支出）上升均有利于腐败降低。这表明，发展地方经济，继续推行“阳光工资”改革，建立透明和完善的预算监督体系，都有利于腐败问题的解决。

本章小结

基于地区腐败、经济增长和环境污染的研究框架，本章研究发现：在腐败通过影响环境规制或扭曲环境政策等直接途径加剧中国的环境污染同时，腐败也可以通过阻碍经济增长间接改善或加剧中国的环境污染，但总体来说，腐败加剧了中国环境污染。在不同收入水平下，腐败对环境的影响存在较大差异：在经济发展初期，腐败对环境质量具有积极作用；但随着收入的增长，腐败对环境的负面影响开始显现并不断强化，直至达到相对稳定水平。腐败对环境的影响也存在显著的梯阶差异：腐败对东部地区的环境污染具有显著的负面影响，对中部地区环境的负面影响则相对较小，而对西部地区的影响方向则并不一致。相关研究结论对研究中国腐败、收入与环境污染之间的关系，实现经济、社会和环境的和谐发展具有重要启示。

基于中国经验的腐败对环境污染影响的考察发现，在1989～2008年这一长时间段内，腐败整体加剧了中国29个省区市的环境污染；同时，1989～1998年与1999～2008年两个不同时期的比较发现，腐败在后一个阶段对地区腐败的负面影响相对较弱；而且，伴随地区外资进入水平和环境规制水平的提升，腐败对地区环境污染的负面影响会有所减弱。此外，基于120个地级城市的研究也证实了以上研究结论。相关结论对中国实现经济、社会和环境的协调发展具有重要意义。首先，各级政府应当继续加大政治和政府改革力度，健全反腐制度体系，完善各地区的环保法规并提升环保监督力度，充分利用外资在环保意识和环境技术方面的积极影响，都是改善中国环境质量的重要途径。其次，地方政府必须加大反腐力度，减少腐败对资源的配置扭曲。最后，地方政府在发展经济同时，要继续大力推行“阳光工资”改革，建立透明和完善的预算监督体系。

第七章　收入差距对环境污染的影响

改革开放以来，中国在取得巨大经济成就的同时，居民收入差距扩大态势也日益明显。国家统计局公布的数据显示，2000 年中国居民收入基尼（GINI）系数为0.412，2003 年为0.479，2008 年达到峰值0.491，此后虽有回落但整体仍呈上升态势，且一直处于0.47 以上，远高于0.4 的收入失衡国际警戒线；世界银行《2011 年世界发展指标》报告显示，中国 2010 年的基尼系数也达到0.458，与阿根廷、墨西哥、巴西等收入分配严重失衡的国家接近。除了收入差距扩大，另一个社会普遍关注的问题是日趋严重的环境污染。耶鲁大学和哥伦比亚大学联合发布的世界环境绩效指数（Environment Performance Index，EPI）显示，2006 年中国 EPI 得分为56.2，在 133 个国家中排名第 94 位；2014 年中国 EPI 得分降至43.0，在 178 个国家中排名第 118 位。国外众多学者的研究表明，收入差距能对环境政策、环境行为偏好、环境技术扩散等产生重要影响（博伊斯，1994；拉瓦雷等，2000；欧纳和帕特里亚尔卡，2011）。因此，中国收入差距扩大、环境污染的加剧的态势使国内部分学者对收入差距的环境影响产生了浓厚兴趣。一些学者在此方面进行了探索性研究，取得一定研究成果。但是，现有研究要么偏重收入差距环境污染理论关系的探讨（杨树旺等，2006；杨钟馗和杨俊，2011），要么侧重影响效果的实证检验（李海鹏等，2006；田柳和赵军，2012；钟茂初和赵志勇，2013），多数将收入差距对中国环境污染影响的视作“黑箱式”的结果验证，缺乏收入差距环境影响的系统理论和实证研究框架，收入差距对环境污染影响结论的显著矛盾也无法有效化解。因此，深入探讨收入差距对中国地区环境污染的影响机理和效果，从理论和实证角度对现有研究的冲突进行化解，具有重要理论意义。

《中华人民共和国国民经济和社会发展第十三个五年规划纲要》同时将“收入差距缩小，中等收入人口比重上升”和“生态环境质量总体改善”作为全面建设小康社会的主要目标。在此种背景下，考察收入差距对中国环境污染的影响极具现实意义。研究表明，收入差距缩小可能增加环境污染的压力（帕特里亚尔卡等，2000；斯克鲁格斯，1998；布瑞仑德和凯韦什，2008）。那么，中国缩小收入差距与环境污染治理之间是否存在此种“两难”冲突？中国是一个发展中大国，各地区的经济发展水平存在显著差异，而此种差异会对收入差距的环境效应产生何种影响？中国作为典型的二元经济国家，同一地区整体收入差距、城市收入差距、农村收入差距以及城乡收入差距也存在显著差异，各种收入差距对环境的影响是否有所不同？以上问题的回答都有待本章研究的展开。

第一节 文献述评

收入差距对环境的影响，现有研究主要持以下三种观点：第一种认为，收入差距扩大不利于环境污染治理。博伊斯（Boyce，1994）利用权力权重社会决策模型（Power - weighted Social Decision Model，PSDM）分析了收入差距对环境污染的影响。分析表明，收入差距扩大改变了穷人和富人阶层的环境消费选择偏好，将使两者均倾向于破坏环境的行为；而且，随着收入差距的扩大，社会决策也会倾向于形成破坏环境的政策[①]。托拉斯和博伊斯（Torras and Boyce，1998）利用PSDM模型对EKC框架进行了修正，他们认为，倒“U”型的EKC曲线是经济增长与收入差距同步缩小所导致的环保加强的结果；一旦经济增长并不带来收入分配改善，将出现收入与污染同步增加的现象，即“N”型EKC曲线的出现；他们的论断也得到了国家层面

① 博伊斯（Boyce，1994）认为，收入差距过大将导致穷人更加倾向与破坏环境来满足基本的物质生活需要，也将使富人通过环境短视行为积累财富移民以规避各种国内风险；而且，整个社会的破坏环境的受益主要由富人享受，成本由穷人承担，加上富人在整个社会决策中占有主导地位，最终将形成破坏环境的社会政策决策。

的实证支持。杨树旺等（2006）也基于PSDM分析的基本框架，从环境质量供给、需求两个方面探讨了收入差距不断扩大对中国环境污染加剧的负面影响。李海鹏等（2006）利用中国时间序列对两者关系的检验、钟茂初和赵志勇（2013）利用中国省级地区的考察，也都是基于PSDM模型的EKC估计，他们同样验证了收入差距对环境污染的负面影响。除PSDM模型外，部分学者从其他角度分析了收入差距对环境政策的影响。例如，马尼亚尼（Magnani，2000）认为，经济增长带来的污染水平是环境支付意愿和支付能力的综合结果，虽然经济增长会带来环境支付能力的增加，但收入差距扩大将降低政府环境支付意愿并最终增加污染；何等（He et al.，2007）双寡头博弈模型的分析表明，当存在腐败或特殊利益阶层时，收入差距扩大将导致腐败或特殊利益阶层通过贿赂政策当局来扭曲环境政策，从而加剧环境污染。除收入差距对环境政策的影响外，马斯利安尼和恩斯特洛姆（Marsiliani and Renstrom，2000）从资源配置角度分析了收入差距对环境的影响。他们认为，收入差距扩大将导致更多的收入分配政策出台，从而扭曲社会生产、消费并使生产可能性曲线内移，进而导致民众更加倾向于消费普通产品而非享受优良环境，最终带来环境质量下降；拉瓦雷等（Ravallion et al.，2000）从环境技术扩散角度分析了收入差距的环境效应。他们认为，收入差距扩大将使民众生活方式的差异性增大，不利于低碳、环保技术在家庭层面的扩散，也不利于环境质量改善。坤杜恩和丁道（Coondoo and Dinda，2008）从政治稳定角度分析了收入差距的影响。他们认为，收入差距缩小有利于政治稳定，从而促使民众更加关注污染治理问题。

第二种观点则认为，收入差距扩大有利于环境质量改善。斯克鲁格斯（Scruggs，1998）认为，博伊斯（Boyce，1994）的前提并不成立：第一，在民主决策下，收入分配格局与权利分配制度并非一致；第二，由于环境污染是一个公共问题，没有任何一个阶层可以通过收入补偿或者移民来完全规避，而高收入阶层通常比低收入阶层有更好的环保意识。所以收入差距扩大可能并不带来环境污染的恶化，甚至带来环境质量的改善。拉瓦雷等（Ravallion et al.，2000）认为，由于高收入阶层通常比低收入阶层拥有更低的边际碳排放倾向，收入差距扩大将有利于低收入阶层和高收入阶层同时减少碳排放，最终带来环境质量的改善。何瑞克等（Heerink et al.，2001）、布瑞仑德和凯韦什（Brannlund and Ghalwash，2008）认为，从家庭层面看，个人收入水平与污染排放之间存在倒“U”型曲线的关系；这就意味着，收入差距扩大将带来环境污染的改善；而且，此种观点得到了他们家庭层面调查研究的支持。田柳和赵军（2012）基于中国2003~2010年省级地区的实证研究证实了以上研究结论的合理性，即收入不公平扩大并未必然带来地区环境质量的恶化。

第三种观点认为，收入差距扩大对环境的影响可能并不确定，不同类型国家收入差距扩大对环境的影响可能有所差异。例如，埃里克森和佩尔松（Eriksson and Persson，2003）在扩展的PSDM模型中引入民主因素后发现，收入差距扩大对环境的影响取决于一国民主水平。模型表明，当一国处于完全民主或民主水平较高时，收入差距扩大将加剧环境污染；而若该国民主水平较低时，收入差距扩大则有可能改善当地环境。欧纳和帕特里亚尔卡（Vona and Patriarca，2011）通过动态的收入差距环境技术扩散模型发现，收入差距扩大对环境技术创新的影响取决于当地经济发展水平。分析表明，当经济发展水平较高时，收入差距扩大将不利于环境技术的示范和扩散，也不利于环境质量的改善；反之则反是。除理论分析外，托拉斯和博伊斯（Torras and Boyce，1998）、博尔盖西（Borghesi，2000）的实证研究也表明，收入差距扩大对发达国家环境具有显著的负面影响，但此种影响在发展中国家并不明显。张乐才和刘尚希（2016）基于2000~2012年中国省级地区的面板数据的实证研究发现，收入差距对环境污染的影响存在显著的地区差异，即对东部地区的负面影响显著强于中西部地区。

综上所述，收入差距扩大是否会加剧当地环境污染？现有研究并无一致结论，而且，收入差距对环境的影响也可能因政治制度、经济发展的差异而有所不同。这意味着，收入差距对环境的影响可能存在一定的门槛效应，即当研究对象某一因素处于不同水平时，收入差距对环境的影响也会有所不同。由于民主制度、经济发展与收入水平高度相关，托拉斯和博伊斯（Torras and Boyce，1998）、博尔盖西（Borghesi，2000）等的研究也证实了收入差距对不同收入国家环境影响的显著差异。所以笔者认为，收入差距对环境的影响可能存在一定的收入门槛效应。本章研究旨在考察收入差距对中国环境污染的影响，重点从理论和实证角度两个层面，研究不同收入水平时收入差距对环境影响的门槛效应。与以往研究相比，本章研究在以下方面进行了创新尝试：在研究思路上，本章将收入门槛效应引入收入差距的环境影响，通过理论模型分析收入门槛效应的产生机制，并采用面板门槛的估计方法对其进行检验；在研究对象上，本章更加关注一国内部地区收入差距对环境污染的影响，利用中国 1995 ~ 2013 年 29 个省区市和 2003 ~ 2013 年 215 个地市的面板数据，从中观层面考察了收入差距对环境的影响①；在收入差距的指标上，不同于以往整体收入差距的研究，本章分别从地区整体收入差距、城市收入差距、农村收入差距和城乡收入差距等不同角度考察收入差距对环境的影响。

① 博尔盖西（Borghesi，2000）的估计表明，国家异质性导致国家层面的估计可能难以客观考察收入差距对环境的影响。而本章认为，现有家庭层面研究主要以碳排放等家庭污染物为对象，忽视了工业污染物在环境污染中的主要影响；而且在影响机制上，家庭层面的研究往往忽视了收入差距对环境政策、环境技术的影响。所以本章认为，从地区和城市层面的研究能较好地解决以上问题。

第二节　收入差距门槛效应的理论模型

一、污染水平的决定

借鉴鲍德温（Baldwin，1995）的研究思路，本章研究假定实际的环境污染水平可由下式说明：

$$P_{i,t} = E_{i,t} - C_{i,t} \tag{7-1}$$

其中，i 和 t 分别表示地区和时段，$P_{i,t}$、$E_{i,t}$ 和 $C_{i,t}$ 分别为某地区某时段实际污染排放、初始污染排放和环境治理水平。

根据格罗斯曼和克鲁格（Grossman and Krueger，1991）的研究，经济发展是环境污染的重要影响因素，则经济发展对实际污染的影响可以分解为，经济发展对初始污染和环境治理水平的影响：

$$P_{i,t}(Y_{i,t}) = E_{i,t}(Y_{i,t}) - C_{i,t}(Y_{i,t}) \tag{7-2}$$

其中，$Y_{i,t}$ 为当地经济发展水平，可用社会平均收入水平表示。而且，根据格罗斯曼和克鲁格（Grossman and Krueger，1991）的污染分解思路，可以定义 $E'(Y) > 0$，即经济增长将带来初始污染排放的增加；$C'(Y) < 0$，即经济增长将带来环境治理水平的提升①。

二、社会收入差距对环境治理的影响

假设个体 l 的可加可分离的效用函数如下：

---

① 格罗斯曼和克鲁格（Grossman and Krueger，1991）将经济增长对环境的影响分解为规模效应、结构效应和技术效应。本章假定，经济增长对环境的规模、结构效应可通过影响初始排放水平发挥作用，其技术效应则主要通过影响环境治理产生作用。假设经济发展对环境的规模负面影响抑制了结构积极影响，则 $E'(Y) > 0$；而经济增长也将引致环境规制、治污技术的进步，故 $C'(Y) < 0$。

$$U_l = p_l + \phi_l Q \tag{7-3}$$

其中，p_l 为个人 l 在私人物品上的消费，Q 为环境公共物品，ϕ_l 为其对环境物品的偏好程度。其中，假设环境公共物品 Q 是环境治理的函数：$Q = Q(C)$，且 $Q'(C) > 0$。

借鉴博尔顿等（Bolton et al.，1996）的研究思路，可假设环境治理函数如下：

$$C = Y(\tau - \tau^2/2) \tag{7-4}$$

其中，Y 与式（7-2）中含义相同，为社会平均收入；τ 为环境税率，$\tau \in [0,1]$；$\tau^2/2$ 为政府执行环境治理的自身运营成本。

本章研究假设，个人社会收入地位和环境偏好是异质的。若 y_l 为个体 l 的实际收入水平，则其个人在社会的收入地位，可以用其实际收入与社会平均收入水平之比（$R_l = y_l/Y$）表示。一般来说，社会收入差距可用 $R_m = y_m/Y$ 表示，其中，y_m 为社会中位数收入者的实际收入水平。当社会存在收入差距时，社会中位数收入者的收入水平（y_m）通常小于社会平均收入水平（Y），即 $R_m = y_m/Y < 1$；R_m 越大（越接近 1），社会收入差距则越小。为集中考察收入差距通过个人消费偏好渠道对环境的影响，本章研究假设社会收入差距（R_m）变化对社会平均收入水平（Y）无直接影响①。

由博伊斯（Boyce，1994）、托拉斯和博伊斯（Torras and Boyce，1998）的研究可知，个人对环境物品的偏好通常取决于其在社会中的相对收入地位，即 $\phi_l = \phi(R)$。由他们的分析可知，随着个人相

① 王少平和欧阳志刚（2007；2008）、曹裕等（2010）的文献综述和研究可知，收入差距对经济增长的影响方向会因收入差距、经济发展水平的不同而有所差异。因此，在难以判断收入差距（R_m）对经济增长影响方向的情况下，本章模型简化假设 R_m 对 Y 无直接影响。此外，在对省区市估计解释时，笔者也说明了考虑收入差距（R_m）对经济增长（Y）负面影响时，收入差距对环境影响的收入门槛效应机制。

对收入（R）上升，其对环境产品的重视程度会越来越强①，即 $\phi'(R)>0$。

另外，根据斯克鲁格斯（Scruggs，1998）、拉瓦雷等（Ravallion et al.，2000）的研究，个人收入地位变动对其环境偏好的影响程度受到社会平均收入水平（Y）的显著影响，即 $W=\phi'(R)=W(Y)$；社会平均收入水平（Y）越高，R 上升对个人环境偏好的正面影响越强②，即 $W'(Y)>0$。

根据以上分析可知，对于个体 l 来说，其间接效应函数可以表示如下：

$$V_l=(1-\tau)y_l+y_l(Y(\tau-\tau^2/2)) \tag{7-5}$$

根据中间选民理论，最终形成的环境政策（所选择的环境税率）将取决于中间选民对环境公共物品的偏好③。整个社会均衡的环境税率 τ，就是中间（中位数）选民 m 的最优税率水平，其间接效用函数如下：

$$V_m=(1-\tau)y_m+y_m(Y(\tau-\tau^2/2)) \tag{7-6}$$

将式（7-6）对 τ 取导数，可得中间选民 m 的最优税率为：

$$\tau^*=1-(1/\phi_m)\times R_m \tag{7-7}$$

由于均衡税率 τ^* 是中间选民相对收入 R_m 的函数，且环境治理水平（C）是社会平均收入（Y）和环境税率（τ）的函数，则均衡的环境治理函数可表示如下：

---

① 博伊斯（Boyce，1994）、托拉斯和博伊斯（Torras and Boyce，1998）认为，个人相对收入水平（R_l）较低时，民众对环境公共物品的偏好程度较低，此时 R_l 的提升并不能增强其对环境物品的偏好，而是增强了其对私人物品的偏好和消费；伴随 R_l 的提升，个人私人物品的的满足程度会越高，对环境公共物品的偏好会越来越强。

② 斯克鲁格斯（Scruggs，1998）、拉瓦雷等（Ravallion et al.，2000）认为，社会平均收入水平（Y）越高，经济发展水平也就越高，个体私人物品的消费满足程度通常也会越高，R_l 上升使个人对环境公共物品的偏好增加程度也会更多。

③ 由于模型中个人相对收入（R_l）与环境税率 τ 存在单调稳增关系，公共选择只有环境税率 τ 水平单一问题，中间选民理论在本模型是适用的。

$$C^{*} = C^{*}(Y, R_{m}) = Y(\tau^{*} - \tau^{*}/2) \quad (7-8)$$

将式（7-7）代入式（7-8）并对 R_m 求偏导，可知社会收入差距（R_m）对环境治理（C）的影响：

$$(\delta C^{*} / \delta R_{m}) = Y(\delta\tau^{*} / \delta R_{m})(1 - \tau^{*}) \quad (7-9)$$

且由式（7-7）可知，

$$(\delta\tau^{*} / \delta R_{m}) = (-\phi_{m} + \phi_{m}'R_{m}) / \phi_{m}^{2} \quad (7-10)$$

三、收入差距对环境污染的门槛效应

由以上分析可知，收入差距（R_m）变动对实际污染排放（P）的影响如下：

$$\delta P/\delta R_{m} = \delta E/\delta R_{m} - \delta C^{*}/\delta R_{m} \quad (7-11)$$

由于初始污染排放（E）仅受平均收入水平（Y）的影响，而本章模型假设收入差距变化（R_m）对平均收入水平（Y）并无直接影响，则式（7-11）变化如下：

$$\delta P/\delta R_{m} = -\delta C^{*}/\delta R_{m} = -Y(\delta\tau^{*}/\delta R_{m})(1 - \tau^{*}) \quad (7-12)$$

由于环境税率 τ 小于等于 1，则收入分配变化对实际污染排放的影响就取决于 $\delta\tau^{*}/\delta R_{m}$ 的符号方向。由式（7-10）可知，当个体对环境物品偏好程度的相对收入弹性系数大于 1 时，即 $(\delta\phi_{m}/\delta R_{m})(R_{m}/\phi_{m}) > 1$ 时，则当 $\delta\tau^{*}/\delta R_{m} > 0$ 时，收入差距缩小（R_m 增大）将带来实际环境污染（P）的下降；而当 $(\delta\phi_{m}/\delta R_{m})(R_{m}/\phi_{m}) < 1$ 时，即 $\delta\tau^{*}/\delta R_{m} < 0$，收入差距缩小将带来环境污染的增加。

由于 $\phi'(R) > 0$，且 $W'(Y) > 0$；则随着社会平均收入（Y）的增加，$(\delta\phi_{m}/\delta R_{m})(R_{m}/\phi_{m})$ 也会随之增加，且当 Y 达到

$(\delta\phi_m / \delta R_m)(R_m / \phi_m) = 1$ 相对应的社会平均收入水平（Y^*）之前，社会收入差距缩小（R_m 增大）将加剧环境污染；之后，社会收入差距缩小（R_m 增大）则带来环境质量的改善。

这就表明，收入差距对环境污染的影响存在一定的收入门槛效应，即当社会平均收入（Y）比较低时，收入差距扩大（R_m 减小）能改善环境污染；而当社会人均收入（Y）达到较高的水平并迈过一定门槛（Y^*）后，收入差距扩大（R_m 减小）则会加剧环境污染。

第三节　计量估计与数据说明

一、实证框架

借鉴格罗斯曼和克鲁格（Grossman and Krueger，1991）的经典思路，本章从规模效应、结构效应和技术效应三个方面考察经济发展与环境污染的关系，构建计量模型框架如下：

$$E = Y \times S \times T \tag{7-13}$$

其中，E 为污染物排放水平；Y、S、T 为经济规模、经济结构和环境技术。

刘瑜琳和温怀德（2007）、余官胜（2010）的研究表明，地区人力资本提升通过促进技术进步有利于地区环境质量改善。陈媛媛和李坤望（2009）、李子豪和刘辉煌（2012）的研究表明，FDI 可以通过行业内、行业间的关联效应促进投资地环境技术进步。收入差距对环境技术的影响方面，本章模型分析表明，收入差距可通过民众消费者偏好变动而对政府的环境治理（环境规制）产生影响，而环境规制对环境技术的影响已经为众多研究证实；而且，拉瓦雷等（Ravallion et al.，2000）、欧纳和帕特里亚尔卡（Vona and Patriarca，2011）也认为，收入差距会对环境技术创新和推广产生直接影响。因此，环境技术函数可表示如下：

$$T = f(h, fdi, ind) \tag{7-14}$$

其中，h、fdi 和 ind 分别为人力资本、FDI 和收入差距水平。

将式（7－14）代入式（7－13），可得本章研究的基本实证框架如下：

$$E = Y \times S \times T(h, fdi, ind) \tag{7-15}$$

将方程（7－13）两边同时除以人口规模（P）：

$$E/P = (Y/P) \times S \times T(h, fdi, ind) \tag{7-16}$$

用 $EI = E/\mathrm{P}$ 表示污染强度，$ey = (Y/\mathrm{P})$ 表示人均收入，代入式（7－16）并对其两边取自然对数：

$$\ln EI = \ln ey + \ln S + \ln h + \ln fdi + \ln ind \tag{7-17}$$

为考察经济增长与环境污染是否存在 EKC 关系，在式（7－17）中引入 ey 二次方项：

$$\ln EI_{i,t} = \beta_1 \ln ey_{i,t} + \beta_2 (\ln ey_{i,t})^2 + \beta_3 \ln S_{i,t} + \beta_4 \ln h_{i,t} + \beta_5 \ln fdi_{i,t} + \beta_6 \ln ind_{i,t} + \mu_i + \varepsilon_{i,t} \tag{7-18}$$

其中，i 表示地区，t 表示年份；μ_i 为地区的个体效应，反映地区特有因素对环境污染的影响；$\varepsilon_{i,t}$ 为随机误差项。

为验证收入差距对环境污染的收入门槛效应，借鉴汉森（Hansen，1999）的非动态门槛回归方法，笔者将人均收入门槛值作为未知变量引入式（7－18）中，构建收入差距对环境污染的分段函数，并对门槛值和门槛效应进行一系列估计和检验。本章研究首先假设存在单门槛效应，在式（7－18）的基础上构建单门槛估计模型，即式（7－19）；多门槛模型可由此扩展得到。

$$\ln EI_{i,t} = \beta_1 \ln ey_{i,t} + \beta_2 (\ln ey_{i,t})^2 + \beta_3 \ln S_{i,t} + \beta_4 \ln h_{i,t} + \beta_5 \ln fdi_{i,t} + \beta_6 \ln ind_{i,t} I_{i,t}(ey \leq \gamma) + \beta_7 \ln ind_{i,t} I_{i,t}(ey > \gamma) + \mu_i + \varepsilon_{i,t} \tag{7-19}$$

其中，ey 为人均收入（门槛变量）；γ 为需要估计的收入门槛值；

$I(\cdot)$ 为指示函数。

二、估计方法

在门槛估计中，需要重点解决两个问题：一是估计门槛值 γ 和重要考察变量 ind 的估计系数；二是对门槛估计值进行相应的检验。其中，门槛值 γ 和重要变量 ind 的估计系数是通过最小化假定门槛数下普通最小二乘估计的残差估计值得到。而得到相应的系数估计后，则需要对门槛效应的显著性和门槛估计值的置信区间进行检验。

门槛效应显著性的检验的原假设为：$H_0: \beta_1 = \beta_2$，检验统计量为：

$$F_1 = (S_0 - S_1(\hat{\gamma}))/\hat{\sigma}^2 \tag{7-20}$$

其中，S_0、$S_1(\hat{\gamma})$ 分别为原假设（无门槛）、门槛估计下的残差平方和，$\hat{\sigma}^2$ 为门槛估计残差的方差，由于原假设下门槛值不能识别，则 F_1 统计量是非标准分布的，但可以通过“自抽样”（bootstrap）模拟其渐进分布，进而通过 F 检验判断。

门槛值置信区间估计的原假设为：$H_0: \hat{\gamma} = \gamma_0$，相应的似然比检验统计量为：

$$LR_1(\gamma) = (S_1(\gamma) - S_1(\hat{\gamma}))/\hat{\sigma}^2 \tag{7-21}$$

其中，$S_1(\gamma)$ 为非约束下的残差平方和，$LR_1(\gamma)$ 同样为非标准分布，但汉森（Hansen，1999）计算了其拒绝区间，即当显著性水平为 α 时，$LR_1(\gamma) \leqslant C(\alpha) = -2\ln(1-\sqrt{1-\alpha})$ 时，不能拒绝原假设；在 95% 的置信水平下，$C(\alpha) = 7.35$。

为确定模型是否存在两个或两个以上门槛，须在单门槛模型的基础上进行下个门槛显著性和置信区间的检验。若未通过检验，则接受单门槛的模型假设；若通过，则继续进行三门槛检验，以此类推。

三、变量选择

环境污染方面，借鉴多数学者的做法，用各地区人均污染物排放来表征（拉瓦雷等，2000；何等，2007；坤杜恩和丁道，2008）。具体来说，用各省区市人均工业废水排放（ew）和人均工业二氧化硫排放（es）表示省区市环境污染状况，用各城市人均工业废水排放（EW）和人均工业二氧化硫排放（ES）表示城市环境污染水平。

收入差距方面，多数研究采用GINI系数表示（拉瓦雷等，2000；欧纳和帕特里亚尔卡，2011；托拉斯和博伊斯，1998；何等，2007），马尼亚尼（Magnani，2000）则采用不同收入分布群体的收入比表示。考虑不同群体的收入差距对环境消费偏好、环境政策制定的影响可能存在差异，本章研究用省区市整体GINI系数（g）、省区市城镇人口GINI系数（gu）、省区市农村人口GINI系数（gv）和反映省区市城乡差距的省区市泰尔指数（th）来表示省区市收入差距；用城市层面的泰尔指数（TH）和城乡收入比（R）表示城市城乡收入差距。其中，1995～2010年各省区市g、gu和gv直接借用田卫民（2012）对中国27个省区市GINI系数的测算结果，2011～2013年数据由笔者按照其方法扩展得到；R为城镇人均可支配收入与农村人均纯收入之比；th和TH的测算，借鉴曹裕等（2010）的做法由笔者测算得到，其计算公式如下：

$$th_{i,t} = \sum_{j=1}^{2}[p_{ij,t}/p_{i,t}]\ln[(p_{ij,t}/p_{i,t})/(z_{ij,t}/z_{i,t})] \tag{7-22}$$

其中，i表示地区，t表示年份，$j=1,2$分别表示城镇和农村，p_{ij}为地区i城镇（$j=1$）或农村（$j=2$）的总收入，p_i表示地区总收入，z_{ij}为地区i城镇（$j=1$）或农村（$j=2$）的人口数，z_i表示地区人口总数。

人力资本方面，借鉴刘瑜琳和温怀德（2007）、李子豪和刘辉煌

(2012) 做法，用各类在校生占总人口的比重衡量。城市人力资本指数 (H) 与李子豪和刘辉煌 (2012) 做法相同；各省区市人力资本 (h) 指数构造如下：

$$h = \sum \left(\frac{pri}{pop} \times 9 + \frac{mid}{pop} \times 9 + \frac{hig}{pop} \times 12 + \frac{sec}{pop} \times 12 + \frac{col}{pop} \times 16 \right) \tag{7-23}$$

其中, pri 、mid 、hig 、sec 、col 和 pop 分别表示各地区职业初中、初级中学、高级中学、中等职业学校、高等学校在校生人数和地区总人口数，9、10 和 16 是根据受教育年限而赋的权重。

FDI 方面，借鉴刘瑜琳和温怀德 (2007)、李子豪和刘辉煌 (2012) 的做法，用各省区市实际利用 FDI 数额占当地国内生产总值 (GDP) 的比重来表示省区市 FDI (FDI)，用城市 "三资" 工业企业产值占当地工业总产值的比重来表示城市 FDI (fdi)。

经济结构、人均收入方面，借鉴绝大多数做法，用各省区市工业总产出占 GDP 的比重、各省区市人均 GDP 来表示省区市的经济结构 (s) 和收入水平 (ey)，用各城市的工业总产出占 GDP 的比重、各城市人均 GDP 来表示城市经济结构 (S) 和收入水平 (EY)。

四、数据说明

考虑数据的一致性和可得性，本章选取 1995 ~ 2013 年全国 29 个省级地区 (不包括西藏、重庆和港澳台地区) 和 2003 ~ 2013 年 215 个地级城市为研究对象①。省级地区层面，重庆 1997 ~ 2013 年的数据并入四川处理。书中所有涉及价值形态的数据，均采用相应的价

---

① 由于田卫民 (2012) 计算了 27 个省区市的城市 GINI 系数和 24 个省区市农村、整体 GINI 系数。所以利用其省区市 GINI 系数估计时，研究对象可能 27 个或 24 个省区市；215 个地级城市分布于 30 个省级地区 (除西藏和港澳台地区)，其中东部城市 87，中部城市 82 个，西部城市 46 个，具有较强的代表性。

格指数调整为2000年为基期的不变价值；FDI数据则以历年人民币对美元年均价换算成人民币处理。相关数据主要源自相应年份的《中国统计年鉴》《中国城市统计年鉴》《区域经济统计年鉴》《中国环境统计年鉴》，部分城市层面的人口、收入数据来自其所属省份的省级统计年鉴。表7-1给出了相关变量的统计性描述。由表7-1可知，省区市人均收入（*EY*）、城市人均收入（*ey*）的均值分别为1.07、2.03，标准差为0.73、1.501，说明各省区市和城市经济发展存在较大差异，也表明收入门槛研究的必要性。同样可知，除经济结构变量外，其他变量在省区市和城市间均存在较大差异。

表7-1　变量的统计性描述

变量	ew	es	ey	s	h	fdi	th	g	gu
单位	吨/人	Kg/人	万元/人	%	年	%	—	—	—
平均值	16.837	15.241	1.07	45.297	0.851	7.21	0.122	0.382	0.290
最小值	3.08	2.27	0.27	19.74	0.349	0.23	0.0001	0.228	0.135
最大值	82.06	60.66	4.18	61.5	1.332	22.59	0.273	0.513	0.397
标准差	10.236	9.96	0.73	8.09	0.213	4.33	0.057	0.062	0.046
观测值	551	551	551	551	551	551	551	456	513
变量	gv	EW	ES	EY	S	H	FDI	TH	R
单位	—	吨/人	Kg/人	万元/人	%	年	%	—	—
平均值	0.311	21.081	44.368	2.03	50.293	0.899	17.004	0.113	2.852
最小值	0.184	0.311	0.021	0.243	15.7	0.17	0	0	0.34
最大值	0.427	532.874	2734.55	11.006	90.97	2.41	155.248	0.33	5.57
标准差	0.049	23.047	119.602	1.501	10.824	0.305	17.002	0.061	0.892
观测值	456	2365	2365	2365	2365	2365	2365	2365	2365

第四节　实证结果与分析

一、省级地区的实证分析

由于本章研究省区市数据的时间跨度较长（19 年），模型中部分变量可能并非平稳序列；而门槛估计要求模型中所有变量（尤其是门槛变量）必须是平稳序列。同时，为避免“伪回归”现象的出现。在门槛面板估计前，对所有省区市变量进行面板平稳性检验。考虑面板单位根可能存在的差异性，笔者分别用 LLC 检验和 ADF – Fisher 检验两种方法进行考察，结果见表 7 – 2。由表 7 – 2 可知，除 ln*es*、ln*ey*、*fdi*、*g* 和 *gv* 外，所有变量均可在 1% 显著性水平拒绝单位根存在；而这五个变量也均可在 5% 水平上通过平稳性检验。可以认为，所有省区市回归变量均为平稳序列。

表 7 – 2　　省区市变量的平稳性检验

变量	检验形式 (c, t, l)	LLC 检验		ADF – Fisher 检验	
		统计量	概率值	统计量	概率值
lnew	(0, 0, 3)	–3.7780	0.0001	121.1146	0.0000
lnes	(c, t, 2)	–2.0145	0.0202	79.5323	0.0313
lney	(0, 0, 3)	–2.0019	0.0135	100.9210	0.0000
$(\ln ey)^2$	(0, 0, 3)	–5.9044	0.0000	132.2103	0.0000
s	(c, t, 2)	–3.6622	0.0001	99.6278	0.0000
h	(c, 0, 2)	–6.4218	0.0000	102.1137	0.0000
fdi	(c, t, 0)	–5.0622	0.0000	84.9210	0.0288

续表

变量	检验形式（c，t，l）	LLC 检验		ADF－Fisher 检验	
		统计量	概率值	统计量	概率值
th	（c，0，2）	－6.0314	0.0000	89.2271	0.0071
g	（c，0，2）	－4.9931	0.0000	77.6214	0.0329
gu	（c，0，2）	－2.8410	0.0032	83.9311	0.0005
gv	（c，0，2）	－6.5218	0.0000	69.1152	0.0397

注：c，t，l 分别表示带有常数项、趋势项和滞后阶数。

表 7－3 给出了以式（7－7）为基础，利用门槛面板估计方法，得到的两种污染物为解释变量时，不同收入差距指标的收入门槛估计值及其 5% 置信区间。由表 7－3 可知，对以工业废水排放为污染的估计来说，以 *th*、*gu*、*gv* 衡量收入分配时，均存在单一收入门槛效应，且估计得到的收入门槛值均为 1.43 万元；以 *g* 衡量收入分配时，存在双重收入门槛效应，两个门槛估计值分别为 1.45 万元、1.96 万元。对以工业二氧化硫排放为污染物的估计来说，以 *th*、*g*、*gu*、*gv* 衡量收入分配时，均存在单一收入门槛效应，其门槛估计值分别为 1.15 万元、1.04 万元、1.04 万元和 1.04 万元。表 7－3 中 F 检验的结果表明，相关门槛估计均至少在 5% 水平通过了门槛效应显著性的检验。

表 7－3　　省区市门槛变量的显著性检验和置信区间估计

污染物	指标	门槛数	F 值	10%	5%	1%	门槛值	5% 置信区间
工业废水	th	单一	5.476**	2.462	3.986	6.553	1.43	（1.41，1.48）
		双重	3.519	2.977	4.041	8.551	0.59	
	g	单一	8.050**	2.532	4.075	10.135	1.96	（1.95，1.98）
		双重	7.194***	2.931	3.971	6.724	1.45	（1.41，1.50）
		三重	3.013	1.956	3.724	6.113	2.48	

续表

污染物	指标	门槛数	F值	10%	5%	1%	门槛值	5%置信区间
工业废水	gu	单一	4.192**	2.048	3.870	9.011	1.43	(1.41, 1.50)
		双重	3.937	2.385	4.208	8.066	2.91	
	gv	单一	7.822***	3.814	4.591	6.962	1.43	(1.43, 1.50)
		双重	3.629	2.001	4.421	6.788	1.73	
二氧化硫	th	单一	5.205**	2.907	3.990	8.092	1.15	(1.11, 1.17)
		双重	3.056	2.701	3.672	7.056	0.56	
	g	单一	6.014**	2.991	4.185	7.886	1.04	(1.04, 1.05)
		双重	3.935	2.589	4.364	6.779	0.49	
	gu	单一	9.047***	3.018	4.323	7.550	1.04	(1.04, 1.05)
		双重	3.519	2.542	4.176	6.945	0.49	
	gv	单一	5.105**	2.014	3.819	7.202	1.04	(1.04, 1.05)
		双重	3.027	2.917	3.729	6.005	0.49	

注：表中的F值和10%、5%、1%的临界值均为采用“自抽样”300次得到的结果；***和**分别表示在1%和5%水平显著。

表7-4显示了污染物为工业废水的估计结果，在表7-4中，模型1、模型2、模型3、模型4分别是以城乡收入差距（*th*）、地区GINI系数（*g*）、城镇GINI系数（*gu*）、农村GINI系数（*gv*）表示收入差距的估计结果。模型中 ln*ey* 的估计系数均为正值，$(\ln ey)^2$ 的估计系数均为负值，且大部分至少在10%的水平显著；这与田柳和赵军（2012）、钟茂初和赵志勇（2013）等估计一致，说明 *ey* 与废水排放之间存在倒“U”型EKC曲线关系。变量 *s* 的估计系数均显著为正，显示工业比重上升将加剧环境污染，说明中国工业生产增长是以牺牲环境为代价实现的。变量 *h* 的估计系数均至少在10%水平显著为负，这与刘瑜琳和温怀德（2007）、余官胜（2010）的结果类似，说明

人力资本提升可能通过促进环境技术的进步改善环境质量。*fdi* 的系数的方向并不一致，且多数未通过显著性检验，说明 FDI 对环境的影响并不确定；这可能是，FDI 对中国环境的影响方向会因投资地收入水平、环境规制、人力资本等的不同而存在显著差异（李子豪，2015）。

表 7－4　　污染物为工业废水的估计结果

模型 1		模型 2		模型 3		模型 4	
变量	估计值	变量	估计值	变量	估计值	变量	估计值
lney	0.3024	lney	0.1959	lney	0.2175	lney	0.1695
	3.21***		1.42		1.84*		3.28***
$(lney)^2$	－0.1261	$(lney)^2$	－0.0861	$(lney)^2$	－0.1022	$(lney)^2$	－0.0733
	－1.79*		－2.63**		－2.10**		－2.24**
s	0.0426	s	0.0258	s	0.0308	s	0.0367
	10.94***		4.95***		6.56***		6.85***
h	－0.4640	h	－0.2400	h	－0.3722	h	－0.3711
	－1.84*		－1.99**		－2.39**		－2.52**
fdi	0.0023	fdi	0.0008	fdi	－0.0005	fdi	0.0011
	1.76*		0.64		－0.34		1.39
th (ey≤1.43)	－0.3923	g (ey≤1.45)	－0.5133	gu (ey≤1.43)	－0.2864	gv (ey≤1.43)	－0.1493
	－2.17**		－1.93*		－1.35		－2.14**
th (ey＞1.43)	2.9301	g（1.45＜ey≤1.96）	1.3199	gu (ey＞1.43)	0.5469	gv (ey＞1.43)	3.4923
	3.81***		2.30**		1.69*		4.22***
		g (ey＞1.96)	5.7375				
			8.28***				

注：小数点保留四位的数字为各变量的估计系数，估计系数下面的数字为渐进 t 统计值；***、**、* 表示 t 统计值在 1%、5%、10% 水平显著；表 7－5、表 7－6、表 7－7 中符号含义同此表。

收入差距对环境的影响是本书重点：在表7－4中模型1、模型3、模型4中，当 $ey \leq 1.43$ 万元时，th、gu、gv 的估计系数均为负值，$ey > 1.43$ 万元时则相反；在模型2中，g 系数的符号在 $ey = 1.45$ 万元上下也截然相反；且多数估计系数比较显著。这表明，收入差距对环境的影响存在收入门槛效应，当收入水平比较低时，收入差距扩大将减少废水排放；而当收入水平较高时，收入差距扩大将增加废水排放。一方面，正如理论模型所述，不同收入阶段，民众环境消费偏好变化所导致的环境治理差异带来此种门槛效应；另一方面，考虑收入差距扩大对中国的经济负面影响时，此种结果也可加以解释①。根据EKC机制，当收入较低时，收入增长将加剧环境污染；而当收入较高时，收入增长则有利于环境的改善；而在当前阶段，收入差距扩大则通过抑制资本积累、人力资本投资等渠道显著阻碍了中国经济增长（王少平和欧阳志刚，2008）。这就意味着，在收入较低的阶段，收入差距扩大通过阻碍经济增长间接减少污染排放；而当人均收入较高时，收入差距扩大对经济的抑制作用则间接地增加了环境污染。

表7－5显示了污染物为二氧化硫的估计结果。在表7－5中，模型5、模型6、模型7、模型8同样分别用 th、g、gu、gv 表示收入分配水平。根据四个模型中 $\ln ey$、$(\ln ey)^2$ 的估计系数可知，ey 与二氧化硫排放同样存在倒"U"曲线关系。其他估计系数与表7－4无较大变化，说明表7－4结果的稳健性。在模型5中，$ey \leq 1.15$ 万元时，th 的估计系数显著为负，$ey > 1.15$ 万元时则相反；在模型6、模型7、模型8中，g、gu、gv 系数符号也以 $ey = 1.04$ 万元为界，存在显著差异。这表明，收入差距对二氧化硫排放同样存在较为显著的收入门槛

① 王少平和欧阳志刚（2008）收入差距对中国经济增长的影响研究表明，收入差距对经济增长的影响方向会因为经济发展水平、收入差距程度不同而存在显著差异。其门槛估计的结果表明，1978～1991年城乡收入差距促进了中国经济增长；1992年后，城乡收入差距则显著阻碍了中国的经济发展。研究期为1995～2013年，认为研究期内收入差距对经济增长主要发挥负面作用是合适的。

效应。结合表7-4和表7-5的结果，对四类收入差距指标的系数显著性比较后发现：城乡收入差距（*th*）、农村收入差距（*gv*）最强，整体收入差距（*g*）次之，而城市收入差距（*gv*）却不甚显著。由于城乡、农村收入差距拉大是当前中国收入分配失衡的主要原因（周云波，2009；田卫民，2012），这就意味着，收入差距对环境的收入门槛效应主要通过城乡、农村差距产生。原因可能是，伴随农村地区经济水平的迅速提升，城乡、农村收入差距拉大使农村居民对公共环境物品的偏好产生显著变化，从而对污染产业向近郊或农村的转移进程产生显著影响；而城市收入差距拉大虽然也可一定程度改变居民环境偏好，但在城市产业结构不断优化的背景下，此种变化对工业污染排放的影响可能并不显著。

表7-5　　污染物为二氧化硫的估计结果

模型5		模型6		模型7		模型8	
变量	估计值	变量	估计值	变量	估计值	变量	估计值
lney	0.4853	lney	0.5160	lney	0.4319	lney	0.4106
	4.05***		3.92***		4.87***		4.33***
$(\text{lney})^2$	-0.2703	$(\text{lney})^2$	-0.2919	$(\text{lney})^2$	-0.2359	$(\text{lney})^2$	-0.2427
	-2.12**		-1.84*		-1.90*		-2.01**
s	0.0385	s	0.0401	s	0.0476	s	0.0477
	9.17***		9.49***		11.72***		10.33***
h	-0.2959	h	-0.4016	h	-0.3491	h	-0.4103
	-2.99***		-3.14***		-1.80*		-4.19***
fdi	0.0010	fdi	-0.0007	fdi	0.0031	fdi	0.0020
	1.40		-0.88		1.21		1.79*
th	-0.2740	g	-0.4885	gu	-0.3022	gv	-0.5012
(ey≤1.15)	-2.06**	(ey≤1.04)	-1.51	(ey≤1.04)	-1.03	(ey≤1.04)	-1.90*
th	1.9131	g	2.7922	gu	0.9074	gv	2.6172
(ey>1.15)	3.58***	(ey>1.04)	4.35***	(ey>1.04)	1.59	(ey>1.04)	4.87***

二、城市层面的稳健性检验

以上估计虽然验证了收入差距对环境的收入门槛效应，却是以省区市为对象的研究结果，层面仍略显宏观；在城乡收入差距的衡量上，也仅用泰尔指数单一表征。为从相对微观层面对收入差距环境影响的收入门槛效应进行验证，并对城乡收入差距的影响进行稳健性检验，本章研究再以 2003 ~ 2013 年 215 个地级城市为研究对象，同时以城市泰尔指数（*TH*）和城乡收入比（*R*）表征城乡收入差距，进一步考察城乡收入差距对环境的收入门槛效应①。

表 7 – 6 同样是利用门槛面板估计，以两种污染物为解释变量时，得到的不同城乡收入差距指标的收入门槛估计值及其 5% 置信区间②。由表 7 – 6 可知，以工业废水为污染物时，*TH* 和 *R* 的影响均存在单一门槛效应，且其门槛值分别为 4.04 万元和 4.19 万元。以二氧化硫为污染物时，*TH* 的影响存在单一门槛效应，其门槛值为 2.57 万元；而 *R* 的影响存在双重门槛效应，其门槛值分别为 2.49 万元和 4.46 万元。

表 7 – 6　城市门槛变量的显著性检验和置信区间估计

污染物	指标	门槛数	F 值	10%	5%	1%	门槛值	5% 置信区间
工业废水	TH	单一	7.235**	2.677	3.784	7.812	4.04	(3.75，4.21)
		双重	3.071	2.661	3.292	6.597	1.83	
	R	单一	8.922***	2.451	3.52	6.243	4.19	(3.75，4.25)
		双重	3.493	2.594	3.802	7.036	0.74	

① 由于城乡、农村收入差距拉大是中国当前收入分配失衡的主要原因，也是收入差距对环境收入门槛效应的主要作用渠道，本章有必要对城乡、农村收入差距的收入门槛效应进行稳健性检验；但城市层面的农村收入差距指标难以获得，城市层面的实证研究仅验证了城乡收入差距对环境的影响。

② 进行面板门槛估计前，本章对城市层面的估计变量进行了面板平稳性检验，根据 LLC 检验和 ADF – Fisher 的检验结果，至少在 5% 的显著性水平，所有城市估计变量均是平稳的。

续表

污染物	指标	门槛数	F值	10%	5%	1%	门槛值	5%置信区间
二氧化硫	TH	单一	6.991***	2.634	3.862	6.703	2.57	(2.28, 2.57)
		双重	2.868	2.536	3.739	6.095	0.81	
	R	单一	8.688***	2.372	3.85	8.579	4.46	(3.51, 5.18)
		双重	6.943**	2.696	3.827	7.453	2.49	(1.84, 2.57)
		三重	4.067	2.883	4.316	6.392	1.70	

注：表中的F值和10%、5%、1%的临界值均为采用“自抽样”300次得到的结果；*** 和 ** 分别表示在1%和5%水平显著。

表7－7显示了城市层面城乡收入差距对环境的影响。在表7－7中，模型9、模型10以工业废水为解释变量，模型11、模型12以二氧化硫排放为解释变量。表7－7中大部分解释变量的估计结果与表7－4、表7－5类似，说明省级层面结果的稳健性。模型9、模型10表明，$EY \leqslant 4.04$万元或$EY \leqslant 4.19$万元时，TH或R的增加将显著降低工业废水排放，反之则反是。模型11、模型12表明，在$EY \leqslant 2.57$万元或$EY \leqslant 2.49$万元时，TH、R与二氧化硫排放显著负相关，反之则反是。这再次验证了城乡收入差距对环境存在显著收入门槛效应的论断。结合表7－4和表7－5中收入差距的估计系数发现：在低收入阶段，收入差距扩大对环境积极影响的统计显著性和估计值均相对较弱。究其原因，可能是因为：一方面，高收入阶层较低的污染排放倾向更多地体现在生活污染物方面（何瑞克等，2001），对工业污染物的积极影响可能并不显著；另一方面，高收入阶层在环保政策方面的积极作用也不明显①，使收入差距扩大对环境污染的改善作用并不显著。

① 据2010年11月19日《经济参考报》题为《我国专业精英及富人移民调查》报道，中国专业精英和富裕阶层移民的首要动机是为了追求更高质量的生活，其中，环境质量是他们考虑的重要因素。这表明，斯克鲁格斯（Scruggs，1998）认为富裕阶层会通过加强环境规制来控制污染的现象可能并未显现；反而验证了博伊斯（Boyce，1994）认为的，富裕阶层可能会通过积累财富，进而通过移民来规避环境污染的判断。

表 7-7　　城市层面的估计结果

解释变量为 *EW*				解释变量为 *ES*			
模型 9		模型 10		模型 11		模型 12	
变量	估计值	变量	估计值	变量	估计值	变量	估计值
lnEY	0.1903	lnEY	0.2064	lnEY	0.3702	lnEY	0.3528
	1.63		1.71*		2.01**		1.97*
(lnEY)^2	-0.0630	(lnEY)^2	-0.0794	(lnEY)^2	-0.1325	(lnEY)^2	-0.1419
	-1.81*		-2.04**		-1.92*		-2.07**
S	0.0112	S	0.0108	S	0.0499	S	0.0501
	3.19***		3.22***		6.30***		6.37***
H	-0.1205	H	-0.1193	H	-0.0474	H	-0.0602
	-1.83*		-1.55		-1.90*		-2.01**
FDI	0.0002	FDI	0.0003	FDI	0.0113	FDI	0.0106
	0.46		0.48		1.44		1.37
TH (EY≤4.04)	-0.1015	R (EY≤4.19)	-0.1962	TH (EY≤2.57)	-0.3401	R (EY≤2.49)	-0.2761
	-1.92*		-2.04**		-2.48**		-3.11***
TH (EY>4.04)	2.0841	R (EY>4.19)	1.8526	TH (EY>2.57)	1.4913	R (2.49<EY≤4.46)	0.8913
	3.75***		4.73***		4.66***		4.37***
						R (EY>4.46)	2.2219
							3.06***

本章小结

不断扩大的收入差距和日益严重的环境污染已经成为困扰中国发展的两大问题，在地区经济发展存在显著差异的背景下，研究收入差距对环境污染的收入门槛效应富有现实意义。本章研究在实际环境污染分析框架下，通过中间选民环境偏好选择模型的推导，从理论层面揭示了收入差距对环境影响存在收入门槛的可能性。而后，分别利用省区市和城市层面的面板门槛估计发现，收入差距对中国环境存在显著的收入门槛效应：当人均收入水平较低时，收入差距扩大有利于污染的改善；而当人均收入较高时，收入差距扩大则加剧了环境污染；对各种收入差距指标比较发现，收入差距对环境的收入门槛效应主要通过城乡、农村收入差距产生。

本章结论具有以下政策启示：第一，由于收入差距扩大在低收入阶段对环境污染存在较为显著的积极影响。这意味着，在经济发展相对落后的地区，缩小收入差距与环境污染治理之间存在某种程度的两难“悖论”。因此，缩小落后地区收入差距必须与促进经济发展并举，在发展中解决收入失衡问题，从而避免或减少收入差距缩小可能增加的污染压力。第二，由于收入差距扩大在高收入阶段显著增加了污染排放，且随地方经济发展，此种负面影响也会愈发显著。因此，加大力度缩小收入差距不仅是缓和社会矛盾、稳定经济增长的重要举措，它对“美丽中国”构想的实现也具有重要意义。第三，由于城乡、农村收入差距扩大对环境存在十分显著的负面影响，且两者也是中国收入差距不断拉大的主要原因。因此，着力解决城乡、农村城乡收入不平等问题，不仅是当前中国缩小居民收入差距的重点，也是抑制收入差距扩大对环境负面影响的主要努力方向。

第八章　人口老龄化对碳排放的影响研究

温室效应是当前全球面临的重要问题。联合国气候变化委员会（IPCC）的评估报告认为，近半个世纪以来，全球温室效应的最主要原因（90%）是人类活动的结果，尤其是大量消耗化石能源所导致的二氧化碳排放。而据国际能源局（IEA）的数据显示，改革开放以来，中国能源消耗所导致的碳排放量已由1979年的14.1亿吨跃升至2007年的60.32亿吨，超越美国成为全球第一大温室气体排放国。考虑到中国经济增速、能源消耗结构和人口基数等刚性因素，中国碳减排面临巨大的压力。

在碳排放量迅速增长的同时，中国人口年龄结构也在发生着明显的变化：全国65岁及以上人口总数已由1982年的0.51亿升至2008年的1.09亿；老龄化水平（65岁及其以上年龄人口占总人口的比重）也由1982年的4.9%升至2008年的8.3%。现有研究表明，老龄化程度的加深将对经济发展和能源消耗产生重要影响，进而导致的碳排放水平的显著变化（韦伯和伯瑞斯，2000；道尔顿等，2008；彭希哲和朱勤，2010）。考虑到中国巨大的人口基数和老龄化快速发展的态势，研究中国人口老龄化与碳排放的关系具有重要的现实意义。

第一节　文献综述

人口与碳排放关系方面的研究，早期的研究者比较关注人口数量与碳排放之间的关系，代表性的研究有：埃利希和霍尔德伦（Erlich and Holdren，1971）提出的IPAT理论，卡亚（Kaya，1990）提出的Kaya恒等式和迪茨和罗萨（Dietz and Rosa，1994）提出的STIRPAT模型等。此类研究主要是把人口数量作为影响碳排放水平的重要因素融合进相应的模型之中，进而通过因素分解或者计量模型的方式对两者之间的关系进行研究。而随着此方面研究的深入，相关学者开始关注人口的结构因素，诸如年龄结构、性别结构、家庭户型、人口密度和城镇人口率等因素对于碳排放的影响（安其施，2003；科尔和诺伊迈尔，2004；乔根森，2007；奥夫哈莫和卡森，2008；拉蒂和卡尼亚马，2010；彭希哲和朱勤，2010；王钦池，2011）。

在研究方法上，人口对碳排放关系的研究主要可以分为以下三类：

第一类是因素分解研究。此类研究主要以 IPAT、Kaya 和 STIRPAT 等理论模型作为基础，运用各种常用的分解方法，对人口与碳排放的关系进行研究。如麦凯勒等（Mackeller et al.，1995）分别以 IPAT 和其变异模型 IHAT 为基础，运用拉氏指数分解法对全球 1970～1990年能源消耗和碳排放的影响因素进性分析。研究结果表明，对发达国家而言，经济增长是能源消耗和碳排放增长的首要因素；而对发展国家而言，人口和家庭的增长则是能耗和碳排放增加的最主要原因。阿尔布雷克特等（Albrecht et al.，2002）以 Kaya 方程作为基础，运用 LMDI 方法对全球 1960～1996 年的碳排放进行了分解研究。研究表明，人口总量是增加碳排放的主要因素，仅次于经济因素；对不同类型的国家的研究表明，人口因素对发展中国家的促进作用要显著强于发达国家。运用指数分解法，相关学者可以较为容易地找到碳排放的影响因素，并对不同时期不同因素的影响进行定量的比较分析；但是指数分解法对相关因素之间关系的考察是基于线性模式的，对于人口因素与碳排放之间的非线性关系很难进行考察。

第二类是基于计量方法的研究。此类研究主要是以 IPAT 模型或环境库兹涅茨曲线（EKC）模型作为理论基础，运用时间序列分析、面板分析等常用的计量方法，对国家或地区层面的时间序列或者面板数据进行研究，以考察人口因素与碳排放之间的关系。如科尔和诺伊迈尔（Cole and Neumayer，2004）以 IPAT 模型作为理论基础，运用静态面板的分析方法对 1975～1998 年 98 个国家的数据进行了研究。结果表明，人口规模与碳排放之间存在较为显著的“U”型曲线关系，而工作年龄（15～64岁）人口的增加则在一定程度上增加了一国的碳排放。奥夫哈莫和卡森（Auffhammer and Carson，2008）则以EKC模型作为基础，利用动态面板的分析方法对1985～2004年中国25个省级单位碳排放做了研究。研究结果表明，中国碳排放存在较为明显的排放惯性；碳排放与经济增长之间存在较为明显倒“U”型曲线关系；各地区人口密度与碳排放之间存在显著的正相关。相对于因素分解方法，计量分析由于其模型的灵活性，而且通过面板数据分析具有较大的样本容量和自由度，而且可以通过方法上的一些处理，控制变量的异质性、减少其共线性等，可以比较有效地考察人口因素与碳排放之间的关系。

第三类是基于系统仿真的研究。此类研究主要是以相应年份的有关数据为基准，通过构建相应的人口—能源或者人口—经济—碳排放的系统模型，从而对人口变动对碳排放的影响进行模拟分析。如道尔顿等（Dalton et al.，2008）以大量的美国家庭层面的调研数据作为基础，借助于人口—环境—技术（PET）模型，通过对2000～2010年美国的碳排放进行情景模拟，研究了人口老龄化对美国碳排放的影响。预测结果表明，研究期内人口老龄化对美国的碳排放降低产生了积极影响，甚至在一定情况下，人口老龄化对碳排放的降低作用显著强于技术因素。普利亚菲托等（Puliafito et al.，2008）通过构建反映人口—产出—能耗—碳排放的捕食系统模型，对全球1850～2150年的人口变动与经济、碳排放进行了研究。研究表明，人口规模的变动主要通过对产出的影响间接对碳排放产生影响；对未来的仿真分析表明，此种影响将在2075年以后弱化。与以上两类研究方法相比，此类研究的优点在于，通过构建较为复杂的人口—经济—能源系统模型，能模拟不同情境下人口因素变动对碳排放的影响；但仿真研究需要大量的数据支撑，且受到系统边界确定、变量选取和参数设置的制约，模拟结果存在一定的不确定性。

利用中国1990～2008年的时间序列数据和1995～2008年29个

省级地区的面板数据，运用因素分解法和动态面板计量分析，本章研究对人口老龄化与碳排放之间的关系进行了研究。本章研究与已有研究在以下方面存在不同：第一，在研究思路上，现有研究大多将人口老龄化作为研究人口规模与碳排放时的参考因素，一般基于线性假设来考察两者之间的关系。本章则将人口老龄化作为主要的考察对象，从非线性框架来分析两者的关系；而且，通过在实证模型中引入不同的因素变量，比较考察了老龄化不同渠道对碳排放的影响。第二，在研究方法上，现有研究多采用因素分解、计量分析或系统仿真等单一手段考察人口因素与碳排放之间的关系，存在一定局限性；本章则运用因素分解和计量分析相结合的方法：因素分解方面，通过将老龄化因素纳入碳排放模型之中，本章首次运用因素分解方式考察了老龄化对碳排放的影响；计量分析方面，本章研究构造相应的动态面板模型和使用 GMM 估计方法，更加科学地考察两者间的关系。最后，在研究对象上，国家层面人口因素与碳排放之间关系的研究比较常见，但基于区域层面数据对中国人口老龄化与碳排放之间关系的研究则无人涉及。

本章研究的结构安排如下：首先运用 LMDI 分解法对中国和不同区域的碳排放影响因素进行分解；其次构建本章的理论框架并对本章的计量分析方法进行说明；而后对数据来源和变量选取进行说明；再次是对中国人口老龄化与碳排放关系的计量分析；最后提出本部分研究的结论和政策含义。

第二节　中国碳排放的 LMDI 分解分析

一、LMDI 分解模型

本节研究所采用的 LMDI 分解法，是当前国内外学者研究碳排放的影响因素时较多采用的一种方法。通过因素分解，可以较好地考察研究期内不同时间上人口老龄化对中国碳排放的影响，并对两者之间的关系做出初步判断；另外，通过对研究期内相关影响因素的比较分析，可以发现影响中国碳排放的最主要因素及相关因素与碳排放之间的关系，有利于本章计量模型的构建和影响变量的选择。

借鉴阿尔布雷克特等（Albrecht et al.，2002）、徐国泉等（2005）、林伯强（2009）的研究思路，在碳排放方程中引入老龄化因素，则本章的碳排放基本公式如下：

$$C = \sum_i C_i = \sum_i \frac{E_i}{E}\frac{C_i}{E_i}\frac{E}{Y}\frac{Y}{A}A \tag{8-1}$$

其中，C 为碳排放量，C_i 为第 i 种能源的碳排放量，E 能源的总消费量，Y 为 GDP，A 为老龄人口数。不同的变量组合反映了不同的因素对碳排放的影响，不同的因素如下：能源结构因素 $S_i = \frac{E_i}{E}$，反映能源组合的变化的影响；能源碳排放系数 $B_i = \frac{C_i}{E_i}$，反映碳排放系数变化的影响；单位 GDP 的能耗 $T = \frac{E}{Y}$，反映能耗技术变化的影响；老龄人口的人均 GDP 为 $L = \frac{Y}{A}$，反映经济发展水平的影响。

式（8－1）两边同时除以人口总数，得到人均碳排放（M）方程式如下：

$$M = \frac{C}{P} = \sum_i \frac{E_i}{E}\frac{C_i}{E_i}\frac{E}{Y}\frac{Y}{A}\frac{A}{P} = \sum_i S_i B_i TLO \tag{8-2}$$

式（8－2）中人口老龄化水平 $O = \frac{A}{P}$，反映老龄化对碳排放的影响；则 M 主要受 S_i（能源结构）、B_i（能源排放系数）、T（能耗技术水平）、L（经济发展水平）和 O（老龄化水平）的影响。

根据式（8－2），则 t 期相对于基期的 M 的变化可表示为：

$$\Delta M = M^t - M^0 = \sum_i S_i^t B_i^t T^t L^t O^t - \sum_i S_i^0 B_i^0 T^0 L^0 O^0$$
$$= \Delta S + \Delta B + \Delta T + \Delta L + \Delta O + \Delta rsd \quad (8-3)$$

其中，ΔS、ΔB、ΔT、ΔL 和 ΔO 分别表示能源结构、能源排放系数、能耗技术、经济发展水平和老龄化水平引起的碳排放变化，Δrsd 为分解余项。

根据 LMDI 方法进行分解，不存在相应的分解余项；且考虑到能源排放系数在研究期内不存在变化。则各因素从基期到 t 期的 LMDI 因素分解式如下：

$$\Delta S = \sum_i V_i \ln(S_i^t / S_i^0) \quad WV\Delta T = \sum_i V_i \ln(T_i^t / T_i^0)$$
$$\Delta L = \sum_i V_i \ln(L_i^t / L_i^0) \quad WV\Delta O = \sum_i V_i \ln(O_i^t / O_i^0) \quad (8-4)$$

其中，$V_i = (M_i^t - M_i^0) / \ln(M_i^t / M_i^0)$。

二、数据说明和分解结果

（一）数据说明

本节研究主要分析中国碳排放影响因素，全国层面的研究时段为 1990～2008 年，各地区的研究时段为 1995～2008 年。能源数据来源于 1991～2009 年《中国能源统计年鉴》，相对于以往的以煤炭、原油、天然气作为主要能源消耗种类，本节新增了燃料油、汽油、柴油和焦炭等四类常用能源；各种能源的碳排放系数根据 IPCC 提供的方法得到，各种能源的占比数据根据《中国能源统计年鉴》附录中的能源标准煤折算系数算得。GDP、人口总量和老龄化水平指标均来自《中国统计年鉴》，其中 GDP 为以 1990 年为基期的实际 GDP。

（二）计算结果及分析

以相应的数据作为基础，根据式（8－4），本节计算得到能源结构、能耗技术、经济发展和老龄化对全国和东中西地区碳排放的影响。本章内容主要考察中国老龄化与碳排放间的关系，本节研究重点给出老龄化因素对碳排放的影响，具体结果见图8－1。

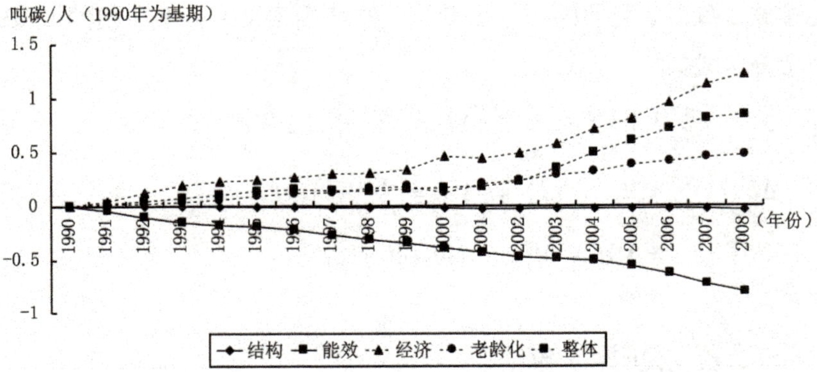

图8－1　中国人均碳排放影响因素分解（1990～2008年）

由图8－1可知，研究期内，中国人均碳排放持续走高，整体上升了0.84吨；从增速看，2000年前较为平缓，之后较快，由同期各因素的走势可知，这主要是经济因素的拉动作用。四种影响因素的走势差异较大：经济发展和老龄化一直是人均碳排放增长的主要原因，且经济发展的贡献更大；技术进步是碳排放下降的最主要原因，且其作用在2004年后更加显著；能效结构对碳排放下降存在一定积极作用，但效果并不显著，这主要是中国长期以煤炭为主的能源结构变动不大的原因。

为深入研究老龄化、经济发展与碳排放的关系，本节给出了两者对碳排放的年度影响图。由图8－2可知，除个别年份外（由于统计口径的变化，老龄化和经济发展的影响的在2000～2001年存在较大异动），研究期内老龄化和经济发展均显著提升了碳排放水平。对老龄化而言，剔除2000年的异动，老龄化的影响存在倒“U”型态势：2000年以前老龄化的影响处于相对较低的水平；2001～2005年，老龄化的影响显著上升；之后，老龄化的影响又回到较低水平，且存在下滑态势。同样剔除个别年份的异动后，经济因素对碳排放的影响也存在显著的时期差异：1994年前影响相对较大；1995～1999年影响相对较小；2002年后开始迅速攀升，并在2007年达到顶点，2008年有所下滑。整体来看，经济因素的影响与同期中国宏观经济的走势基本一致。

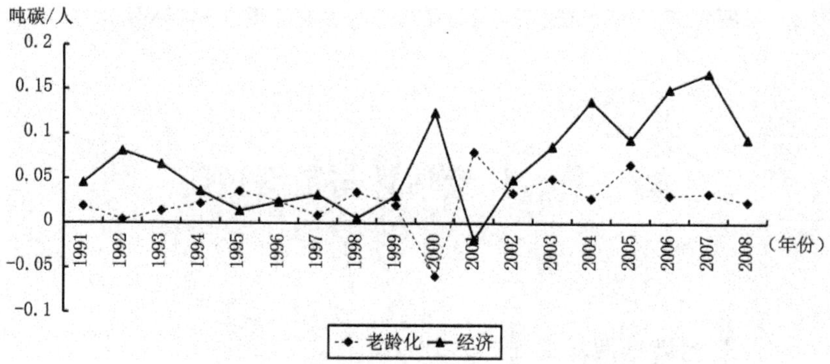

图8－2　老龄化和经济发展对各年碳排放的影响（1991～2008年）

图8－3显示了不同地区老龄化对碳排放的累计影响。可以看到，老龄化在研究期内对三个地区碳排放水平的提升始终起推动作用，三条线的走势也基本一致；随着时间推移，此种影响愈发显著。但是，从贡献绝对值来看，三地老龄化对碳排放的影响也存在一定差异：2004年以前，东部老龄化对当地碳排放的增长的贡献一直高于中西部，但此后其贡献值则显著低于中西部，且增势有所放缓；中西部老龄化对碳排放的贡献也存在一定差异，2004年以前，两地老龄化的贡献高低互现，但此后中部老龄化的贡献则始终高于西部，但两者之间差距正在逐步拉近。此种差异和变化可能与三地老龄化与经济发展水平的差异有关。

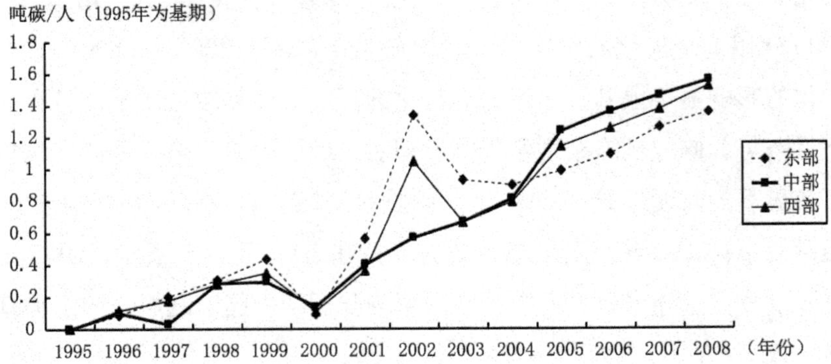

图8-3　老龄化对不同地区碳排放的影响（1995~2008年）

第三节　计量估计与数据说明

一、计量模型选择

现有研究人口与碳排放关系的计量分析，大多采用IPAT模型或者其扩展STIRPAT模型作为其实证分析框架（安其施，2003；科尔和诺伊迈尔，2004；彭希哲和朱勤，2010；李国志和李宗植，2010；王钦池，2011）。此框架可以直接将人口规模（P）纳入影响碳排放的模型中，并与财富（A）、技术（T）等因素结合，着重考察人口规模对碳排放总量的影响。部分研究者则采用EKC模型的框架来考察人口因素与碳排放强度之间的关系（兰茨和冯，2006；奥夫哈莫和卡森，2008）。所谓EKC，是指格罗斯曼和克鲁格（Grossman and Krueger，1991）提出的环境状况与经济发展之间先恶化后改善的倒"U"型曲线关系。现有研究多采用扩展的EKC模型，即在EKC曲线中加入一些重要的解释变量，使因素的选择并不受限于IPAT模型的框架，从而显著增强模型的解释能力；而且，通过在扩展模型中加入不同解释变量的二次项或三次项，还可较好地考察变量与碳排放强度之间的非线性关系。

由本章研究的因素分解结果，经济发展和老龄化是影响人均碳排放的最重要因素；图 8－2 中曲线的走势也表明，人口老龄化、经济发展与人均碳排放间可能存在一定的倒“U”型关系。根据以上分析，且本章研究着重考察老龄化与碳排放强度之间的关系，故本章采用 EKC 模型作为实证分析的基本框架，并在其中加入因素分解所发现的其他重要解释变量。

借鉴国内外 EKC 模型研究经验，本章基本的碳库兹涅茨曲线（CKC）模型：

$$\ln c_{it} = \alpha + \beta_1 \ln y_{it} + \beta_2 (\ln y_{it})^2 + \theta_i + \nu_{it} \tag{8-5}$$

其中，i 和 t 分别表示地区和年份，c_{it} 、y_{it} 为人均碳排放和人均收入，α 为常数项，θ_i 表示省区市的个体效应，ν_{it} 为随机误差项。

奥夫哈莫和卡森（Auffhammer and Carson，2008）、李国志和李宗植（2010）等对中国省级碳排放的研究表明，中国碳排放的变动存在较强的路径依赖，即本期碳排放强度受到上期的显著影响；因此在模型（8－5）中加入因变量的滞后项 $\ln c_{it-1}$ ，以考察排放惯性的影响。道尔顿等（Dalton et al.，2008）、王钦池（2011）等对国外老龄化与碳排放关系的研究表明，老龄化与碳排放之间可能存在一定的非线性关系；因素分解结果也显示此种非线性关系存在的可能。因此，借鉴兰茨和冯（Lantz and Feng，2006）、魏巍贤和杨芳（2011）的方法，在模型（8－5）中分别加入老龄化的一次项 o 和二次项 o^2 ，以检验此种非线性关系在中国的存在性。得到本章实证研究老龄化与碳排放关系的基本模型（8－6）。

$$\ln c_{it} = \alpha + \beta_0 \ln c_{it-1} + \beta_1 \ln y_{it} + \beta_2 (\ln y_{it})^2 + \beta_3 o + \beta_4 o^2 + \theta_i + \nu_{it} \tag{8-6}$$

因素分解的结果显示，技术进步是降低碳排放的最主要诱因。在开放经济下，技术进步是本国研发投入和外部技术溢出的共同作用的结果。费希尔—范登等（Fisher – Vanden et al.，2006）、科尔等（Cole et al.，2008）的研究表明，本国的研究和开发（R&D）投入可以有效地提高能源利用效率并降低碳排放。乔根森（Jorgenson，2007）、帕金斯和诺伊迈尔（Perkins and Neumayer，2009）的研究表明，对外贸易尤其是出口（*ex*）可以显著提高出口国的技术水平，进而对当地碳排放的下降产生积极影响。因素分解表明，能源结构对碳排放强度的影响并不明显；乔根森（Jorgenson，2007）、帕金斯和诺伊迈尔（Perkins and Neumayer，2009）的研究也表明，产业结构变动对碳排放强度的影响较大。因此，在模型（8－6）中加入研发投入（$\ln R\&D$）、出口水平（ex）和产业结构（s），以考察技术和结构因素对碳排放的影响。得到本章全面考察多种因素对碳排放影响的模型（8－7）：

$$\ln c_{it} = \alpha + \beta_0 \ln c_{it-1} + \beta_1 \ln y_{it} + \beta_2 (\ln y_{it})^2 + \beta_3 o + \beta_4 o^2 + \beta_5 s + \beta_6 \ln R\&D + \beta_7 ex + \theta_i + \nu_{it} \quad (8-7)$$

现有研究认为，老龄化对碳排放影响主要是通过其对经济活动的影响实现，老龄化对碳排放的影响主要通过其对生产和消费两个渠道的影响实现（道尔顿等，2008；彭希哲和朱勤，2010；王钦池，2011）。所谓生产渠道，是指在老龄化的变动将导致劳动年龄（16～64）人口供给的变动，劳动年龄人口供给的变动将直接影响产出水平，进而对能源消耗和碳排放产生影响。所谓消费渠道，由于老年人的消费欲望相对较低，伴随老年人口在总人口中比重的增加，老龄化可通过降低居民消费水平而导致能源消耗和碳排放的下降。为考察老龄化不同渠道的影响，在模型（8－7）中分别引入老龄化与劳动供给的交叉项（$o * wor$）、老龄化与居民消费水平的交叉项（$o * con$）。但 o 和 o^2 与两交叉项可能存在较强的线性相关，故考察两渠道的影响时将剔除 o 和 o^2 变量。得到本章考察老龄化不同渠道影响的模型（8－8）、模型（8－9）：

$$\ln c_{it} = \alpha + \beta_0 \ln c_{it-1} + \beta_1 \ln y_{it} + \beta_2 (\ln y_{it})^2 + \beta_3 s + \beta_4 \ln R\&D + \beta_5 ex + \beta_6 o * wor + \theta_i + \nu_{it} \quad (8-8)$$

$$\ln c_{it} = \alpha + \beta_0 \ln c_{it-1} + \beta_1 \ln y_{it} + \beta_2 (\ln y_{it})^2 + \beta_3 s + \beta_4 \ln R\&D + \beta_5 ex + \beta_6 o * con + \theta_i + \nu_{it} \quad (8-9)$$

二、计量估计方法

由于计量模型（8－6）～模型（8－9）中等式右边均包含滞后一期的碳排放，导致解释变量和误差项之间存在相关性；其他解释变量，如人均收入（*lny*）也可能因与能源消耗密切相关而导致内生性的存在；若采用传统的最小二乘估计（Ordinary Least Square，OLS）估计，可能由于内生性问题而导致估计量的有偏和不一致。为了解决内生性问题，阿雷拉诺和邦德（Arellano and Bond，1991）提出一阶差分广义矩估计（Differenced Generalized Method of Moments ，DIF－GMM），此种方法可以一定程度上解决此种问题；但是，当 DIF－GMM 估计容易受到工具变量有效性的影响，尤其是时间维度较小时，DIF－GMM 估计结果可能存在较大偏差。为弥补此缺陷，阿雷拉诺和包威尔（Arellano and Bover，1995）、布伦德尔和邦德（Blundell and Bond，1998）又提出了系统广义矩估计（System Generalized Method of Moments ，SYS－GMM）。SYS－GMM 通过综合利用差分方程和水平方程的估计，并增加了一组滞后的差分变量作为水平方程的工具变量，从而提高了模型估计的有效性。

理论上，两阶段 GMM 比一阶段 GMM 估计更渐进有效，但二阶段估计的标准误存在下偏问题（阿雷拉诺和邦德，1991；布伦德尔和邦德，1998）。为解决此问题，本章对两阶段协方差矩阵进行了有限样本校正。横截面相依性也是动态面板容易出现的一个问题，由于各地区的碳排放受到诸如全国性的能源价格、环保政策等的共同影响，本章的计量模型中可能存在此种问题。因此，估计时将在计量模型中将引入年度虚拟变量，以克服此种影响。本章着重分析 SYS - GMM 的结果，同时给出 OLS 和 DIF - GMM 的结果以作比较。

在使用 GMM 方法估计相关模型时，本章用一阶差分转换方程的一阶和二阶序列相关检验 AR(1)、AR(2)的结果作为判断随机扰动项是否序列相关的依据；采用 Sargan 检验值作为工具变量可靠性的依据，若该变量检验值不显著，则接受工具变量不存在过度约束的原假设。同时，当 OLS 估计时，给出相应的 Hausman 检验值，作为固定效应和随机效应选择的依据。

三、数据来源和变量选择

本章计量分析部分数据主要源自 1996 ~ 2009 年的《中国统计年鉴》《能源统计年鉴》《中国科技统计年鉴》，部分年份数源自《中国人口统计年鉴》。为剔除价格因素，所有涉及价值形态的数据，均用 1990 年为基期的工业产品出厂价格指数进行调整；历年的出口数据，则根据当年人民币对美元的平均汇率折算成人民币并剔除价格因素。考虑到数据的一致性和可得性，研究对象不包括港澳台地区和西藏自治区、重庆市（1997 年后所有重庆市的数据并入四川省），最终采用 1995 ~ 2008 年 29 个省区市的 406 个样本。

目前并无各地区 CO_2 排放的官方统计，现有研究（许广月和宋德勇，2010；李国志和李宗植，2010）主要根据各地区的能源消耗量进行估算。借鉴他们的做法，根据政府间气候变化专门委员会（IPCC，2006）提供的七种主要燃料（具体为煤炭、原油、天然气、燃料油、柴油、汽油和焦炭等）的相关数据和计算方法，笔者测算得到各燃料的碳排放系数，结合各地实际消耗的燃料消耗量，计算得到各地能源消耗所产生的 CO_2。除能源消耗外，部分工业产品生产本身也存在大量的碳排放，笔者也测算了五种排放强度较大的工业产品（具体为水泥、玻璃、焦炭、生铁和钢材等）生产导致的 CO_2，与能源消耗产生的碳排放汇总，最终得到各地区估算的碳排放总量。用各省区市的碳排放总量除以当期的总人数，便得到本章的解释变量人均碳排放量（c）。

人均收入指标方面，由于 GDP 的易得性且能全面衡量经济发展水平，绝大多数研究采用人均 GDP 来衡量人均收入，只是在采用 GDP 的不变值和名义值上有所差异（兰茨和冯，2006；奥夫哈莫和卡森，2008；许广月和宋德勇，2010）。为与因素分解指标匹配，并能与多数研究结果比较，采用人均 GDP 的不变值来表示人均收入（y）。

专门考察老龄化与碳排放关系的文献极少，现有考虑老龄化因素对碳排放影响的研究通常以 65 岁及其以上年龄的人口占总人口的比重作为老龄化指标（道尔顿等，2008；王钦池，2011），部分研究者则用 16～64 岁人口占总人口的比重来考察年龄结构对碳排放的影响（科尔和诺伊迈尔，2004；彭希哲和朱勤，2010）。前者能更为直接地反映老龄化对碳排放的作用，且与因素分解部分指标对应，所以用 65 岁及以上人口占总人口的比重作为老龄化水平的指标（o）。居民消费水平的指标（con），借鉴现有学者的思路，用居民消费率（居民消费支出占 GDP 的比重）来衡量（李文星等，2008）。而劳动供给指标（wor），为更直观地考察劳动供给变动与碳排放的关系，用 16～64 岁人口占总人口的比重来衡量（安其施，2003）。

研发投入方面，部分学者（科尔等，2008；陈媛媛和李坤望，2010）采用人均科技活动内部支出额来表示，也有学者采用单位增加值的研发投入来表示（李小平和卢现祥，2010）。本章的研究对象为省级区域，为全面衡量地区研发投入水平而不仅限于工业行业，采用地区人均科技活动内部支出额来反映地区研发投入水平（$R\&D$）。

出口指标方面，乔根森（Jorgenson，2007）、帕金斯诺伊迈尔（Perkins and Neumayer，2009）采用出口总额与 GDP 的比值来表示出口渠道对碳排放的影响。借鉴他们的做法，采用各地区出口额占 GDP 比重来衡量出口（ex）的影响。

产业结构方面，安其施（An Qishi，2003）采用第二产业、第三产业占 GDP 比重共同反映，更多的学者则用第二产业占 GDP 的比重来表征产业结构（乔根森，2007、帕金斯诺伊迈尔，2009）。由于第二产业的能源消耗全部能源消耗中占据重要位置，且多个比重指标之间可能存在一定共线性，本章采用地区第二产业占 GDP 的比重来表示产业结构（s）。

四、变量的相关描述

表 8－1 给出了实证研究时变量的统计性描述。表 8－2 则给出了所有解释变量的 spearman 相关系数，从表 8－2 中可知，老龄化指标与两个交叉变量之间存在较强的相关性，验证了先前的判断；除此之外，其他变量之间不存在严重的线性相关性。

表 8－1　　变量的统计性描述

变量	*lnei*	*lny*	*ag*	*s*	*ex*	*lnR&D*	*o * wor*	*o * con*
单位	t 碳/人	万元/人	—	—	—	元/人	—	—
观测值	406	406	406	406	406	406	406	406
均值	1.573	9.026	0.079	0.444	0.321	10.886	0.058	0.031
标准差	0.675	0.679	0.025	0.079	0.420	0.928	0.043	0.009
最小值	-1.006	7.510	0.036	0.197	0.032	1.581	0.024	0.015
最大值	3.577	10.925	0.164	0.615	2.051	12.464	0.680	0.106

表 8－2　　变量间 spearman 相关系数

	lny	*ag*	*s*	*ex*	*lnR&D*	*o * wor*	*o * con*
lny	1.000						
o	0.215	1.000					

续表

	lny	ag	s	ex	lnR&D	o * wor	o * con
s	0. 374	0. 337	1. 000				
ex	0. 340	0. 217	0. 329	1. 000			
lnR&D	0. 408	0. 180	0. 290	0. 476	1. 000		
o * wor	0. 381	0. 781	0. 393	0. 337	0. 213	1. 000	
o * con	0. 181	0. 670	-0. 130	0. 091	0. 125	0. 609	1. 000

第四节　计量结果与分析

一、老龄化与碳排放关系的估计

表 8－3 给出了老龄化与碳排放关系的估计结果，1～3 列以模型 6 为基础，主要考察老龄化、人均收入与碳排放的非线性关系；4～5 列以模型 7 为基础，全面考察各因素对碳排放的影响。1、4 列中 Hausman 检验值验证了采用固定效应估计的合理性，但是固定效应估计不能完全解决相关变量的内生性问题，其结果存在一定偏差。其余各列采用差分 GMM 和系统 GMM 估计，AR（2）检验值接受二阶序列不相关的原假设；sargan 检验值说明工具变量选取可靠。各列比较显示，相比固定效应估计，GMM 估计后大多数变量的系数并无较大变化，但显著性明显提高。

表 8 – 3　　　　老龄化与碳排放关系估计结果

解释变量	1 FE	2 DIF – GMM	3 SYS – GMM	4 FE	5 DIF – GMM	6 SYS – GMM
lnc_{it-1}	0. 431 *** (9. 73)	0. 412 *** (120. 77)	0. 498 *** (62. 630)	0. 383 *** (8. 50)	0. 345 *** (37. 87)	0. 388 *** (38. 24)
lny	1. 699 *** (2. 85)	4. 031 *** (5. 26)	3. 847 *** (3. 58)	0. 679 (0. 92)	4. 941 ** (2. 46)	5. 365 ** (2. 43)
$(lny)^2$	–0. 069 ** (–2. 17)	–0. 181 *** (–4. 54)	–0. 176 *** (–3. 06)	–0. 142 (–0. 35)	–0. 229 ** (–2. 15)	–0. 257 ** (–2. 20)
o	3. 890 (1. 06)	2. 881 ** (2. 21)	3. 452 *** (4. 05)	4. 009 (1. 14)	2. 696 * (1. 87)	3. 888 *** (2. 64)
o^2	–10. 820 (–1. 07)	–8. 930 ** (–1. 98)	–11. 438 *** (–3. 86)	–10. 151 (–1. 05)	–9. 293 ** (–2. 05)	–9. 958 ** (–2. 10)
$lnR\&D$				–0. 078 *** (–4. 39)	–0. 077 *** (–8. 43)	–0. 075 *** (–10. 99)
ex				–0. 101 (–0. 72)	–0. 191 *** (–5. 33)	–0. 381 *** (–3. 95)
s				2. 264 *** (4. 15)	2. 972 *** (6. 22)	3. 140 *** (11. 68)
constant	–0. 904 *** (–3. 32)	–13. 182 *** (–7. 21)	–13. 590 *** (–12. 37)	–4. 371 (–1. 32)	–7. 363 ** (–2. 39)	–5. 216 ** (–2. 01)
时间虚拟	包括	包括	包括	包括	包括	包括
AR (1)		–1. 721 (0. 09)	–1. 735 (0. 08)		–1. 970 (0. 05)	–1. 875 (0. 06)
AR (2)		–0. 998 (0. 32)	–0. 965 (0. 34)		–1. 104 (0. 27)	–1. 101 (0. 27)
sargan		26. 792 (1. 00)	27. 143 (1. 00)		20. 651 (1. 00)	26. 532 (1. 00)
hausman	156. 04 (0. 00)			145. 70 (0. 00)		

续表

解释变量	1 FE	2 DIF - GMM	3 SYS - GMM	4 FE	5 DIF - GMM	6 SYS - GMM
o 转折点	0.21	0.13	0.20	0.20	0.13	0.19
F（*wald*）	120.86 (0.00)	35787.67 (0.00)	8610.69 (0.00)	86.33 (0.00)	11704.12 (0.00)	13140.75 (0.00)
样本	377	348	377	377	348	377

注：回归系数各项中括号内数字为 t（z）值；AR、sargan、hausman 和 F（wald）统计量的括号内为概率值；*、**、*** 分别表示 10%、5% 和 1% 水平上显著；FE、DIF - GMM 和 SYS - GMM 分别表示固定效应估计、两阶段差分 GMM 估计和两阶段系统 GMM 估计，GMM 估计中 lnc_{it-1}、lny、$(lny)^2$ 为内生变量，各内生变量两阶或更多阶滞后项为工具变量；o 转折点给出了各回归方程中老龄化与碳排放倒“U”曲线的拐点对应值。

由表 8 - 3 中 1 ~ 3 列可知，lny 的系数为正，$(\text{lny})^2$的系数为负，且均十分显著，表明人均收入与人均碳排放之间存在显著的倒“U”型曲线关系，验证了因素分解的判断；此结果也与 Auffhammer 和 Carson（2008）、许广月和宋德勇（2010）对中国省级地区 CKC 曲线的研究结果基本一致，但与林伯强（2009）的研究结果不同，可能是数据差异的原因。这意味着，我国未来的经济发展、人均收入的提高将有助于人均碳排放水平的下降。在 2 ~ 3 列中，o 的系数为正，o^2 的系数为负，也均在 5% 显著性水平之上显著，说明老龄化与人均碳排放之间存在显著的倒“U”型曲线关系，与因素分解结果相符。此结果与 Dalton 等（2008）的模拟结果基本一致，即老龄化长期对碳排放的抑制更加显著；这与王钦池（2011）的研究结果存在较大差异，可能是本章采用动态模型分析的原因。老龄化与碳排放存在倒“U”型关系，主要是老龄化对碳排放影响的不同渠道互相作用的结果，即生产渠道和消费渠道相互作用的结果。一般来说，老龄化初期，老龄化主要是生育率下降和人口寿命延长引起的，此时的老龄化将通过增大劳动供给而促进经济的发展；并且，由于劳动人口比重的增加大于老龄人口的增加，老龄化对消费的下降作用也不明显。所以综合结果便是老龄化将带来碳排放水平的显著提高。而随着老龄化的加深，老人的增加更多的是由于人口寿命延长造成时，劳动供给将随着人口老化而减少，老龄化对消费的抑制作用逐渐显现。最终，老龄化水平的提升将带来碳排放水平的下降。

在表 8-3 中，4~6 列显示了加入研发投入、出口和经济结构等因素后的估计结果。可以看到，增加相关变量以后，方程中老龄化、人均收入的估计系数的方向、大小和显著性无较大变化，显示了1~3列估计结果的稳健性，即老龄化、收入与碳排放之间非线性关系的稳定性。表 8-3 中 o 转折点一行，还给出了各个模型估算出的老龄化与碳排放倒“U”曲线的拐点，老龄化水平处于0.13~0.21；以此为基准，除部分东部地区外，绝大部分地区的老龄化水平尚未达到此拐点。ln*R&D* 的估计系数显示，国内研发投入显著地降低了人均碳排放。这与科尔等（Cole et al.，2008）、陈媛媛和李坤望（2010）的研究结果类似，他们的研究表明，国内研发投入显著降低了中国企业的能源消耗水平；李小平和卢现祥（2010）的结果则并不支持此结论，可能是由于指标和研究对象差异造成的。*ex* 的估计系数表明，出口与碳排放水平之间存在显著的负相关。乔根森（Jorgenson，2007）、帕金斯和伊万诺娃（Perkins and Neumayer，2009）的研究也表明，出口水平的提高将通过技术溢出带来出口国碳排放水平的下降。*s* 的估计系数则表明，以第二产业结构为主的经济结构将进一步地显著提升地区碳排放水平，安其施（An Qishi，2003）、乔根森（Jorgenson，2007）、帕金斯和伊万诺娃（Perkins and Neumayer，2009）等研究结果也与此相符。

二、不同老龄化渠道影响的估计

表 8－4 给出了不同老龄化渠道对碳排放的影响。1～3 列是以模型（8－8）为基础的估计，主要考察老龄化从生产渠道对碳排放的影响；4～6 列是以模型（8－9）为基础的估计，主要考察老龄化从消费渠道对碳排放的影响。相关检验值的结果显示，采用各种模型估计的合理性；表 8－4 也同时给出了三种方法的估计结果，相对于固定效应，DIF－GMM 和 SYS－GMM 的估计结果收敛性更好；绝大多数解释变量的系数和显著性与表 8－3 类似，并无较大变化，进一步验证了前面估计结果的稳健性。

表 8－4　　　　不同老龄化渠道影响的估计结果

解释变量	1 FE	2 DIF－GMM	3 SYS－GMM	4 FE	5 DIF－GMM	6 SYS－GMM
lnc_{it-1}	0.382*** (8.49)	0.332*** (36.38)	0.385*** (41.3)	0.382*** (8.47)	0.331*** (31.76)	0.390*** (42.30)
lny	0.776 (1.06)	6.136*** (3.45)	5.72*** (2.69)	0.897 (1.25)	7.152*** (3.34)	6.659*** (3.41)
$(lny)^2$	－0.017 (－0.43)	－0.289*** (－3.04)	－0.273** (－2.44)	－0.023 (－0.59)	－0.342*** (－3.03)	－0.319*** (－3.07)
$o*wor$	1.059 (0.92)	1.994** (2..03)	2.41** (2.18)			
$o*con$				－0.048 (－0.15)	－0.069 (－1.55)	－0.058* (－1.79)
$lnR\&D$	－0.078*** (－4.41)	－0.079*** (－8.06)	－0.073*** (－9.59)	－0.079*** (－3.94)	－0.081*** (－9.87)	－0.077*** (－10.86)
ex	－0.114 (－0.81)	－0.213*** (－5.88)	－0.305*** (－3.27)	－0.110 (－0.79)	－0.222*** (－5.07)	0.441*** (－5.32)
s	2.335*** (4.21)	3.395*** (8.75)	3.158*** (10.73)	2.236*** (4.10)	3.661*** (8.01)	3.251*** (9.07)

续表

解释变量	1 FE	2 DIF－GMM	3 SYS－GMM	4 FE	5 DIF－GMM	6 SYS－GMM
constant	－4.839 （－1.49）	－6.393* （－1.74）	－4.588* （－1.94）	－5.342* （－1.67）	－8.225*** （－3.28）	－6.426** （－2.53）
时间虚拟	包括	包括	包括	包括	包括	包括
AR（1）		－1.887 （0.06）	－1.845 （0.07）		－1.906 （0.06）	－1.851 （0.06）
AR（2）		－1.121 （0.26）	－1.107 （0.27）		－1.109 （0.27）	－1.095 （0.27）
sargan		22.660 （1.00）	24.474 （1.00）		21.347 （1.00）	26.372 （1.00）
hausman	184.01 （0.00）			180.61 （0.00）		
F（*wald*）	98.73 （0.00）	10822.11 （0.00）	7793.38 （0.00）	90.17 （0.00）	11614.97 （0.00）	9993.02 （0.00）
样本	377	348	377	377	348	377

注：本表各种标志含义与表8－3中相同；GMM估计仍以lnc_{it-1}、lny、$(lny)^2$为内生变量，各内生变量两阶或更多阶滞后项为工具变量。

在表8－4中，1～3列中$o*wor$的回归系数显示了生产渠道老龄化对碳排放的影响。可以看到，老龄化在此种渠道下显著增加了中国的碳排放，符合原来的预期；这也与安其施（An Qishi，2003）、科尔和伊万诺娃（Cole and Neumayer，2004）、彭希哲和朱勤（2010）等的回归结果类似，表明劳动人口供给增加是导致发展中国家碳排放的增加的重要原因。这主要是因为，当前中国的老龄化主要是生育率下降和人口寿命延长引起的，老龄化上升的同时劳动年龄人口的占比也在稳步上升，给中国经济的增长带来了巨大的“人口红利”，促进中国能源消耗和碳排放的上升。4～6列中$o*wor$的回归系数则显示了消费渠道下老龄化的影响。可以看到，回归系数与碳排放呈现负相关，说明此渠道下老龄化有助于碳排放的降低，符合预期；但系数不很显著（只有第6列中系数在10%水平上显著），且影响系数也明显小于 $o*wor$ 的回归系数。表明此渠道下老龄化对碳排放的积极影响还很不明显。这与彭希哲和朱勤（2010）的判断类似，即消费渠道下老龄化对中国碳排放的影响可能并不明显；李文星（2008）、王宇鹏（2011）的研究结果则表明，老龄化对中国居民消费降低的效用也并不明显，一定程度验证了此结论的合理性。究其原因，可能是中国目前老龄化的水平较低，对消费的抑制作用可能要达到一定水平才能显现；也有可能是，中国居民消费存在较大的惯性，老龄化对消费影响的显现需要较长时滞。综合两个渠道的分析可知，当前老龄化主要通过增加劳动供给对中国的碳排放产生提升作用，而消费渠道的降低作用则很不显著；这也解释了老龄化与碳排放一次项呈现正相关的原因。

三、分地区老龄化与碳排放关系的探讨

由因素分解分析和计量估计分析可知，中国老龄化与碳排放之间存在较为显著的倒“U”型曲线关系；且不同地区老龄化对碳排放的贡献也存在一定差异。中国不同地区老龄化与碳排放之间的关系如何？受到样本量的限制，若采用GMM估计对各地区老龄化与碳排放之间关系进行计量分析，将出现因样本量小而工具变量过多而导致的“过度拟合”问题，使估计结果存在较大的偏差。因此，此部分将以东、中、西部地区老龄化与碳排放的散点图为工具，对三地老龄化与碳排放之间的关系进行简要分析。

图8-4、图8-5和图8-6分别显示了东、中、西部地区老龄化与碳排放的散点图和二阶拟合曲线。由图可知，三地老龄化水平存在明显的阶次递减，即东部最高，西部最低，中部居中。从拟合曲线走势来看，东部呈现出倒“U”型曲线左半段的态势，与实证部分的

老龄化拐点估计水平和因素分解中、东部地区老龄化贡献的走势与此相符；但中、西部地区碳排放随着老龄化的上升却呈现下降态势，与分解和估计结果存在较大差异。中、西部地区老龄化水平相对低于东部地区，却早于东部地区出现老龄化上升与碳排放下降的态势，颇令人费解。但若考虑到中国地域经济的差异和特殊的人口流动现状，此种现象便不难理解。东部地区老龄化水平虽高，但中、西部地区的人口流动为其发展提供了较为充足的劳动供给，生产渠道的碳排放并没有明显下降，而消费渠道老龄化对碳排放的积极作用尚不明显，最终导致老龄化与碳排放同步上升。而中、西部地区老龄化水平虽低，但老龄化初期的劳动供给增加却被东部地区利用，老龄化对生产渠道的作用并未显示，而以老人和儿童为主的留守人员从消费渠道对碳排放的抑制可能较为显著，最终呈现老龄化上升与同步碳排放下降的态势。杜小敏和陈建宝（2010）对中国跨区域人口流动研究时发现，中部地区向东部地区的人口流动规模更大，且中、西部地区的人口的外流对当地经济产生了一定负面影响；而本章的实证结果也表明，老龄化对碳排放的影响主要通过生产渠道产生作用。三地老龄化与碳排放的不同是三地经济发展和人口流动的差异造成的。

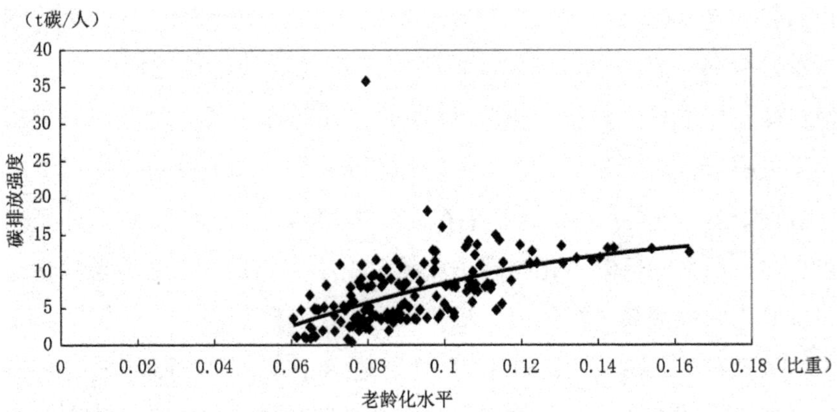

图 8－4　东部地区老龄化与碳排放

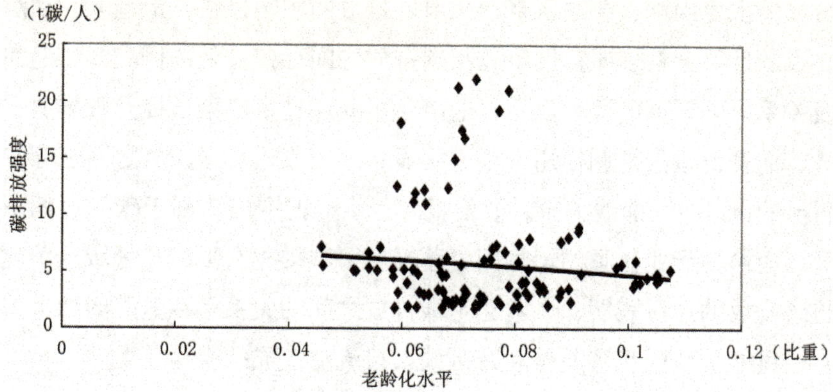

图8-5　中部地区老龄化与碳排放

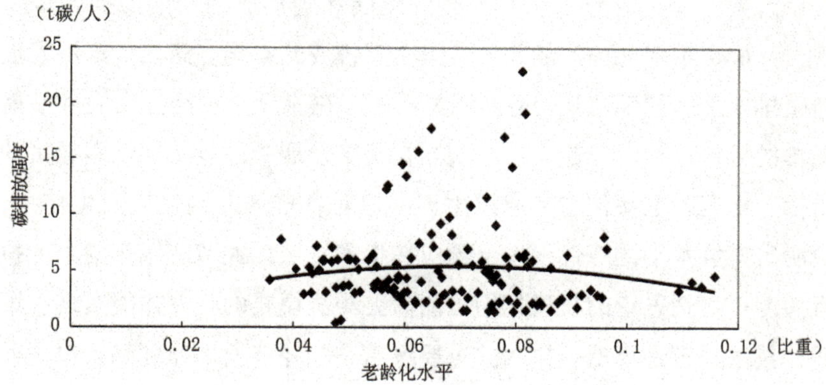

图8-6　西部地区老龄化与碳排放

本章小结

利用1990~2008年全国层面和1995~2008年地区层面的数据，分别采用LMDI因素分解法和动态面板计量分析法，本章对中国人口老龄化与碳排放之间的关系进行了考察。LMDI因素分析表明，无论是在国家层面，还是在地区层面，老龄化和经济发展都是人均碳排放增加的主要因素；各地区老龄化对碳排放的影响存在一定差异。动态面板的计量分析表明：老龄化与碳排放之间存在显著的倒“U”型曲线关系；分渠道的研究显示，老龄化主要通过生产渠道提升碳排放水平，消费渠道的抑制作用则很不明显；人均收入与碳排放之间也存在明显的倒“U”曲线关系，研发投入、出口的增加有利于碳排放的下降，而第二产业比重的增加则显著提高了碳排放水平。分区域老龄化与碳排放的探讨表明，老龄化与碳排放之间的关系存在显著的地区差异，可能是地区经济差异和跨区域人口流动造成的。

以上结论对中国未来低碳经济的发展具有深刻含义：第一，老龄化对碳排放的显著影响表明，不能局限于经济思路来考虑节能减排，人口因素尤其是老龄化对中国经济发展和碳排放的影响应当予以重视，并应慎重考虑当前的人口政策对碳排放的影响。第二，经济发展与碳排放之间的倒“U”型曲线关系的存在，意味着经济发展和节能减排的目标存在一定趋同性，应当在经济发展中逐步实现低碳经济的目标。第三，老龄化主要通过生产渠道对各地区的碳排放产生作用，说明碳排放水平的降低根本上还应在生产领域加大节能减排措施的执行力度；消费渠道的积极作用可能需要经济模式的转变才能实现。第四，技术渠道是降低碳排放的重要渠道，在经济发展速度和人口规模短期存在短期刚性的情况下，增大研发投入和外部技术获得对节能减排的实现具有重要意义。

外商直接投资、经济社会转型与环境污染

附　录

附录1　本书译名对照表

Acharkyya 阿恰卡亚
Albornoz 阿尔博诺兹
Albrecht 阿尔布雷克特
An Qishi 安其施
Antweiler 安特韦勒
Arellano 阿雷拉诺
Auffhammer 奥夫哈莫
Baldwin 鲍德温
Birdsall 博德赛奥
Bloom 布鲁姆
Blundell 布伦德尔
Bolton 博尔顿
Bond 邦德
Borensztein 博伦茨坦
Borghesi 博尔盖西
Bover 包威尔
Boyce 博伊斯
Brannlund 布瑞仑德
Bu 布鲁
Cai 蔡
Carson 卡森
Cole 科尔
Coondoo 坤杜恩
Copeland 科普兰
Dalton 道尔顿
Damania 德玛尼亚
Davoodi 达乌迪
De Santis 德桑蒂斯
Dean 迪恩
Del Monte 德尔曼蒂
Desai 德赛
Dietz 迪茨
Dincer 丁杰尔
Dinda 丁道
Dong 董
Elliott 埃利奥特
Eriksson 埃里克森
Erlich 埃利希
Escalade 凯迪拉克
Feng 冯
Fisher - Vanden 费希尔 - 范登
Fisman 菲斯曼
Fredriksson 弗雷德里克松
Garcia 加西亚
Gatti 加蒂
Gerlagh 格拉弗
Ghalwash 凯韦什
Goetz 戈茨

Gorg 格尔
Greenaway 格里纳韦
Grimes 格里姆斯
Grossman 格罗斯曼
Gunalp 古纳普
Hall 霍尔
Hansen 汉森
Harrison 哈里森
He 何
Heerink 何瑞克
Hoffmann 霍夫曼
Holdren 霍尔德伦
Huber 休伯
Ivanova 伊万诺娃
Jones 琼斯
Jorgenson 乔根森
Kanyama 卡尼亚马
Kaya 卡亚
Keller 凯勒
Kentor 肯特尔
Krueger 克鲁格
Lambsdorff 兰布斯多夫
Lantz 兰茨
Leitao 雷涛
Liang 梁
Linde 林德
Lippe 利佩
Lopez 洛佩兹
Loverly 拉弗利
Mackeller 麦凯勒
Magnani 马尼亚尼
Mankiw 曼昆
Marsiliani 马斯利安尼
Mauro 莫罗
Mitra 米特拉
Morse 莫尔斯
Neumayer 诺伊迈尔
Ohori 欧里
Papaogni 帕普朗尼
Patriarca 帕特里亚尔卡
Pellegrini 佩莱格里尼
Perkins 帕金斯
Perrels 伯瑞斯
Persson 佩尔松
Popp 波普
Porter 波特
Puliafito 普利亚菲托
Raty 拉蒂
Ravallion 拉瓦雷
Rehman 雷曼
Ren 任
Renstrom 恩斯特洛姆
Rosa 罗萨
Scruggs 斯克鲁格斯
Shleifer 施莱费尔
Smarzynska 马尔辛斯卡

Song 宋
Stahler 斯塔勒
Stern 斯特恩
Svensson 斯文松
Swamy 斯瓦米
Tanzi 坦齐
Taylor 泰勒
Torgler 托尔格勒
Torras 托拉斯
Treisman 特瑞斯曼
Ugelow 阿格勒
Vishny 维什尼
Vona 欧纳
Walter 沃尔特
Weber 韦伯
Wedeman 韦德曼
Wei 魏
Welsch 韦尔施
Wheeler 惠勒
Woo 吴
Wooldridge 伍尔德里奇

附录2 本书使用的各种能源消耗和工业产品生产的碳排放系数

燃料	原煤	原油	天然气	焦炭	燃料油	汽油	柴油
系数	1.83	3.0021	2.16219	2.8252	3.1298	2.9251	3.1866
单位	kg 碳/kg	kg 碳/kg	kg 碳/m^3	kg 碳/kg	kg 碳/kg	kg 碳/kg	kg 碳/kg
产品	水泥	焦炭	玻璃	生铁	钢材		
系数	0.52	0.56	0.2	1.35	1.06		
单位	kg 碳/kg	kg 碳/kg	kg 碳/kg	kg 碳/kg	kg 碳/kg		

附录3　各种能源折算标准煤的系数

燃料	原煤	原油	天然气	焦炭	燃料油	汽油	柴油
系数	0.7143	1.4286	1.33	0.9714	1.4286	1.4714	1.4571
单位	kg 标煤/kg	kg 标煤/kg	kg 标煤/m^3	kg 标煤/kg	kg 标煤/kg	kg 标煤/kg	kg 标煤/kg

附录4　本书估算的全国各地区碳排放量

	1995 年	1997 年	1999 年	2001 年	2003 年	2005 年	2007 年
北　京	13696.32	10268.39	10525.63	10824.78	11146.59	12679.29	13131.37
天　津	10934.81	8047.30	8238.13	9671.09	10971.50	13405.25	15199.12
河　北	43512.72	31919.69	32672.56	239507.03	45537.56	65495.07	73886.01
山　西	55923.09	37464.14	35215.31	40533.64	55684.72	64583.26	74700.21
内蒙古	16144.60	13795.00	13121.64	15256.93	21526.39	34030.65	45932.69
辽　宁	44944.03	33975.61	33184.08	37714.72	42630.26	53618.28	60714.56
吉　林	18599.55	13712.49	12408.45	12937.09	15210.44	19994.02	20971.88
黑龙江	26689.75	20739.58	25351.19	19791.07	21880.86	26993.58	30854.49
上　海	20152.00	16183.51	16889.62	19134.60	21515.53	24162.18	24435.54
江　苏	36624.25	25349.25	26652.50	28533.52	35500.01	54610.59	60686.30
浙　江	19009.41	15557.46	16500.62	20406.93	26263.79	35770.28	40522.76
安　徽	19893.80	14582.04	15564.73	25533.68	20456.77	22546.53	25358.07
福　建	7905.63	6246.00	7236.37	8027.89	10838.24	15424.36	17767.72

续表

	1995 年	1997 年	1999 年	2001 年	2003 年	2005 年	2007 年
江　西	12009.67	7460.18	7703.73	8727.01	10293.12	14353.00	15388.08
山　东	42346.35	31672.44	31081.03	36163.32	46915.12	148967.80	96176.12
河　南	31086.79	21287.15	22906.44	25966.18	28666.26	48515.16	57368.22
湖　北	23039.80	18411.46	18496.22	19109.23	22309.31	27579.96	32323.73
湖　南	21899.10	13528.25	11777.72	13129.84	15604.11	25708.77	28546.91
广　东	27628.77	22460.52	25006.14	29130.12	34735.94	43993.33	49934.36
广　西	9588.84	6352.03	6534.37	7175.00	8587.05	12522.62	13799.77
海　南	831.77	725.32	914.85	640.10	2136.13	1630.94	4477.16
四　川	34877.84	24365.83	23270.25	23486.13	29919.67	35742.25	44016.83
贵　州	14067.30	12033.24	11609.34	11944.16	15989.91	20314.63	22237.30
云　南	11232.30	9334.72	8838.82	9352.37	13956.63	20579.32	22381.16
陕　西	14669.55	10414.22	9370.39	10730.02	13947.26	19688.00	26172.57
甘　肃	11609.11	8669.36	8834.89	9650.62	11521.50	14282.52	16290.27
青　海	1993.92	1512.58	1748.92	1895.54	2257.19	2363.12	3951.20
宁　夏	3969.48	2799.68	2766.56	347.59	7286.64	7977.44	9552.46
新　疆	11902.47	10141.25	10274.63	11311.62	12477.73	16599.12	20440.29

注：表中计量单位为万吨。

参 考 文 献

［1］包群，陈媛媛，宋立刚．外商投资与东道国环境污染存在倒“U”型曲线关系吗？［J］．世界经济，2010（1）：3－17.

［2］包群，彭水军．经济增长与环境污染：基于面板数据的联立方程估计［J］．世界经济，2006（11）：48－58.

［3］曹裕，陈晓红，马跃如．城市化、城乡收入差距与经济增长［J］．统计研究，2010（3）：29－36.

［4］曾贤刚．环境规制、外商直接投资与“污染避难所”假说——基于中国30个省份面板数据的实证研究［J］．经济理论与经济管理，2010（11）：66－71.

［5］陈凌佳．FDI环境效应新检验——基于中国112座重点城市的面板数据研究［J］．世界经济研究，2008（9）：54－59.

［6］陈媛媛，李坤望．FDI对省际工业能源效率的影响［J］．中国人口·资源与环境，2010（6）：28－33.

［7］杜小敏，陈建宝．人口迁移与流动对我国各地区经济影响的实证分析［J］．统计研究，2010（5）：77－88.

［8］傅京燕，李丽莎．环境规制、要素禀赋与产业国际竞争力的实证研究——基于中国制造业的面板数据［J］．管理世界，2010（10）：87－89.

［9］郭红燕，韩立岩．外商直接投资、环境管制与环境污染［J］．国际贸易问题，2008（8）：111－118.

［10］国际能源署（IEA）．世界能源展望［R］．2008.

［11］国务院人口普查办公室编．第三次全国人口普查手工汇总资料汇编［R］．北京：国务院人口普查办公室，1983.

［12］韩玉军，陆旸．经济增长与环境的关系——基于对 CO_2 环境库兹涅茨曲线的实证研究［J］．经济理论与经济管理，2009（3）：5－11.

［13］黄菁．环境污染、人力资本与内生经济增长：一个简单的模型［J］．南方经济，2009（4）：3－11.

［14］黎文靖，郑曼妮．空气污染的治理机制及其作用效果——来自地级市的经验数据［J］．中国工业经济，2016（4）：93－109.

［15］李国志，李宗植．人口、经济和技术对二氧化碳排放的影响分析［J］．人口研究，2010（5）：32－39.

［16］李海鹏，叶慧，张俊彪．中国收入差距与环境质量关系的实证检验——基于对环境质量库兹涅茨曲线的扩展［J］．中国人口、资源与环境，2006（2）：45－46.

［17］李文星，徐长生，艾春荣．中国人口年龄结构和居民消费：1989～2004［J］．经济研究，2008（7）：118－129.

［18］李小平，卢现祥．国际贸易、污染产业转移和中国工业 CO_2 排放［J］．经济研究，2010（1）：15－26.

［19］李阳，党兴华，韩先锋，宋文飞．环境规制对技术创新长短期影响的异质性效应——基于价值链视角的两阶段分析［J］．科学学研究，2014（6）：937－949.

［20］李永友，沈坤荣．我国污染控制政策的减排效果——基于省际工业污染数据的实证分析［J］．管理世界，2008（7）：7－17.

［21］李子豪，刘辉煌．FDI、技术进步与二氧化碳排放——基于中国省际数据的研究［J］．科学学研究，2011（10）：1495－1503.

［22］李子豪，刘辉煌．FDI 对环境的影响存在门槛效应吗？基于中国 220 个城市数据的检验［J］．财贸经济，2012（9）：101－108.

［23］李子豪，刘辉煌．外商直接投资、地区腐败与环境污

染——基于门槛效应的实证研究［J］. 国际贸易问题，2013（7）：50-61.

［24］李子豪. 外商直接投资对碳排放的门槛效应研究［J］. 资源科学，2015（1）：163-174.

［25］林伯强，蒋竺均. 中国二氧化碳的环境库兹涅兹曲线预测及影响因素分析［J］. 管理世界，2009（3）：12-23.

［26］林季红，刘莹. 内生的环境规制："污染天堂假说"在中国的再检验［J］. 中国人口、资源与环境，2013（1）：13-18.

［27］刘厚俊，刘正良. 人力资本门槛与FDI效应吸收：中国地区数据的实证检验［J］. 经济科学，2006（5）：90-98.

［28］刘辉煌，余昌龙，马添翼，江航翔. FDI技术外溢、技术差距与经济增长的非线性关系［J］. 金融研究，2009（9）：72-88.

［29］刘渝琳，温怀德. 经济增长下的FDI、环境污染损失和人力资本［J］. 世界经济研究，2007（11）：48-55.

［30］聂辉华，张彧，江艇. 中国地区腐败对企业全要素生产率的影响［J］. 中国软科学，2014（5）：37-48.

［31］彭希哲，朱勤. 我国人口态势与消费模式对碳排放的影响分析［J］. 人口研究，2010（1）：48-58.

［32］亓朋，许和连，艾洪山. 外商直接投资企业对内资企业的溢出效应：对中国制造业企业的实证研究［J］. 管理世界，2008（4）：58-68.

［33］孙刚，陆铭，张吉鹏. 反腐败、市场建设与经济增长［J］. 经济学（季刊），2005（4）增刊：1-22.

［34］唐东波，张军. 中国的经济增长、城市化与收入分配的Kuznets进程：理论与经验［J］. 世界经济文汇，2011（5）：15-34.

［35］田柳，赵军. 收入分配视角下经济增长与环境质量的关系［J］. 技术经济，2012（4）：114-119.

［36］田卫民. 省域居民收入基尼系数测算及其变动趋势分析

[J]. 经济科学，2012（2）：48－59.

[37] 万广华，吴一平. 司法制度、工资激励与反腐败：中国案例 [J]. 经济学（季刊），2012，11（3）：997－1010.

[38] 王钦池. 基于非线性假设的人口与碳排放关系研究 [J]. 人口研究，2011（1）：3－13.

[39] 王少平，欧阳志刚. 我国城乡收入差距的度量及其对经济增长的效应 [J]. 经济研究，2007（10）：44－55.

[40] 王少平，欧阳志刚. 中国城乡收入差距对实际经济增长的阈值效应 [J]. 中国社会科学，2008（2）：54－66.

[41] 王宇鹏. 人口老龄化对中国城镇居民消费行为的影响研究 [J]. 中国人口科学，2011（1）：64－73.

[42] 王志鹏，李子奈. 外商直接投资、外溢效应与内生经济增长 [J]. 世界经济文汇，2004（3）：23－33.

[43] 魏巍贤，杨芳. 技术进步对中国二氧化碳排放的影响 [J]. 统计研究，2010（7）：36－44.

[44] 温家宝. 让权利在阳关下运行 [J]. 求是，2012（8）：3－8.

[45] 吴一平，芮萌. 地区腐败、市场化与中国经济增长 [J]. 管理世界，2010（11）：10－27.

[46] 徐国泉，刘则渊，姜照华. 中国碳排放的因素分解模型及实证分析：1995－2005 [J]. 中国人口·资源与环境，2006，16（6）：158－161.

[47] 徐现祥，周吉梅，舒元. 中国省区三次产业资本存量估计 [J]. 统计研究，2007（5）：6－13.

[48] 许广月，宋德勇. 中国碳排放环境库兹涅茨曲线的实证研究——基于省域面板数据 [J]. 中国工业经济，2010（5）：37－47.

[49] 许和连，魏颖绮，赖明勇，王晨刚. 外商直接投资的后向链接溢出效应研究 [J]. 管理世界，2007（5）：24－31.

[50] 闫安. 台商投资大陆经济政治研究：兼及台湾同胞与祖国

大陆改革开放和现代化建设三十年［J］. 中共党史研究，2011（1）：53－69.

［51］杨灿明，赵福军. 行政腐败的宏观经济学分析. 经济研究，2004（9）：101－109.

［52］杨树旺，肖坤，冯兵. 收入分配与环境质量演化关系研究［J］. 湖北社会科学，2006（12）：93－96.

［53］杨钟馗，杨俊. 收入差异与环境质量关系效应：一个文献综述［J］. 改革，2011（2）：119－123.

［54］姚圣，毛子涵. 政治关联缓冲与地方环境业绩恶化：一个弹簧模型——以“紫金矿业事件”为例［C］. 南京：中国会计学会财务成本分会第25届理论研讨会论文集，2012.

［55］姚战琪. 不同外国资本跨国公司在华投资的动机、行为与表现［J］. 财贸经济，2007（5）：18－25.

［56］于文超，高楠，龚强. 公众诉求、官员激励与地区环境治理［J］. 浙江社会科学，2014（5）：23－35.

［57］余官胜. 贸易开放、人力资本与环境污染：理论及实证检验［J］. 中南财政政法大学学报，2010（5）：38－43.

［58］袁鹏，程施. 中国工业环境效率的库兹涅茨曲线检验［J］. 中国工业经济，2011（2）：79－88.

［59］原毅军，谢荣辉. 环境规制的产业结构调整效应研究［J］. 中国工业经济，2014（8）：57－69.

［60］詹新宇. 市场化、人力资本与经济增长效应——来自中国省际面板数据的证据［J］. 中国软科学，2012（8）：166－177.

［61］张成，陆旸，郭路，于同申. 环境规制强度与生产技术进步［J］. 经济研究，2011（2）：114－124.

［62］张崇辉，苏为华，曾守桢. 基于CHME理论的环境规制水平测度研究［J］. 中国人口、资源与环境，2013（1）：19－25.

［63］张军，吴桂英，张吉鹏. 中国省际物质资本存量估算：

1952—2000［J］. 经济研究，2004（10）：35－44.

［64］张乐才，刘尚希. 收入差距影响环境污染的机理——基于我国省级面板数据的实证分析［J］. 兰州学刊，2015（11）：171－196.

［65］张宇，蒋殿春. FDI、政府监管与中国水污染——基于产业结构与技术进步分解指标的实证检验［J］. 经济学季刊，2014（2）：491－514.

［66］郑少智，严军. 广东省港澳台资工业企业效率研究：基于DEA和Malmquist指数的实证分析［J］. 暨南学报（哲学社会科学版），2009（3）：29－35.

［67］政府间气候变化专门委员会（IPCC）. 国家温室气体清单指南［M］. 2006.

［68］钟茂初，赵志勇. 城乡收入差距扩大会加剧环境破坏吗？——基于中国省级面板数据的实证分析［J］. 经济经纬，2013（3）：125－128.

［69］周黎安，陶婧. 政府规模、市场化与地区腐败问题研究［J］. 经济研究，2009（1）：57－69.

［70］周学仁，李东阳. FDI与东道国可持续发展相互作用的研究综述［J］. 世界经济，2009（8）：29－37.

［71］周云波. 城市化、城乡差距以及全国居民总体收入差距的变动——收入差距倒U形假说的实证检验［J］. 经济学（季刊），2009（4）：1239－1256.

［72］朱平芳，张征宇，姜国麟. FDI与环境规制：基于地方分权视角的实证研究［J］. 经济研究，2011（6）：133－145.

［73］朱勤，彭希哲，陆志明，吴开亚. 中国能源消费碳排放变化的因素分解及实证分析［J］. 资源科学，2009（12）：2072－2079.

［74］Albornoz F., Cole M A., Robert J R. In Search of Environmental Spillovers［J］. The World Economy, 2009（32）：137－145.

[75] Anderw K Jorgenson. Does foreign investment harm the air we breathe and the water we drink [J]. Organization Environment, 2007 (20): 137 - 156.

[76] Anqing Shi. The impact of population pressure on global carbon dioxide emissions, 1975 - 1996: evidence from pooled cross - country data [J]. Ecological Economics, 2003 (44): 29 - 42.

[77] Antweiler Copeland and M. S. T Taylor. Is free trade good for environment? [J]. The American Economic Review, 2001 (4): 877 - 908.

[78] Arellano, M. and Bond, S. R. Some tests of specification for panel data: Monte Carlo evidence and an application to employment equations [J]. Review of Economics Studies 1991 (8): 277 - 297.

[79] Arellano, M. and Olympia, B. Another Look at the Instrument Variable Estimation of Error - Compo - Models [J]. Journal of Econometrics, 1995 (68): 29 - 51.

[80] Arrow K J. The economic implications of learning by doing [J]. The Review of Economic Studies, 1962 (3): 155 - 173.

[81] Auffhammer M, Carson R T. Forecasting the path of China's CO_2 emissions using province - level information [J]. Journal of Environmental Economics and Management, 2008 (55): 229 - 247.

[82] Baldwin, R. Does Sustainability Require Growth? [M]. Cambridge: Cambridge University Press, 1995.

[83] Bardhan, P. Corruption and Development: A Review of Issues [J]. Journal of Economic Literature, 1997, 35 (3), 1320 - 1346.

[84] Birdsall N, D. Wheller. Trade Policy and Pollution in Latin American, Where are the Pollution Haven [J]. Journal of Environment and Development, 1993, (2): 137 - 145.

[85] Blundell R, Bond S. R. Initial conditions and moment restrictions in dynamic panel data models [J]. Journal of Econometrics, 1998

(7): 115 - 143.

[86] Bolton, P., Roland, G., Spolaore, E. Economic Theories of the Break - up and Integration of Nations [J]. European Economic Review, 1996 (3): 697 - 705.

[87] Borensztein, E., Gregorio, J. D., Lee, J. W. How does Foreign Direct Investment Affect Economic Growth? [J]. Journal of International Economics, 1998 (45): 137 - 145.

[88] Borghesi, S. Income Inequality and the Environmental Kuznets Curve [Z]. FEEM Working Paper, No. 23, 2000.

[89] Boyce, J. K., Inequality as a Cause of Environmental Degradation [J]. Ecological Economics, 1994, 11 (3): 169 - 178.

[90] Brannlund, R., Ghalwash, T. The Income - pollution Relationship and the Role of Income Distribution: An Analysis of Swedish Household Data [J]. Resource and Energy Economics, 2008, 30 (3): 369 - 387.

[91] Brian C O, Michael Dalton, Regina Fuchs, Leiwen Jiang, Shonali Pachauri, and Katarina Zigovad. Global demographic trend and future carbon emission [J]. PNAS, 2010 (12): 17521 - 17526.

[92] Bu M L., Liu Z B., Wagner M., Yu X H. Corporate Social Responsibility and the Pollution Haven Hypothesis: Evidence from Multinationals' Investment Decision in China [J]. Asia - Pacific Journal of Accounting & Economics, 2013, 20 (1): 85 - 99.

[93] Cai, H. B., Fang, H. M., Xu, L. C. Eat, Drink, Firm and Government: An Investigation of Corruption from Entertainment and Travel Costs of Chinese Firm [R]. NBER Working Paper, 2005, No. 11592.

[94] Christoph Weber and Adriaan Perrels. Modelling lifestyle effects on energy demand and related emissions [J]. Energy Policy, 2000 (28): 549 - 566.

[95] Cole M A, Elliott R, and Fredriksson P G. Endogenous Pollution Havens: Does FDI Influence Environmental Regulations? [J]. Scandinavian Journal of Economics, 2006, 108 (1): 157 - 178.

[96] Cole, M. A. Corruption, income and the environment: an empirical analysis [J]. Ecological Economics, 2007 (62): 637 - 647.

[97] Cole, M. A., Elliott, Elliott, R. J. R., Zhang, J. Growth, Foreign Direct Investment, and the Environment: Evidence from Chinese Cites [J]. Journal of Regional Science, 2011 (51): 530 - 548.

[98] Cole, M. A., Elliott, R. J. R., and Fredriksson, P. G. Endogenous Pollution Havens: Does FDI Influence Environmental Regulations [J]. Scandinavian Journal of Economics, 2006, 108 (1): 157 - 178.

[99] Cole, Matthew A, Eric Neumayer. Examing the Impacts of Demographic Factors on Air Pollution [J]. Population and Environment, 2004 (26): 5 - 21.

[100] Coondoo, D., Dinda, S. Carbon Dioxide Emission and Income: A Temporal Analysis of Cross - country Distributional Patterns [J]. Ecological Economics, 2008, 65 (3): 375 - 385.

[101] Copeland B R, Taylor M S. Trade, Growth and Environment [R]. NBER Working Paper, No. 9823, 2003.

[102] Dalton, Michael, Brian C. O'Neill, Alexia Prskawetz, Leiwen Jiang, and John Pitkin. Population Aging and Future Carbon Emissions in the United States [J]. Energy Economics, 2008 (30): 642 - 675.

[103] Damania R, Fredriksson PG., and List JA. Trade Liberalization, Corruption, and Environmental Policy Formation: Theory and Evidence [J]. Journal of Environmental Economics and Management, 2003, 46 (3): 490 - 512.

[104] De Santis R A., Stahler F. Foreign Direct Investment and Environmental Taxes [J]. German Economic Review, 2008, 10 (1):

115 - 135.

[105] Dean J M., Lovely M E., Wang H. Are Foreign Investors Attracted to Weak Environmental Regulations? Evaluating the Evidence from China [J]. Journal of Development Economics, 2009, 90 (1): 1 - 13.

[106] Dean, J. Trade and the Environment: A Survey of the Literature [Z]. World Bank Discussion Paper, No. 0966, 1992.

[107] Del Monte, A., and E. Papagni. The Determinants of Corruption in Italy: Regional Panel Data Analysis [J]. European Journal of Political Economy, 2007, 23 (2), 379 - 396.

[108] Desai, U. Ecological Policy and Politics in Developing Countries: Growth, Democracy and Environment [M]. Albany: State University of New York Press, 1998.

[109] Dietz, T. and E. Rosa. Rethinking the Environmental Impact s of Population, Affluence and Technology. Human Ecology Review, 1994 (1): 277 - 300.

[110] Dincer O C, Gunalp B. Corruption, Income Inequality, and Poverty in the United States [R]. FEEM Working Paper, No. 08/54, 2008.

[111] Dinda S, Coondoo D. Income and Emission: A Panel Data - based Cointegration Analysis [J]. Ecological Economics, 2006, 57 (2): 167 - 181.

[112] Dong B M., Gong J., Zhao X. FDI and Environmental Regulation: Pollution Haven or a Race to the Top? [J]. Journal of Regulatory Economics, 2012, 41 (2): 216 - 237.

[113] Dong, B., Torgler, B. The Consequences of Corruption: Evidence from China [R]. QUT School of Economics and Finance Working Paper, 2010, No. 456.

[114] Ehrlich, P. and J. Holdren. Impact of Population Growth

[J]. Science, 1971 (171): 1212 - 1217.

[115] Eriksson, C., Persson, J. Economic Growth, Inequality, Democratization, and the Environment [J]. Environmental and Resource Economics, 2003, 25 (1): 1 -16.

[116] Escalade, G. E., Harrison, A. E. Moving to greener pastures? Multinationals and the pollution haven hypothesis [J]. Journal of Development Economics, 2003, (70): 1 -23.

[117] Fisman R, Gatti R. Decentralization and Corruption: Evidence across Countries [J]. Journal of Public Economics, 2002, 83 (3): 325 -345.

[118] Fisman, R., Svensson, J. Are Corruption and Taxation Really Harmful to Growth? Firm Level Evidence [R]. World Bank Policy Research Working Paper, 2000, No.2485.

[119] Fredriksson G., Svensson J. Political Instability, Corruption and Policy Formation: the Case of Environmental Policy [J]. Journal of Public Economics, 2003, 87 (7): 1383 -1405.

[120] Fredriksson, G., Svensson, J. Political Instability, Corruption and Policy Formation: the Case of Environmental Policy [J]. Journal of Public Economics, 2003 (87): 1383 -1405.

[121] Garcia, R. Exporting Environmentalism: US Multinational Chemical Corporation in Brazil and Mexico [M]. Boston: MIT Press, 2000.

[122] Goetz A M. Political Cleaners: Women as the New Anti - Corruption Force [J]. Development and Change, 2007, 38 (1): 87 -105.

[123] Gorg, H., Greenaway, D. Much Ado about Nothing? Do Domestic Firms Really Benefit from Foreign Direct Investment? [J]. World Bank Research Observe, 2004 (9): 171 -191.

[124] Grossman and Krueger. Environmental Impact of North Ameri-

can Free Trade Agreement [J]. NBER Working Paper No. 3914, 1991.

[125] Grossman, G. M., Krueger, A. B. Economic Growth and the Environment [J]. Quarterly Journal of Economics, 1995, 110 (2), 353 -377.

[126] Grossman, G. M., Krueger, A. B. Environmental Impact of North American Free Trade Agreement [Z]. NBER Working Paper, No. 3914, 1991.

[127] Grossman, G. M., Krueger, A. B. Grossman, G. M., Krueger, A. B. The US - Mexico Free Trade Agreement [M]. Mass: MIT Press, 1993.

[128] Hall R E, Jones C I. Why do Some Countries Produce So Much More Output per Worker than Others? [J]. Quarterly Journal of Economics, 1999, 114 (2): 83 -116.

[129] Hansen, B. E. Threshold Effects in Non - dynamic Panels: Estimation, Testing and Inference [J]. Journal of Econometrics, 1999, 93 (4): 345 -368.

[130] He J, Makdissi P, and Wodon Q. Corruption, Inequality, and Environmental Regulation [R]. Cahier de Recherche Working Paper, No. 07/03, 2007.

[131] He, J. Pollution Haven Hypothesis and Environmental Impacts of Foreign Direct Investment: The Case of Industrial Emission of Sulfur Dioxide in Chinese Provinces [J]. Ecological Economics, 2006, 60 (2): 228 -245.

[132] He, J., Makdissi, P., and Wodon, Q. Corruption, Inequality, and Environmental Regulation [Z]. Cahier de Recherche Working Paper, No. 07/03, 2007.

[133] Heerink, N., Mulatu, A., Bulte E. Income Inequality and the Environment: Aggregation Bias in Environmental Kuznets Curves [J]. Ecological Economics, 2001, 38 (3): 359 -367.

[134] Hoffmann, R., Lee, C. G. Ramasamy, B., Yeung, M. FDI and Pollution: A Granger Causality Test Using Panel Data [J]. Journal of International Development, 2005, 17 (3): 311 - 317.

[135] Hubler, M., Keller, A. Energy Saving via FDI? Empirical Evidence from Developing Countries [J]. Environment and Development Economics, 2009, (15): 59 - 80.

[136] Ivanova B K. Corruption and Air Pollution in Europe [J]. Oxford Economic Papers, 2011, 63 (1): 49 - 70.

[137] Ivanova, B. K. Corruption and Air Pollution in Europe [J]. Oxford Economic Papers, 2011, 63 (1), 49 - 70.

[138] Jain A K. Corruption: A Review [J]. Journal of Economic Surveys, 2001, 15 (1): 71 - 121.

[139] Joel Cohen. Population and Climate Change [J]. Proceedings of the American Philosophical Society, 2010 (15): 158 - 182.

[140] Johan Albrecht, Delphine Francois, Koen Schoors. A Shapley decomposition of carbon emissions without residuals [J]. Energy Policy 30 (2002), 727 - 736.

[141] Jorgenson, A. K. The Transnational Organization of Production and Environmental Degradation: A Cross - National Study of the Effects of Foreign Capital Penetration on Water Pollution Intensity, 1980 - 1995 [J]. Social Science Quarterly, 2006, 87 (3): 711 - 730.

[142] Joysrl Acharkyya. FDI, growth and the environment: evidence from India on CO_2 emission during the last two decades [J]. Journal of Economic Development, 2009 (6): 43 - 58.

[143] Karen Fisher - Vanden, Gary H. Jefferson, Ma Jingkui and Xu Jianyi. Technology Development and Energy Productivity in China [J]. Energy Economics, 2006 (28): 690 - 705.

[144] Kaya, Y. Impact s of Carbon Dioxide Emission Control on GNP

Growth: Interpretation of Proposed Scenarios. Paper Presented to the IPCC Energy and Industry Subgroup, Response Strategies Working Group, 1990.

[145] Lambsdorff, J. G. Corruption in Empirical Research: A Review [R]. Transparency International Working Paper, 1999, No. 99/11.

[146] Leitao, A. Corruption and the Environmental Kuznets Curve: Empirical Evidence for Sulfur [J]. Ecological Economics, 2010, 69 (11), 2191 – 2201.

[147] Liang, F. Does Foreign Direct Investment Harm the Host Country's Environment? Evidence from China [R]. UCB Working Paper, No. 0186, 2006.

[148] Lippe, M. Corruption and Environment at the Local Level [R]. Transparency International Working Paper, 1999, No. 99/02.

[149] Lopez R, Mitra S. Corruption, Pollution, and the Kuznets Environment Curve [J]. Journal of Environmental Economics and Management, 2000, 40 (2): 137 – 150.

[150] Loverly M., Popp D. Trade, Technology, and the Environment: Does Access to Technology Promote Environmental Regulation? [J]. Journal of Environmental Economics and Management, 2011, 61 (1): 16 – 35.

[151] Mackeller F. L., W Lurz, C Prinz, A Goujon. Population, Households, and CO_2 Emissions [J]. Population and Development Review, 1995 (21): 849 – 865.

[152] Magnani, E. The Environmental Kuznets Curve, Environmental Protection Policy and Income Distribution [J]. Ecological Economics, 2000, 32 (3): 431 – 443.

[153] Mankiw N G., Romer D, Weil D. A Contribution to the Empirics of Economic Growth [J]. Quarterly Journal of Economics, 1992,

107 (2): 407 -437.

[154] Marsiliani, L. , Renstrom, T. I. Inequality, Environmental Protection and Growth [Z]. FEEM Working Paper, No. 36, 2000.

[155] Matthew A Cole, Robert Elliott and Shanshan Wu. Industrial activity and the environment in China: an industry - level analysis [J]. China Economic Review, 2008 (19): 393 -408.

[156] Mauro P. Corruption and the Composition of Government Expenditure [J]. Journal of Public Economics, 1998, 69 (2): 263 -279.

[157] Mauro, P. Corruption and Growth [J]. Quarterly Journal of Economics, 1995, 110 (3), 681 -712.

[158] Morse S. Is Corruption Bad for Environmental Sustainability? A Cross - National Analysis [J]. Ecology and Society, 2006, 11 (1): 22 -36.

[159] Nick Bloom, Rachel Griffith, and John Van Reenen. Do R&D tax credit work? evidence from a panel countries 1979 -1997 [J]. CERP Working Paper No. 2415, 2000.

[160] Ohori S. Environmental Policy Instruments and Foreign Ownership [J]. Environmental Economics and Policy Studies, 2011, 13 (1): 65 -78.

[161] Pellegrini L, Gerlagh R. Corruption and Environmental Policies: What Are the Implications for the Enlarged EU? [J]. European Environment, 2006, 16 (3): 139 -154.

[162] Perkins and Neumayer. Transnational Linkages and the Spillover of Environment - efficiency into Developing Countries [J]. Global Environmental Change, 2009 (19): 375 -383.

[163] Perkins, R. , Neumayer, E. Transnational Linkages and the Spillover of Environment - efficiency into Developing Countries [J]. Glob-

al Environmental Change, 2009, 19 (7): 375 - 383.

[164] Peter Grimes and Jeffrey Kentor. Exporting the greenhouse: foreign capital penetration and CO_2 emissions 1980 - 1996 [J]. Journal of World - systems Research, 2003 (3): 261 - 275.

[165] Porter, M. E., Linde, C. L. Toward a New Conception of the Environment - Competitiveness Relationship [J]. Journal of Economic Perspective, 1995 (9): 97 - 118.

[166] Raty, A. Carlsson - Kanyama. Energy consumption by gender in some European countries [J]. Energy Policy, 2010 (38): 646 - 649.

[167] Ravallion, B. M., Heil, M., Jalan, J. Carbon Emissions and Income Inequality [J]. Oxford Economic Paper, 2000, 52 (4): 651 - 669.

[168] Rehman F U, Ali A, Nasir M. Corruption, Trade Openness, and Environmental Quality: A Panel Data Analysis of Selected South Asian Countries [J], Pakistan Development Review, 2007, 46 (4): 673 - 688.

[169] Ren S., Yuan B., Ma X., Chen X. International Trade, FDI and Embodied CO_2 Emissions: A Case Study of China's Industrial Sectors [J]. China Economic Review, 2014, 28 (1): 123 - 134.

[170] Richard York. Structural Influences on Energy Production in South and East Asia, 1971 - 2002 [J]. Sociological Forum, 2007 (22): 532 - 554.

[171] Scruggs, L. A. Political and Economic Inequality and the Environment [J]. Ecological Economics, 1998, 26 (3): 259 - 275.

[172] Shleifer A, Vishny R. Corruption [J]. Quarterly Journal of Economics, 1993, 108 (3): 599 - 617.

[173] Smarzynska, B. K., Wei, S. J. Corruption and Composition of Foreign Direct Investment: Firm - level Evidence [Z]. NBER Working Paper, No. 7969, 2000.

[174] Smarzynska, B. K., Wei, S. J. Pollution Havens and Foreign Direct Investment: Dirty Secret or Popular Myth? [R]. World Bank Policy Research Working Paper, 2001, No. 2673.

[175] Song, L. G., Woo, W. T. China's Dilemma: Economic Growth, the Environment and Climate Change [M]. Washington: Brookings Institution Press, 2008.

[176] Stern D I. The Rise and Fall of the Environmental Kuznets Curve [J]. World Development, 2004 (8): 1419 – 1439.

[177] Swamy A, Knack S, Lee Y, Azfar O. Gender and Corruption [J]. Journal of Development Economics, 2001, 64 (1): 25 – 55.

[178] Tanzi V, Davoodi H. Corruption, Public Investment, and Growth [R]. IMF Working Paper, No. 97/139. 1997.

[179] Torras, M., Boyce, J. K. Income, Inequality, and Pollution: A Reassessment of the Environmental Kuznets Curve [J]. Ecological Economics, 1998, 25 (2): 147 – 160.

[180] Treisman D. The Causes of Corruption: A Cross – national Study [J]. Journal of Public Economics, 2000, 76 (3): 399 – 457.

[181] UNCTAD. World Investment Report 1999: Foreign Direct Investment and the Challenge of Development [Z], United Nations, 1999.

[182] V. Lantz and Q. Feng. Assessing income, population, and technology impacts on CO_2 emissions in Canada: Where's the EKC? [J]. Ecological Economics, 2006 (57): 229 – 238.

[183] Vona, F., Patriarca, F. Income Inequality and the Development of Environmental Technologies [J]. Ecological Economics, 2011, 70 (11): 2201 – 2213.

[184] Walter, I. Ugelow, J. L. Environmental Policies in Developing Countries [J]. Ambio, 1979, 8 (2): 102 – 109.

[185] Wei, S. J. Local Corruption and Global Capital flows [J].

Brookings Paper on Economics Activity, 2000 (2): 303 -346.

[186] Welsch H. Corruption, Growth and the Environment: A cross - country Analysis [J]. Environment and Development Economics, 2004, 9 (5): 663 -693.

[187] Wooldridge, J. Econometric Analysis of cross Section and Panel Data [M]. Boston: MIT Press, 2001.

[188] World Bank. Governance, Investment Climate and Harmonious Society [Z]. Washington D. C, 2007.

[189] Xu, B. Multinational Enterprises, Technology Diffusion, and Host Country Productivity Growth [J]. Journal of Development Economics, 2000 (62): 477 -493.

[190] Zarzoso I M, Morancho A B, Lage R M. The impact of population on CO_2 emissions: evidence from European countries [J]. Environ Resource Econ, 2007 (38): 497 -512.

[191] Zhang J. Foreign Direct Investment, Governance, and the Environment in China: Regional dimensions [D]. Birmingham: The University of Birmingham, 2008.